COMUNIDADES, ALGORITMOS E ATIVISMOS DIGITAIS:
OLHARES AFRODIASPÓRICOS

Organização:
Tarcízio Silva

LiteraRUA

2ª Edição
1ª Reimpressão

São Paulo
2021

COMUNIDADES, ALGORITMOS E ATIVISMOS DIGITAIS:
OLHARES AFRODIASPÓRICOS

Abeba Birhane
André Brock
Dulcilei C. Lima
Femi Ololade Alamu
Fernanda Carrera
Halleluyah O. Aworinde
Jobson F. da Silva Júnior
Larisse Louise Pontes Gomes
Luiz Valério P. Trindade
Niousha Roshani
Ronaldo Ferreira de Araújo
Serge Katembera
Ruha Benjamin
Seyram Avle
Taís Oliveira
Tarcízio Silva
Thiane Neves Barros
Walter Isharufe

DESVELAR
IBPAD INSTITUTO BRASILEIRO DE PESQUISA E ANÁLISE DE DADOS
LiteraRUA

Comunidades, Algoritmos e Ativismos Digitais: Olhares Afrodiaspóricos

Organização e Edição
Tarcízio Silva

Revisão Ortográfica
Toni C.
Demetrios dos Santos Ferreira
Tarcízio Silva
Gabriela Porfírio
Taís Oliveira

Tradução
Vinícius Silva
Tarcízio Silva

Ilustração de Capa
Isabella Bispo
instagram.com/crystalisaart

Diagramação
Patricia Bruschi
Yuri Amaral

Consultoria Editorial
LiteraRUA

Apoio Institucional
IBPAD

Curadoria Acadêmica
Desvelar

Dados Internacionais de Catalogação na Publicação (CIP)

S586org SILVA, Tarcízio

Comunidades, algoritmos e ativismos digitais: Olhares afrodiaspóricos / Organização e edição : Tarcízio Silva ; Revisão ortográfica : Toni C. , Demetrios dos Santos Ferreira , Tarcízio Silva , Gabriela Porfírio , Taís Oliveira ; Tradução : Vinícius Silva , Tarcízio Silva ; Ilustração de capa : Isabella Bispo ; Diagramação : Yuri Amaral ; Consultoria editorial : LiteraRUA – São Paulo, 2020.

ISBN do Livro Físico: 978-65-86113-00-6 / ISBN do Livro e-Book 978-65-86113-01-3.

Editora LiteraRUA, 2020. 1. afrodiaspórico. 2. ativismo digital. 3. racismo. 4. redes sociais. 5. estudo comportamental. I. Organizador. II. Título.

CDD 302.23
CDU 316.774

LiteraRUA
www.literaRUA.com.br
Fone: 11 3857-6225 / Cel.: 11 97715-4412
Av. Deputado Emílio Carlos, 179, Loja 4, 1º andar.
Bairro do Limão - São Paulo - SP. CEP: 02721-000.

SUMÁRIO

PREFÁCIO

Há alguns anos, enquanto viajávamos por países do continente africano, fui surpreendido por uma pessoa que trabalhava em nosso projeto que após dividir algumas ideias, me questionou com a seguinte sentença: "Mas o que é que África tem a ver com tecnologia?".

Me recordei naquele momento, das primeiras páginas de *"Entre o Mundo e Eu"* onde Ta-nehisi Coates discorre sobre a distância entre as realidades dele e da jornalista branca com quem dialogava na TV: ela parecia estar mais longe do que o satélite que os transmitiam ao vivo para o mundo todo.

Oras, se a essência das redes sociais é a conectividade, está para nascer uma que cumpra seu papel com mais eficácia do que um tambor. Sentar-se em círculos, ouvir histórias (principalmente) dos que vieram antes e extrair os melhores sentimentos dos participantes, ressaltando como a escuta é valiosa, me parece estar anos-luz à frente do mais promissor sonho de funcionalidades facebookianas de Mark Zuckerberg.

É importante admirar o admirável e para tal, é fundamental que nossas lentes estejam limpas e não sabotem essa característica tão poderosa da capacidade humana. Culturas são lentes, é por elas que percebemos o mundo.

Tecnologia, *storytelling*, minimalismo e ideias que visam ampliar a percepção do que significa ser humano, não podem ser vendidas no século XXI como "invenções do vale do silício". Ainda mais para quem criou a Tábua de Ifá, a Ayurveda, as 5 orientações de gênero de alguns povos ameríndios ou a força das Mulheres Macuas. Como diria Paulina Chiziane, "às vezes sinto que nos oferecem algo que já era nosso antes deles chegarem". Nootrópicos vieram milênios depois do Ginseng.

Tudo o que sabemos (ou o que o hemisfério norte e seu confiante eurocentrismo julga saber), equivale só a 4% do universo, o resto é matéria e energia escura e, falando em Energia e Matéria Escura, esse livro compartilha muito a respeito do que tem a ver a África e a tecnologia.

Emicida

APRESENTAÇÃO

Ao longo das últimas décadas, inúmeras ideias sobre o "virtual", o "digital" ou a "cibercultura" ganharam tração nos espaços acadêmicos e vernaculares interessados em estudar o impacto (ou relação) da internet na sociedade. Figuras de linguagem que evocavam a internet como composta de "janelas" a outros mundos possíveis também foram aplicadas a indivíduos, grupos e suas identidades. A comunicação mediada por computador permitiria até o abandono de afiliações identitárias, disseram muitos. Gênero, raça, etnia, nacionalidade e classe ficariam de lado, afirmaram pesquisadores que faziam parte da pequena parcela conectada da população. A realidade era muito diferente disso, como sabiam tanto as maiorias demográficas reais quanto as camadas mais violentas da branquitude. Nos anos 90 supremacistas brancos já planejavam uma reconexão e expansão global, através da internet, que dá seus frutos tóxicos hoje em todo o mundo.

Processo similar aconteceu na última década com a empolgação quanto a conceitos como *big data* ou inteligência artificial. Os mais inocentes e os mais cínicos convergiram publicamente a acreditar ou defender que a abundância na geração de dados e a capacidade computacional para analisá-los levariam ao fortalecimento da produção democrática de conhecimento sobre as questões públicas. Testemunhamos o contrário: um aprofundamento do abismo entre cidadãos comuns – que, de fato, possuem mais acesso à informação do que antes – e corporações que concentram exponencialmente não só as informações e sua capacidade de interpretação analítica, mas também a aplicação de conhecimento operacionalizado na concentração de capitais e esfarelamento das instituições públicas.

Interpretações generalistas e totalizantes sobre os usos, apropriações, narrativas e contranarrativas das tecnologias da comunicação ficaram, portanto, ainda mais anacrônicas. Mas às pioneiras e pioneiros de estudos críticos da comunicação digital somam-se cada vez mais pesquisadoras/es interessadas e instrumentalizadas a contar as histórias dos subalternizados, empenhadas em desvelar fenômenos, objetos e dinâmicas invisibilizadas por academias elitistas ainda a serviço de uma supremacia branca global.

O livro "*Comunidades, Algoritmos e Ativismos: olhares afrodiaspóricos*" é uma das muitas iniciativas de combate a cegueiras supostamente pós-raciais. Visando colaborar no preenchimento das muitas lacunas bibliográficas que tolhem a oferta bibliográfica de estudantes do Brasil e países lusófonos, o livro reúne 14 capítulos de pesquisadoras e pesquisadores provenientes e com conhecimento científico e experiencial dos Brasis e de países da Afrodiáspora e África, como Congo, Etiópia, Gana, Nigéria, Colômbia, Estados Unidos e Reino Unido. O principal objetivo da publicação é reunir reflexões diversas e multidisciplinares sobre as interfaces dentre os fenômenos da comunicação digital, raça, negritude e branquitude nos últimos 20 anos, oferecendo material de referência para estudantes e pesquisadoras/es em diversos níveis.

Através da tradução de textos estrangeiros inéditos em português e atualização e redação de publicações selecionadas de brasileiras/os, o livro colabora com a crescente complexificação do pensamento sobre a comunicação digital e internet resultante da diversificação dos olhares e falas nos espaços acadêmicos. Da matemática na divinação Ifá ao ativismo político, os temas e objetos dos capítulos passam por transição capilar, blackfishing, afroempreendedorismo, Black Twitter, contra-narrativas ao racismo e métodos digitais de pesquisa apropriados à complexidade das plataformas, algoritmos e relações de poder incorporadas nas materialidades digitais racializadas.

Abrindo o livro, o artigo "*Retomando nosso fôlego: Estudos de Ciência e Tecnologia, Teoria Racial Crítica e a imaginação carcerária*" de Ruha Benjamin propõe o conceito de *Critical Race STS* como nexo essencial para entender a imaginação carcerária que motiva a criação e formatação das tecnologias digitais empregadas cotidianamente no controle, classificação e fixação dos corpos. Partindo da metáfora da respiração e do fôlego, repetidamente negados a afroamericanos e afrobrasileiros sufocados por forças policiais, Benjamin nos convoca a repensar os projetos da sociologia e dos estudos de ciência, tecnologia e sociedade.

Como resultado de amplo estudo sobre discurso de ódio, Luiz Valério P. Trindade apresenta, logo na introdução do texto "*Mídias sociais e a naturalização de discursos racistas no Brasil*", um resgate da invisibilidade da "questão" - longe de ser apenas uma inflexão - racial na pesquisa sobre comunicação digital e internet. Esta invisibilidade é combatida a seguir em seu trabalho, que evoca a literatura e metodologia científica para compreender como o racismo à brasileira se desdobra nos discursos digitais circulados em mídias sociais.

Realizando a ponte entre as realidades brasileira e colombiana, Niousha Roshani apresenta dados e reflexões sobre o racismo nos dois países em diversas esferas, da econômica à midiática. O artigo "*Discurso de Ódio e Antirracismo Digital: ativismo da juventude afrodescendente no Brasil e Col*ômbia" inclui também mapeamento de projetos da sociedade civil que oferecem contranarrativas e reações à sociedade racista nestes países latinoamericanos.

A partir de longo histórico de pesquisa sobre o *Black Twitter*, André Brock organiza o método "*Análise Crítica Tecnocultural do Discurso*". Influenciado pela abordagem histórico-discursiva, Brock sugere princípios, pilares e expectativas para o método, que vê a cultura como artefato tecnológico e, portanto, combina análise das materialidades e articulações sociais-políticas na compreensão da produção de significado em rede.

A transição capilar, fenômeno que se intensificou na última década graças à convergência de aspectos econômicos, políticos e ideológicos é o tema agregador das comunidades investigadas por Larisse Pontes Gomes. Em "*Estéticas em transformação: a experiência de mulheres negras na transição capilar em grupos virtuais*", a autora estuda como as tecnologias de comunicação digital foram transformadas em ferramentas afetivas e decoloniais para as mulheres negras no apoio mútuo e expansão da autoestima.

Também na seara da política da estética, Ronaldo Araújo e Jobson da Silva Junior apresentam as micronarrativas de racismo no Twitter em torno de um fenômeno em ascensão, ainda que não exatamente novo: o *blackfishing*. Em "*Blackfishing e a transforma*ção transracial monetizada", os autores apresentam e discutem o fenômeno, assim como as controvérsias resultantes.

Em "*Racismo Algorítmico em Plataformas Digitais: microagressões e discriminação em código*", Tarcízio Silva apresenta o pensamento sobre as microagressões como método para discutir o racismo digital e suas novas e perversas manifestações algorítmicas. Argumentamos que a reprodução pervasiva das ideologias racistas em bases de dados, representações visuais e recomendação de conteúdo nas plataformas digitais podem ser compreendidas a partir desta chave conceitual.

Explorando levantamento de dados em bancos de imagens, Fernanda Carrera estuda as dinâmicas de produção e reprodução de representações racistas no Shutterstock, Stockphotos e Getty Images. Em "*Racismo e sexismo em bancos de imagens digitais: análise de resultados de busca e atribuição de relevância na dimensão financeira/profissional*" resultados a buscas imbuídas de valoração na sociedade contemporânea, tais como "chefe" ou "secretária/o" e "pobreza" são analisados em suas representações raciais e visibilidades nos sites em questão.

Dedicada também à centralidade da questão algorítmica na contemporaneidade, Abeba Birhane discute as faces do poder colonial transformado em mecanismos invisíveis de controle das plataformas, padrões tecnológicos e negócios digitais. O texto "*Coloniza*ção Algorítmica da África" discute e enfrenta as interpretações neocoloniais sobre a "mineração" de dados e conhecimento sobre o continente africano.

A partir de um ponto de vista africano sobre o ativismo digital, o texto a seguir defende uma perspectiva continental sobre o tema frente a repressão de projetos autoritários. Referenciando o evergetismo cívico, Serge Katembera nos apresenta sua análise sobre o "*Ativismo Digital na África: demandas, agendas e perspectivas*".

Os ciberativismos do feminismo negro, os pontos de convergência e particularidades de pensadoras e ativistas negras sobre a questão nos são apresentados por Thiane Neves Barros em "uma autobiografia de milhares de vozes". O texto "'*Estamos em marcha*': *Escrevivendo, agindo e quebrando códigos*" resgata pontos das construções intelectuais de feministas negras na academia e para além.

Em "*Mulheres e tecnologias de sobrevivência: Economia Étnica e Afroempreendedorismo*", Taís Oliveira e Dulcilei C. Lima apresentam as particularidades do afroempreendedorismo das mulheres no Brasil a partir da exploração das fortalezas e contradições dos estudos sobre economia étnica. A partir do pensamento e realidade afrobrasileiras sobre o tema e dados provenientes de duas pesquisas realizadas pelas autoras sobre feminismo negro na internet e práticas de empreendedores, apresentam a ideia de tecnologias de sobrevivência.

Lembrando das ancestralidades e ideações milenares, Femi Ololade Alamu, Halleluyah Aworinde e Walter Isharufe nos mostram como a divinação Ifá tem paralelos – e precede - processos típicos da Computação. Tanto a estrutura de cálculo dos 256 Odus e quanto o fluxograma das operações Entrada-Processo-Saída na relação entre sacerdote e cliente são explorados em "*Estudo Comparativo entre o Sistema de Divinação Ifá* e *Ciência da Computação*".

Encerrando o livro, "*Articulando e performando desenvolvimento: retornantes qualificados no negócio de TICs do Gana*" de Seyram Avle investiga motivações, percepções e trajetórias profissionais e empreendedoras de emigrantes ganenses que retornaram ao país depois de formação global no exterior, sobretudo em países do Norte. Os retornantes impulsionam ideias particulares de responsabilidade com o país e desenvolvimento tecnológico de Gana.

Por fim, gostaria de registrar o agradecimento a todas as autoras e autores que se empenharam em produzir e viabilizar os textos da publicação, além dos que acreditaram no projeto e fizeram o possível para apoiar o projeto em especial Vinícius Silva, Wanderson Flor do Nascimento, Sérgio Amadeu da Silveira, Natália Neris, Sil Bahia, Winnie Bueno, Zé Messias, Kênia Freitas, o IBPAD e a LiteraRUA assim como a todas e todos que vieram antes de nós abrindo os caminhos que tantos querem ver restritos. (Re)Ocupemos.

Tarcízio Silva

CAPÍTULO 1

Ruha Benjamin

Ruha Benjamin é Professora Associada de African American Studies na Universidade de Princeton, EUA, autora de People's Science: Bodies and Rights on the Stem Cell Frontier (2013), Race After Technology: Abolitionist Tools for the New Jim Code (2019) e organizadora de Captivating Technology: Race, Carceral Technoscience, and Liberatory Imagination in Everyday Life (2019). Seu trabalho investiga as dimensões sociais de raça, medicina e tecnologia com foco nas relações entre inovação e desigualdade. Para mais informações, visite **www.ruhabenjamin.com**

RETOMANDO NOSSO FÔLEGO: ESTUDOS DE CIÊNCIA E TECNOLOGIA, TEORIA RACIAL CRÍTICA E A IMAGINAÇÃO CARCERÁRIA[1]

Ruha Benjamin

Nossos pulmões estão sendo gradualmente privados de oxigênio.
Talvez seja a hora de usar o ar que resta em nossos corpos para dizer:
Abram os malditos portões.
Arundhati Roy[2]

O que é tão surpreendente sobre o fato de que nossas prisões
lembram nossas fábricas, escolas, bases militares e hospitais -
todos os quais, por sua vez, se assemelham a prisões?
Michel Foucault[3]

Introdução

Los Angeles, 1963. As reuniões da Associação Americana de Sociologia [*American Sociological Association*] estão ocorrendo no mesmo dia da Marcha Sobre Washington. Everett Hughes está entregando o discurso presidencial da Associação Americana de Sociologia e, em uma espécie de confessionário público, ele formula a pergunta: "Por que os sociólogos não previram a explosão da ação coletiva dos negros americanos em direção à integração imediata e plena na sociedade americana?" (*Cf* Steinberg, 2007, p. 6). Na introdução de seu livro, *Race Relations: A Critique* (2007), Stephen Steinberg explica, "a sociologia não apenas falhou em antecipar a Revolução dos Direitos Civis [sic], como também prestou pouca atenção aos eventos históricos que estavam ocorrendo em Washington, quando os sociólogos se reuniam para seu encontro anual, mas mesmo após as

---

1 Tradução inédita de artigo originalmente publicado na revista *Engaging Science, Technology, and Society* <BENJAMIN, Ruha. Catching Our Breath: Critical Race STS and the Carceral Imagination. Engaging Science, Technology, and Society, v. 2, p. 145-156, 2016.>

2 De *Capitalism*: A Ghost Story (2014), p. 66.

3 De Droit (1975) "Michel Foucault, on the Role of Prisons", https://www.nytimes.com/books/300/12/17/specials/foucault-prisons.html

conturbadas mobilizações por direitos civis, a sociologia manteve seu caminho" (p. 19). Assim, Steinberg se pergunta: "Que papel o campo desempenhou enquanto Roma ardia, quando os agravos sobre os negros irromperam em um movimento exigindo direitos elementares de cidadania e toda a nação foi lançada em crise?" (p. 5). É difícil escapar da conclusão de Steinberg: "que, no que diz respeito à sociologia convencional, a Revolução dos Direitos Civis falhou em produzir uma revolução correspondente no campo das ideias" (p. 15).

Chicago, 2015. A seção Ciência, Conhecimento e Tecnologia da Associação Americana de Sociologia se reúne para refletir sobre a trajetória do campo em relação a outros desenvolvimentos políticos e intelectuais. Ao ritmo de Steinberg, é imperativo que os reunidos situem sua reflexão coletiva no contexto de levantes sociais que abalaram cidades e subúrbios, universidades e comunidades dos EUA nos últimos dois anos. No exato momento em que o campo faz uma pausa para recuperar o fôlego e fazer um balanço de suas contribuições para os entendimentos acadêmicos da sociedade, o refrão político "Não consigo respirar" é o clamor de um movimento renovado pela justiça social. À luz dessa convergência, este ensaio envolve trabalhos no nexo de Estudos de Ciência e Tecnologia (*Science and Technology Studies* (STS), no inglês) e Teoria Racial Crítica, para explorar o que chamo de "imaginação carcerária", com o objetivo de incentivar um compromisso sustentado em todo o campo incorporando abordagens raciais críticas no estudo da ciência e da tecnologia.

STS é, afinal, um campo preocupado com a construção da matéria, seja física, de fato ou de interesse. E, portanto, acho que cabe a nós abordar explicitamente o terreno contestado do Black Lives *Mattering* (Vidas Negras *Importando*). Para começar, como as últimas palavras de Eric Garner, "Não consigo respirar" - ditas quando ele estava sendo sufocado pelo policial Daniel Pantaleo - nos motivam a pensar conjuntamente os processos epistêmicos e políticos? Afinal, esse é um refrão que ecoou por todo o país - de Ferguson, Missouri a Baltimore, Maryland, e Chicago, Illinois - galvanizando protestos diante do assédio e repressão da polícia, que por si só é um sintoma de uma ampla falta de direitos econômicos e políticos. Como tal, é um refrão que fala de formas menos visíveis de asfixia - moldadas pela violência estrutural e pela desigualdade sistêmica - nas quais as mortes lentas e evitáveis de dezenas de milhares de pessoas estão ligadas, por exemplo, à asma a cada ano.

O racismo e o capitalismo compenetrados na pele - seja por balas ou toxinas ambientais - causam morte prematura: "um número estimado de 83.570 mortes em excesso a cada ano poderia ser evitado nos Estados Unidos se essa lacuna de mortalidade em preto e branco pudesse ser eliminada" (Satcher *et al.*, 2005). Em outras palavras, "é o equivalente a um grande avião cheio de passageiros negros caindo do céu todos os dias, todos os anos."[4] E no assassinato de Garner, em um policial que sufoca uma pessoa com asma, testemunhamos a convergência de formas diretas e indiretas de violência que muitas vezes já estão conectadas. Como Anne Pollock argumenta em um ensaio sobre duas irmãs afroamericanas que receberam sentenças de prisão perpétua por assalto à mão armada rendendo onze dólares, "a ética do evento não deve ser desvinculada de uma ética do que é rotineiro - a violência estrutural rotineira do encarceramento em massa" (Pollock, 2015, p. 253). No caso dessas irmãs, elas foram libertadas em 2011, após cumprirem 16 anos com a condição de uma doar um rim para a outra. Este caráter rotineiro e, como argumentarei, a *razoabilidade* presumida acima, é precisamente o que torna os STS tão adequados para interrogar os fundamentos carcerários do neoliberalismo (Wacquant, 2010) e a lógica racial nele incorporada.

O fantástico livro da historiadora Lundy Braun, *Breathing Race into the Machine*, examina como "as noções culturais de raça se incorporaram à arquitetura de um instrumento aparentemente comum", o espirômetro (um dispositivo construído para avaliar a função pulmonar) e as implicações generalizadas desse processo - desde pesquisa a clínicas, treinamento em faculdades de medicina e reivindicações de seguros (Braun, 2014). Em 1999, por exemplo, o maior fabricante de isolamento do mundo estava ocupado tentando limitar as reivindicações de invalidez em uma ação coletiva movida por 15 mil trabalhadores que manipulavam amianto, partindo da crença de longa data entre os pneumologistas de que os grupos raciais diferiam em capacidade e função dos pulmões.

Baseando-se na prática amplamente aceita de "correção de raça" - tão normalizada que existe um botão para isso, a empresa tornou mais difícil para os trabalhadores negros se qualificarem para a indenização dos trabalhadores. Estes últimos teriam que demonstrar pior função pulmonar e sintomas clínicos mais graves do que os dos trabalhadores brancos devido a esse recurso do espirômetro, cujo desenvolvedor, Dr. John Hutchinson, foi empregado pelas companhias de seguros em meados do século XIX para minimizar os pagamentos. Esse *design discriminatório*, como o chamo, normaliza as hierarquias raciais - não como uma aberração ideológica dos negócios como de costume, mas como um imperativo econômico incorporado à máquina.[5] Não é preciso abrigar nenhum *animus* racial para exercitar o racismo neste e em tantos outros contextos; ao contrário, uma vez que as configurações padrão foram estipuladas, basta executar o trabalho - bater o ponto, perfurar, ligar e desligar a máquina - é suficiente para garantir a consistência

---

4 *Unnatural Causes: Is Inequality Making Us Sick?* Produzido por California Newsreel e Vital Pictures. Disponível em: http://www-tc.pbs.org/unnaturalcauses/assets/resources/in_sickness_and_wealth_transcript.pdf

5 Para uma elaboração do "design discriminatório", ver Benjamin (2015), "From Park Bench to Lab Bench: What kind of future 5 are we designing?" TEDx Baltimore, Disponível em: https://www.youtube.com/watch?v=_8RrX4hjCr0

da dominação branca ao longo do tempo. Da mesma forma, mudar o sentimento individual de *animus* para tolerância, ou mesmo afeto, não transformará o *status quo* enquanto o design subjacente de nosso mundo sociotécnico for mantido.

Seja na arquitetura de máquinas como o espirômetro ou na arquitetura de tecnologias legais, os pesquisadores de STS devem treinar nossas ferramentas analíticas sobre as diferentes formas de "correção racial" que sustentam uma forma perniciosa de construção do conhecimento. Consideremos uma decisão judicial recente no caso contra um Sr. Henry Davis, que foi acusado por destruição de propriedade por sangrar em uniformes da polícia *depois* que os policiais o identificaram incorretamente como tendo um mandado pendente e então o espancaram até a rendição:

> Em e/ou aproximadamente no vigésimo dia, 20 de setembro de 2009, perto da Rua Florissant 222, dentro dos limites corporativos de Ferguson, Missouri, o réu acima mencionado cometeu ilegalmente o crime de "dano à propriedade" por ter sujado de sangue o uniforme (Daly, 2014).

Quando Davis processou os policiais, o juiz descartou o caso, dizendo que "... um oficial razoável poderia ter acreditado que espancar uma pessoa subjugada e complacente, ao mesmo tempo em que causava uma concussão, lacerações no couro cabeludo e hematomas quase sem danos permanentes, não violava a Constituição" (Daly, 2014). O juiz, em suma, "corrigiu a raça" de nossa leitura da Constituição dos EUA como aplicável a pessoas como Davis - um lembrete de que, seja o que for que pensamos que o racismo seja, não é simplesmente ignorância ou *não*-conhecimento. É também (no mínimo) uma lógica, uma razão, uma justificativa e uma maneira de conhecer o mundo e outros seres humanos que é sempre violenta, rotineiramente mortal e brilhantemente codificada na mesma coisa que recorreríamos por justiça. Até que cheguemos ao entendimento da *razoabilidade* do racismo, continuaremos a procurá-lo nos pisos sangrentos das igrejas de Charleston e nas câmeras do painel das estradas do Texas, e ignorá-lo nas lógicas inteligentes dos livros, declarações políticas, decisões judiciais, revistas científicas e tecnologias de ponta (Bliss, 2012; Epstein, 2007; Fujimura & Rajagopalan 2010; Hatch, 2016; Morning, 2011; Nelson, 2016; Roberts, 2012; Shim, 2014).

Como já argumentei anteriormente, podemos conceitualizar a própria raça como um tipo de tecnologia,[6] aquela que cria universos sociais paralelos e morte

---

6 *Cf.* Coleman (2009) para uma formulação da "raça enquanto tecnologia". Mas, enquanto Coleman pede ao leitor que desconecte a raça dos "sistemas biológicos e genéticos que historicamente dominam sua definição", minha abordagem à raça como tecnologia está preocupada com o modo como as práticas tecnocientíficas contemporâneas coproduzem classificações raciais (Reardon, 2004), geralmente em nome de "ajudar" os carentes. Apesar da lógica caritativa e da aparente descontinuidade com as formas passadas da ciência racial, os analistas devem rigorosamente atender às dimensões normativas e políticas da tecnociência *in situ*, isto é, sem conhecer antecipadamente todas as normas e políticas que coproduzem tais técnicas.

prematura, e que requer manutenção e atualização rotineiras:

> Os nós de forca caseiros foram atualizados para armas de fogo emitidas pelo Estado. As táticas violentas de intimidação dos eleitores são substituídas pelas leis de identificação dos eleitores. A remarcação sancionada pelo governo é bem-sucedida por empréstimos predatórios. Políticas eugênicas hierárquicas dão lugar a tecnologias reprodutivas que permitem aos consumidores selecionar traços "socialmente desejáveis." Essas atualizações pós-raciais parecem necessárias e até empoderadoras, e é exatamente isso que as torna tão eficazes para exacerbar a desigualdade (Benjamin, 2016a).

A tecnologia não é apenas uma metáfora racial, mas um dos muitos meios pelos quais as formas anteriores de desigualdade são atualizadas. Por esse motivo, é vital que os pesquisadores façam um balanço rotineiro das ferramentas conceituais que usamos para entender a dominação racial.

Visões de desenvolvimento e progresso são muitas vezes construídas sobre formas de subjugação social e política que exigem atualização na forma de novas técnicas de classificação e controle. Quando os pesquisadores se propõem a estudar os valores, suposições e desejos que moldam a ciência e a tecnologia, também devemos permanecer atentos às ansiedades e medos raciais que moldam o design da tecnociência. A era do *Big Data*, por exemplo, está entrelaçada com a fabricação de *Big Deviance* - a "explosão da política de crime punitivo" sem precedentes (Murakawa, 2014, p. 113).[7] Em um relatório recente sobre "viés de máquina", Angwin e colegas ilustram como as ferramentas de avaliação de risco geradas por computador são tendenciosas contra os americanos negros: "a fórmula era particularmente provável que sinalizasse falsamente os réus negros como futuros criminosos, rotulando-os dessa maneira quase duas vezes a taxa de réus brancos" (2016). Essa "discriminação algorítmica" não se limita ao trabalho policial (boyd, Levy & Marwick, 2014); os tentáculos sufocantes do Estado carcerário abrangem escolas, hospitais e outras instituições que buscam controlar pessoas pobres e racializadas (Perry, 2011; Taylor, 2016).

Ao tratar da atual crise do encarceramento nos Estados Unidos, desenvolvo a noção de *imaginários sociotécnicos* de Jasanoff e Kim, ou a imaginação coletiva do futuro que "codifica não apenas visões do que é possível obter através da ciência e da tecnologia, mas também de como a vida deve ou não ser vivida; a esse respeito, eles expressam os entendimentos compartilhados de uma sociedade sobre o bem e o mal" (Jasanoff & Kim 2015, p. 4). Como Jasanoff e Kim observam corretamente,

7 Como Naomi Murawaka explica em seu livro *The First Right Civil*: How Liberals Built Prison America (2014), "Mesmo no contexto de queda nas taxas de criminalidade... os legisladores endureceram as máquinas carcerárias" (p. 113).

imaginários concorrentes podem muito bem coexistir; em sociedades racializadas nas quais representações do bem (branco) e do mal (preto) são convenientemente codificadas por cores em uma variedade de artefatos culturais, de desenhos animados infantis à iconografia religiosa, não se trata simplesmente que existam imaginários concorrentes. Para além disso, as pessoas negras rotineiramente são degradadas nas representações populares de progresso ou completamente excluídas das visões futuristas (Nelson, 2002), um tipo de penitenciária temporal na qual os oprimidos estão presos a um presente distópico.

Seguindo, várias características dos imaginários carcerários merecem destaque como base para a pesquisa em andamento. Essa lente conceitual não se aplica apenas aos processos diretamente ligados às prisões e à polícia; para além disso, proponho uma investigação expandida das controvérsias que treine a atenção acadêmica para o lado subjacente do desenvolvimento tecnocientífico - *quem e o que é fixado no mesmo lugar* - classificado, encurralado e/ou coagido, para permitir a inovação? Na era pós-racial, a subjugação quase nunca é o objetivo explícito da ciência e da tecnologia; em vez disso, objetivos nobres como "saúde" e "segurança" servem como um tipo de profilaxia moral para novas formas de classificação e controle. Por exemplo, o *hot spotting* médico é uma prática iniciada em Camden, Nova Jersey, em 2007, que "usa tecnologias de Sistemas de Informação Geográfica (SIG) e perfis espaciais para identificar populações clinicamente vulneráveis ('os 1% mais caro em assistência médica') para fornecer atendimento preventivo em casa e reduzir internações e custos com saúde" (Krupar & Ehlers 2015, p. 4). No processo, os alvos "são frequentemente classificados como 'socialmente desintegrados,' como dependentes e incapazes de cuidar de si" (p. 4). O objetivo do *hot spotting* médico, para "ajudar os menos favorecidos", reproduz as próprias formas de estigma classificatório que restringem as chances de vida das pessoas em primeiro lugar[8]. E as populações racializadas não são as únicas que são rotineiramente "consertadas" (supostamente ajudadas e mantidas no lugar) pelos objetivos benevolentes da tecnociência. Os recentes avanços na engenharia genética humana, por exemplo, estão intensificando as definições capacitistas de "vidas dignas de ser vividas", com o potencial de sufocar as abordagens justas da biotecnologia sobre deficiências (Benjamin 2016b).

Uma agenda de pesquisa de Estudos de Ciência e Tecnologia racialmente crítica (*critical race STS*) baseia-se em abordagens feministas, pós-coloniais e de estudos críticos da deficiência, que por sua vez se beneficiariam de uma maior consideração de como os imaginários carcerários procuram conter corpos individuais *e* visões coletivas de futuro. Isso nos leva a um ponto final: apesar da difusão esmagadora de ideias e práticas institucionais que buscam limitar as liberdades dos grupos

8 Para uma elaboração sobre o *hot spotting* médico, ver também Krupar & Ehlers (2017)

despossuídos muito além dos muros da prisão, a subjugação necessariamente produz uma gama de respostas. Por exemplo, indivíduos que tiveram algum tipo de contato com o sistema carcerário, mesmo aqueles que apenas foram detidos, mas não foram acusados de um crime, evitam instituições vigilantes como escolas, bancos, locais de trabalho e hospitais, mesmo quando precisam de atenção médica (Brayne, 2014). Assim, enquanto os acadêmicos examinam o desenvolvimento e implantação de imaginários carcerários, devemos permanecer atentos às muitas formas de subversão e resistência que também tomam forma, juntamente com os subprodutos, por vezes deletérios, dessas respostas. Em seu livro *Dark Matters: On the Surveillance of Blackness*, a socióloga Simone Browne elucida a ideia de uma *consciência biométrica crítica*, que é um entendimento da tecnologia biométrica como, antes de tudo, uma tecnologia humana "onde a propriedade e o acesso aos próprios dados corpóreos e outras propriedades intelectuais devem ser entendidos como um direito" (Browne, 2015, p. 86). Aqui, pensando em relação às expansões do carcerário, proponho que consideremos como uma *consciência abolicionista* é uma maneira de conceituar esforços para exercer liberdade e ação com e contra ciências e tecnologias.

Voltando a Everett Hughes diante dos membros da Associação Americana de Sociologia em 1963, e sua consternação com o fato de os sociólogos parecerem tão afastados da crescente crise social, que não herdemos os espetáculos embaçados do passado. Em vez disso, é possível aproveitar o trabalho existente no nexo entre o STS e o carcerário, aprimorando nossas ferramentas analíticas com a assistência de abordagens críticas raciais para a ciência e a tecnologia. Browne (2015), por exemplo, coloca questões no centro dos estudos de vigilância em conversa "com o arquivo duradouro da escravidão transatlântica e seus impactos perenes" (p. 11). Com base nos chamados "new surveillance studies" ("*novos estudos da vigilância*") que buscam mudar a análise das prisões de segurança máxima para uma sociedade de segurança máxima mais difundida (p. 13), Browne observa que "a vigilância não é novidade para os negros"; de navios de escravos e patrulhas de escravos a postos de controle de segurança nos aeroportos e práticas policiais de *stop-and-frisk*, ela aponta para a "facticidade da vigilância na vida negra" (p. 7):

> [M]ais do que ver a vigilância como algo inaugurado pelas novas tecnologias... vê-la como permanente é insistir em que levemos em consideração o modo como o racismo e a anti-negritude reforçam e sustentam as vigilâncias cruzadas de nossa ordem atual (Browne, 2015, p. 8-9).

O trabalho de Browne, por sua vez, baseia-se na noção fanoniana de "epidermização" ou "a imposição da raça no corpo" (p. 7), teorizando o que Browne chama de "epidermização digital". Isso é "o que acontece quando certos corpos são renderizados como código digitalizado" (p. 109) por meio de técnicas como "reconhecimento facial, tomografia de íris e retina, geometria da mão, modelos de impressões digitais, padrões vasculares, de marcha e outros reconhecimentos cinéticos e, cada vez mais, o DNA" (p. 109). No fim, tudo isso trata o corpo *como evidência* que supera os pontos de vista das pessoas sobre quem elas são, se pertencem e onde pertencem. O uso de testes de DNA para verificar a associação tribal nos EUA, por exemplo, fez com que os indivíduos fossem desapropriados, apesar de sua associação de longa data com a tribo, e assim a tecnociência tem o potencial de substituir os fundamentos socioculturais da identidade indígena e também minar a soberania política (TallBear, 2013).

O trabalho do sociólogo Oliver Rollins examina como as neurociências são usadas para entender o crime e o comportamento violento, com foco nas reações, refutações e medidas metodológicas tomadas pelos bio-criminologistas para abordar críticas de seu campo (Rollins, 2014). Ele se baseia no trabalho de Troy Duster (2006), Nikolas Rose (2000), Aaron Panofsky (2014) e Joe Dumit (2004) - assim como na literatura de biomedicalização pioneira em Adele Clarke e colegas (Clarke *et al.* 2010). Isso se relaciona com as maneiras pelas quais a "nova" bio-criminologia está transformando a maneira como pensamos e gerenciamos o "risco"; ou a produção contínua e o valor cultural das tecnologias visuais e a criação de neuro-identidades dentro e fora da sala de audiências, esse programa de pesquisa é vital para nossa compreensão do que poderíamos chamar de "biocriminalização". Este é um mundo no qual estatísticos como Richard Berk (Universidade da Pensilvânia) projetaram um "software de previsão de crimes para ajudar a projetar quando pessoas em suspensão da pena ou livramento condicional têm maior probabilidade de cometer assassinato ou serem assassinadas" (Johnson, 2011). Essa é a imaginação carcerária preventiva popularizada em filmes como "Minority Report", que está sendo promovida lentamente sob o manto da mitigação de riscos.

Finalmente, indo além do contexto dos EUA, Richard Tutton e colegas examinam como as biotecnologias são usadas na vigilância de fronteiras no Reino Unido, especificamente voltadas para os solicitantes de asilo da África (Tutton *et al.* 2014). Se, ao longo de uma entrevista padrão, um/a funcionário/a da agência de fronteira suspeitar da história de um candidato, ele poderá solicitar amostras de saliva, unhas e cabelos para testar a "mudança de nacionalidade", usando análises isotópicas e testes genéticos de ancestralidade. E, embora o *Programa Piloto de Proveniência Humana* [*Human Provenance Pilot Program*] tenha sido finalmente suspenso, o fascínio da objetividade que esses testes oferecem diante da xenofobia popular em todo o mundo sugere que muitas outras correções biotecnológicas para crises sociais estejam em andamento.[9]

Em suma, esse corpo de literatura acadêmica aplica as sensibilidades dos STS às práticas carcerárias e responde ao lembrete de Laura Mamo e Jennifer Fishman de que: "A STS engajou a justiça como uma questão de preocupação, mas deve ir além para examinar as estruturas da justiça de forma mais explícita e participar em esforços que busquem a justiça de maneiras associadas ao estudo da ética, ainda que distintas do mesmo." Da mesma forma, eu incentivo os pesquisadores sobre raça e etnicidade a adotar ideias dos STS no avanço do conhecimento sobre a notável durabilidade e destreza das ideologias e práticas raciais. Afinal, a desigualdade social é legitimada pelas mitologias culturais sobre a diferença humana - histórias que são materializadas através da ciência, tecnologia e biomedicina, e que implicam a raça dentro de uma complexa rede interseccional de classificações que inclui classe, gênero, sexualidade, deficiência e cidadania entre outras matrizes de dominação (Collins, 2000). Seja no contexto dos produtos farmacêuticos segmentados racialmente, testes de ancestralidade genética, bebês projetados ou bancos de dados policiais, as categorias sociopolíticas são reproduzidas e reconstituídas através de práticas tecnocientíficas que atuam sobre, com e contra corpos humanos. Espero que, à medida que o campo recupere seu fôlego coletivo, continuemos promovendo investigações acadêmicas que não sejam apenas *sobre* processos racializados, mas também apliquem uma lente de estudos racialmente críticos de ciência e tecnologia a todos os aspectos da vida social que atualmente são sufocados pelas lógicas carcerais. Assim, contribuiríamos para "uma revolução no campo das ideias" dentro e fora da academia.

Agradecimentos

Meus agradecimentos mais profundos a Steven Epstein, Daniel Lee Kleinman, Katie Vann e uma revisora anônima por fornecer feedback valioso que me ajudou a aprimorar as ideias apresentadas neste ensaio. Gostaria também de agradecer ao Departamento de Estudos Afro-Americanos da Universidade de Princeton [*Princeton University Department of African American Studies*] e ao Centro de Estudos Indianos na África da Universidade de Witwatersrand (CISA) [*University of Witwatersrand Centre for Indian Studies in Africa (CISA)*] pelo apoio institucional contínuo.

9 Em 2009, a Agência de Fronteiras do Reino Unido iniciou o Projeto Piloto de Proveniência Humana, com o objetivo de usar testes de ancestralidade genética 10 e análises isotópicas para avaliar as solicitações de asilo. Alec Jeffreys, um dos pioneiros na impressão digital do DNA humano, escreveu que "a Agência de Fronteiras está claramente fazendo suposições enormes e injustificadas sobre a estrutura da população na África; a extensa pesquisa necessária para determinar a estrutura da população e a capacidade ou não do DNA de identificar a origem étnica nessa região simplesmente não foi realizada. Mesmo que funcionasse (o que duvido), atribuir uma pessoa a uma população não estabelece nacionalidade - as pessoas se mudam! Toda a proposta é ingênua e cientificamente defeituosa" (Travis 2009).

Referências

ANGWIN, J.; LARSON, J.; MATTU, S.; KIRCHNER, L. **Machine Bias**. ProPublica, 2016. Disponível em https://www.propublica.org/article/machine-bias-risk-assessments-in-criminal-sentencing

BENJAMIN, R. "From Park Bench to Lab Bench: What kind of future are we designing?" TEDx Baltimore, 2015: https://www.youtube.com/watch?v=_8RrX4hjCr0

BENJAMIN, R. Innovating inequity: If race is a technology, postracialism is the Genius Bar. **Ethnic and racial studies**, v. 39, n. 13, p. 2227-2234, 2016a.

BENJAMIN, R. Interrogating equity: a disability justice approach to genetic engineering. **Issues in Science and Technology**, v. 32, n. 3, p. 51, 2016b.

BLISS, C. **Race Decoded**: The Genomic Fight for Social Justice. Palo Alto, CA: Stanford University Press, 2012.

boyd, d.; LEVY, K.; MARWICK, A. "The Networked Nature of Algorithmic Discrimination." In Data & Discrimination: Collected Essays, edited by S. Peña Gangadharan and V. Eubanks, pp. 53-57. New America: Open Technology Institute. 2014. Disponível em http://www.danah.org/papers/2014/DataDiscrimination.pdf

BRAUN, L. **Breathing Race into the Machine**: The surprising career of the spirometer from plantation to genetics. Minneapolis: University of Minnesota Press, 2014.

BRAYNE, S. Surveillance and system avoidance: Criminal justice contact and institutional attachment. **American Sociological Review**, v. 79, n. 3, p. 367-391, 2014.

BROWNE, S. **Dark Matters**: On the Surveillance of Blackness. Durham, NC: Duke University Press, 2015.

CLARKE, A.; MAMO, L.; FOSKET, J.R; FISHMAN, J.R.; SHIM, J.K. **Biomedicalization**: Technoscience, Health, and Illness in the U.S. Durham, NC: Duke University Press, 2010.

COLLINS, P. H. **Black Feminist Thought**: Knowledge, Consciousness, and the Politics of Empowerment. New York, NY: Routledge, 2000.

DALY, M. 2014. **The Day Ferguson Cops Were Caught in a Bloody Lie.** The Daily Beast, August 15, 2014. Accessed 6 June 2016: http://www.thedailybeast.com/articles/2014/08/15/theday-ferguson-cops-were-caught-in-a-bloody-lie.html.

DROIT, R.-P. 1975. **Michel Foucault, on the Role of Prisons**. NY Times, 2015. Disponível em www.nytimes.com/books/00/12/17/specials/foucault-prisons.html.

DUMIT, J. **Picturing Personhood**. Brain Scans and Biomedical Identity (in Formation). Princeton, NJ: Princeton University Press, 2004.

DUSTER, T. The molecular reinscription of race: Unanticipated issues in biotechnology and forensic science. **Patterns of Prejudice,** 40 (4-5): 427-441, 2006.

EPSTEIN, S. **Inclusion**: The Politics of Difference in Medical Research. Chicago, IL: University of Chicago Press, 2007.

FOUCAULT, M. **Discipline and Punish**: The Birth of the Prison. Vintage Books, 1995.

FUJIMURA, J. H.; RAJAGOPALAN, R. Different differences: The use of 'genetic ancestry' versus race in biomedical human genetic research. **Social Studies of Science**, v. 41, n. 1, p. 5-30, 2011.

HATCH, A. **Blood Sugar**: Racial Pharmacology and Food Justice in Black America. Minneapolis: University of Minnesota Press, 2016.

JASANOFF, S.; KIM, S.-H. **Dreamscapes of Modernity**: Sociotechnical Imaginaries and the Fabrication of Power. Chicago, IL: University of Chicago Press, 2015.

JOHNSON, G. 2011. "**Q&A with Richard A. Berk**." Disponível em http://www.upenn.edu/ pennnews/current/2011-12-15/interviews/qa-richard-berk.

KRUPAR, S.; EHLERS, N. Target: Biomedicine and Racialized Geo-body-politics. **Occasion 8**, Edição Especial "Race, Space, Scale," editada por W. Cheng e R. Shabazz, 2013. Disponível em http://arcade.stanford.edu/sites/default/files/article_pdfs/Occasion_v08_KruparEhlers_final.pdf

KRUPAR, S.; N. EHLERS. '**When Treating Patients Like Criminals Makes Sense**': Medical Hot Spotting, Race, and Debt. In: EHLERS, N.; HINKSON, L. Living In the Red: The American Health-care System and Racebased Medicine. Minnesota, MN and London: University of Minnesota Press, 2017.

MAMO, L; FISHMAN, J. R. Why justice? Introduction to the special issue on entanglements of science, ethics, and justice. **Science, Technology, & Human Values**, v. 38, n. 2, p. 159-175, 2013.

MORNING, A. **The Nature of Race**: How Scientists Think and Teach and Human Difference. Berkeley, CA: University of California Press, 2011.

MURAKAWA, N. **The First Civil Right**: How Liberals Built Prison America. Oxford UK: Oxford University Press, 2015.

NELSON, A. Introduction: Future Texts. **Social Text**, v. 20, n. 2, p. 1-15, 2002.

NELSON, A. **Social Life of DNA**: Race, Reparations, and Reconciliation After the Genome. New York: Beacon Press, 2016.

PANOFSKY, A. **Misbehaving Science**: Controversy and the Development of Behavior Genetics. Chicago, IL: University of Chicago Press, 2014.

PERRY, I. **More Beautiful and More Terrible**: The Embrace and Transcendence of Racial Inequality in the United States. New York, NY: New York University Press, 2011.

POLLOCK, A. **Medicating Race**: Heart Disease and Durable Preoccupations with Difference. Durham, NC: Duke University Press, 2012.

POLLOCK, A. On the Suspended Sentences of the Scott Sisters: Mass Incarceration, Kidney Donation, and the Biopolitics of Race in the United States. **Science, Technology, & Human Values**, v. 40, n. 2, p. 250-271, 2015.

REARDON, J. **Race to the Finish**: Identity and governance in an Age of Genomics. Princeton, NJ: Princeton University Press, 2004.

ROBERTS, D. **Fatal Invention**: How Science, Politics, and Big Business Re-create Race in the Twentyfirst Century. New York, NY: The New Press, 2012.

ROLLINS, O. **Unlocking the Violent Brain**: A Sociological Analysis of Neuroscientific Research on Violent and Aggressive Behaviors. Tese de Doutorado, Department of Social and Behavioral Sciences, University of California, San Francisco, San Francisco, CA, 2014.

ROSE, N. The biology of culpability: Pathological identity and crime control in a biological culture. **Theoretical criminology**, v. 4, n. 1, p. 5-34, 2000.

ROY, A. **Capitalism**: A Ghost Story. Chicago, IL: Haymarket Books, 2000.

SATCHER, D. et al. What if we were equal? A comparison of the black-white mortality gap in 1960 and 2000. **Health Affairs**, v. 24, n. 2, p. 459-464, 2005.

SHIM, J. **Heart-Sick**: The Politics of Risk, Inequality, and Heart Disease. New York, NY: NYU Press, 2014.

STEINBERG, S. **Race Relations**: A Critique. Palo Alto, CA: Stanford University Press, 2007.

TALLBEAR, K. **Native American DNA**: Tribal Belonging and the False Promise of Genetic Science. Minneapolis, MN: University of Minnesota Press, 2013.

TAYLOR, K.-Y. **From #BlackLivesMatter to Black Liberation**. Chicago, IL: Haymarket Books, 2016.

TRAVIS, J. "**Scientists Decry 'Flawed' and 'Horrifying' Nationality Tests.**" ScienceInsider, 2009. Disponível em: http://news.sciencemag.org/2009/09/scientists-decry-flawed-andhorrifying-nationality-tests.

TUTTON, R.; HAUSKELLER, Christine; STURDY, Steve. Suspect technologies: forensic testing of asylum seekers at the UK border. **Ethnic and Racial Studies**, v. 37, n. 5, p. 738-752, 2014.

WACQUANT, L. Crafting the neoliberal state: workfare, prisonfare, and social insecurity 1. In: **Sociological Forum**. Oxford, UK: Blackwell Publishing Ltd, 2010. p. 197-220.

CAPÍTULO 2

Luiz Valério P. Trindade

Luiz Valério P. Trindade é Doutor em Sociologia pela Universidade de Southampton na Inglaterra e Mestre em Administração de Empresas pela Universidade Nove de Julho em São Paulo. Possui também diversos artigos acadêmicos e não-acadêmicos publicados no Brasil e no exterior e é autor do livro *'No laughing matter: race joking and anti-racism discourses on social media in Brazil'* a ser lançado em 2020 nos EUA pela editora Vernon Press. Para saber mais consulte: **https://soton.academia.edu/LuizValerioTrindade**

MÍDIAS SOCIAIS E A NATURALIZAÇÃO DE DISCURSOS RACISTAS NO BRASIL

Luiz Valério P. Trindade

Introdução

Observa-se que as principais plataformas de mídias sociais, tais como Facebook, Instagram, YouTube, Twitter e WhatsApp (todas fundadas entre 2004 e 2010), se tornaram onipresentes na vida de inúmeras pessoas ao redor do mundo. Dados recentes revelam seu impressionante volume de usuários ativos mensais que variam de 328 milhões no caso do Twitter, e superam os dois bilhões no caso do Facebook (Constine, 2017). Contudo, o crescimento exponencial vivenciado por esta tecnologia digital ao longo do passado recente trouxe também a reboque o crescimento de outro fenômeno social em escala global: a manifestação aberta de uma variedade de discursos de ódio e intolerância no ambiente virtual. Evidências desta constatação são verificadas na pressão crescente exercida por parte de diversos atores sociais em diferentes países junto às corporações proprietárias destas plataformas, no sentido de implementarem medidas para a contenção e/ou eliminação deste tipo de conteúdo nas redes sociais. Assim tem sido, por exemplo, na Inglaterra (Ashtana & Gibbs, 2018), em Mianmar (Hogan & Safi, 2018), na Alemanha (Alkousaa *et al.*, 2018), na França (Chrisafis, 2015), na Itália (Balmer, 2017), na Espanha (Junqueira, 2015), em Portugal (Henriques *et al.*, 2019) e igualmente no Brasil (Criola, 2015).

Ademais, realizando uma análise de frequência do termo "discurso de ódio" em 506 edições de cinco publicações nacionais e estrangeiras (*Carta Capital*, *The Guardian*, *The Week*, *Time Magazine* e *Veja*) conforme ilustrado na Figura 1, é possível identificar que, no total, "discurso de ódio" foi citado 632 vezes em reportagens entre 1993 e 2018. No entanto, o mais intrigante é constatar que "discurso de ódio" tornou-se, de fato, proeminente nos veículos de comunicação analisados sobretudo a partir de 2012 quando, coincidentemente (ou não), o Facebook atingiu a marca de um bilhão de usuários ativos mensais (Dias, 2012; Smith *et al.*, 2012). De fato, 92,6% das citações envolvendo "discurso de ódio" nas cinco publicações analisadas estão concentradas no recorte temporal 2012-2018, enquanto que os restantes 7,4% estão diluídos entre 1993 e 2011.

Figura 1: Análise de frequência de 'discurso de ódio' em artigos de publicações selecionadas

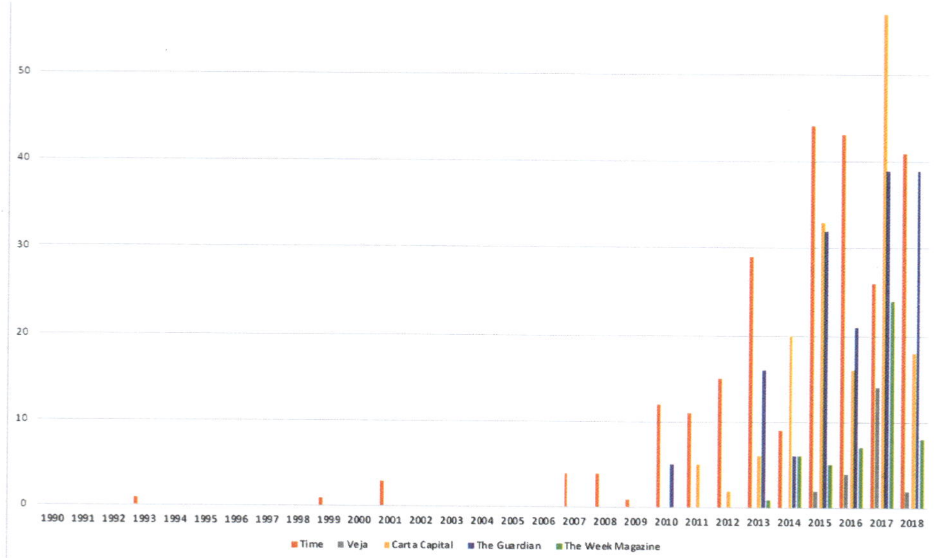

A relevância desta descoberta é que este quadro sugere a emergência de uma espécie de "nova ordem mundial" a partir de 2012, onde discurso de ódio tornou-se parte do cenário digital global. Inclusive, tanto o *Conselho de Direitos Humanos das Nações Unidas* (UN, 2017) quanto a *Comissão Europeia contra Racismo e Intolerância* (ECRI, 2018) têm expressado preocupações no que tange o crescimento de discursos de ódio no ambiente virtual e o elevado risco de sua naturalização.

Já no contexto brasileiro, diversos dados revelam que uma das categorias de discurso de ódio que mais tem crescido ao longo dos últimos anos consiste em discursos de cunho racistas contra pessoas negras. O número de casos reportados de racismo no Facebook cresceu de 2.038 em 2011 para 11.090 em 2014 (Safernet, 2015). Entre abril e junho de 2016, Pereira *et al* (2016) conduziram um mapeamento no Facebook e Twitter que foi capaz de identificar 32.376 menções de cunho racistas, sendo que 97,6% delas eram direcionadas a indivíduos negros. Em 2017, foram registrados 63.698 casos de discursos de ódio no ambiente virtual brasileiro, sendo que entre eles, um terço eram de cunho racistas (Boehm, 2018; Tavares, 2018). Por fim, outro estudo revela que mulheres negras socialmente ascendentes representam 81% das vítimas de discursos racistas no Facebook (Trindade, 2018b).

Aspectos fundamentais do racismo à brasileira

Na literatura de teoria racial crítica brasileira, existem diversos estudos revelando que desde meados dos anos 1930 o país tem promovido uma imagem de sociedade pós-racial sem paralelos no mundo (também conhecido como "democracia racial"), sobretudo, influenciado pelo lançamento do livro *Casa Grande & Senzala* em 1933. Contudo, defendo o argumento de que esta ideologia já estava presente na sociedade brasileira bem antes disso. Evidências neste sentido podem ser encontradas em dois momentos históricos muito marcantes. Em primeiro lugar, o Hino da Proclamação da República, composto apenas dois anos após a Abolição dos Escravos, traz os seguintes versos: "nós nem cremos que escravos outrora / tenha havido em tão nobre país... / hoje o rubro lampejo da aurora / acha irmãos, não tiranos hostis / somos todos iguais" (Albuquerque & Miguez, 1890). Em segundo lugar, também no mesmo ano de 1890, na já controversa decisão pela queima de arquivos de registros de posse de escravos, Rui Barbosa a justifica dizendo que fora tomada "por honra da Pátria, e em homenagem aos nossos deveres de fraternidade e solidariedade para com a grande massa de cidadãos que pela abolição do elemento servil entraram na comunhão brasileira" (Jacomino, 2010, p. 2).

Ou seja, estes dois exemplos históricos contribuem para nossa compreensão de que o discurso institucional hegemônico deste então tem se caracterizado em apagar os vestígios do enorme legado negativo que a escravidão de 350 anos acarretou a vida de inúmeros brasileiros, e pavimentar a ideia da 'democracia racial'. Esta viria a assumir contornos mais consistentes e com repercussão internacional aí sim a partir da primeira metade do século 20 não somente com a publicação de *Casa Grande & Senzala* (Freyre, 2003), mas também com a publicação do estudo UNESCO nos anos 1950 que visava emular a "democracia racial" em outros contextos sociais pós Segunda Guerra Mundial (Métraux, 1951, 1952; Harris, 1952).

Somando-se a estes contextos, os primeiros concursos de beleza a partir dos anos 1920 no Brasil exerceram papel relevante no sentido de promoverem "uma imagem idealizada de uma sociedade e cultura inclusiva, porém, ofuscando uma realidade de exclusão social e racial, e promovendo identificação com a nação-estado [em formação]" (Besse, 2005, p. 96). No imaginário coletivo brasileiro, os concursos de beleza contribuíram para transmitir a imagem do que significava ser brasileiro e, simultaneamente, um país moderno, em convergência com as aspirações da elite dominante. É emblemático observar, por exemplo, a nota oficial divulgada pelos organizadores do concurso de 1930 no Rio de Janeiro, vencido pela jovem Yolanda Pereira, então com 19 anos. Foi dito que "ela era brasileira na sua mais alta e justa personificação. Seu morenio mate é a cor que deve ter toda patrícia para ser bem brasileira. Ela é o símbolo de nossa raça" (Lever, 1930, p. 3; Souza, 1930, capa). E cabe ressaltar também que o "morenio" mencionado na nota não se refere à tez da jovem já que ela era branca, mas sim "no negrume encaracolado dos seus travessos cabelos" (Lever, 1930, p. 3; Souza, 1930, capa).

Adicionalmente, já na década de 1960 é marcante observar também que a "democracia racial" brasileira intrigava a comunidade negra norte-americana, a tal ponto de a influente revista *Ebony* ter enviado ao país um jornalista para uma expedição de dois meses com vistas a compreender como operava na prática uma sociedade "pós-racial". A conclusão do jornalista, publicada em duas edições da revista (Thompson, 1965a; 1965b), foi de que a miscigenação compreendia a "solução inovadora" do Brasil para problemas raciais e que "pode não ser a resposta definitiva, mas até o momento, é a melhor [em comparação aos EUA]" (Thompson, 1965b, p. 42). Sendo assim, estes dois exemplos ilustrativos contribuem para revelar a predominância e consolidação de um discurso institucional promovendo a "democracia racial", a inexistência de desigualdades raciais e, (in)diretamente, fortalecendo a supremacia branca. Conforme defendido por Thompson (1965a, p. 28), "se realmente ocorre discriminação, ela é de ordem econômica e não racial; cometida por estrangeiros e não por brasileiros".

Embora este discurso esteja posicionado no contexto histórico da década de 1960, não significa dizer que esteja desatualizado e ultrapassado. Em meados da década de 1990, um marcante estudo sobre relações raciais no Brasil revelou que 89% da população admite e reconhece a existência de racismo no país, porém, 90% se definem como não-racista (Turra & Venturi, 1995). Este tipo de cenário paradoxal foi cunhado por Bonilla-Silva (2006) como "racismo sem racistas", onde tem-se o reconhecimento do fenômeno social, porém, seu agente causador está ausente. Esta contumaz negação da existência de racismo e seu consequente combate institucional e implementação de políticas públicas visando combater seus efeitos, alicerçam a antiga crença de que "no Brasil não há racismo porque o negro sabe o seu lugar [de inferioridade]" (Dzidzienyo, 1971, p. 5). Além disso, duas falas do atual presidente do Brasil contribuem para revelar a continuidade do discurso institucional de negação do racismo no país. Durante sua campanha eleitoral, o então candidato promovia o *slogan* "Brasil é a minha cor", o qual (in)diretamente minava demandas do movimento negro por maior igualdade racial no país e converge com as estrofes do Hino da Proclamação da República de que "somos todos iguais" (Trindade, 2018a). Por fim, já na condição de chefe de estado, afirmou que "racismo é coisa rara no país" e que este tema é desprovido de relevância social (Carvalho, 2019; Fórum, 2019; Tavae, 2019). Ou seja, mudam-se os contextos históricos e personagens, mas não o discurso de negação do racismo no Brasil.

O racismo brasileiro migra para as redes sociais

É importante dizer que nos primórdios da internet, havia vozes defendendo que esta tecnologia digital representaria uma espécie de ambiente "*colour-blind*", ou seja, um espaço onde diferenças raciais seriam irrelevantes (Turkle, 1995; Rheingold, 2000; Lévy, 2001; Poster, 2001; Hansen, 2006). Contudo, Daniels (2009, p. 17) discorda de tal afirmação e a considera, na verdade, um "mito perverso". De fato, ao invés de ser um território "*colour-blind*", a web é um espaço onde tanto raça quanto racismo são particularmente significativos; e o maior capital econômico e cultural dos brancos lhes permite maior acesso a esta tecnologia (Kettrey & Laster, 2014). Este acesso mais facilitado significa também que este grupo racial consegue impor sua própria visão de mundo e crenças sobre si próprios e sobre 'os outros' a partir de uma perspectiva dominadora e hegemônica.

Na esteira desta reflexão sobre "*colour-blindness*", observa-se que "enquanto discursos flagrantemente de cunho racistas decresceram em ambientes públicos desde a era dos direitos civis [nos EUA], eles continuaram a existir em contextos privados, ou tornaram-se codificados em ambientes públicos" (Pérez, 2017, p. 956). Consequentemente, apesar de que, muito provavelmente, um ambiente virtual verdadeiramente "*colour-blind*" seja um mito, conforme argumentado por Daniels (2009), a manutenção desta crença no imaginário coletivo pode contribuir para que as pessoas evitem manifestar discursos de cunho racistas em público, mas descarregá-los livremente no ambiente virtual. Ademais, os usuários de redes sociais assumem a falaciosa premissa de que os ambientes virtual e off-line são dissociados um do outro e, desta forma, o que se faz online não teria impacto na vida real das pessoas (Trindade, 2018b). Esta reflexão é importante, primeiramente, porque revela que os ambientes online e off-line compõem uma realidade complexa e intrinsicamente ligada (Daniels, 2013; Trindade, 2018b). Em segundo lugar, porque "raça é importante no cyber-espaço precisamente porque não podemos evitar de levar conosco nosso conhecimento, experiências de vida e valores pessoais quando nos conectamos" (Kolko *et al.*, 2000, p. 5).

Ainda no que tange à ausência de neutralidade das tecnologias digitais na disseminação e reforço do racismo institucional, cabe destacar dois trabalhos mais recentes. Primeiramente, Noble (2018) defende que, ao contrário do que se divulga, mecanismos de busca como o Google não oferecem um campo igualitário para a disseminação de diferentes formas de ideias, identidades e atividades. Na verdade, complementa a autora, a discriminação é um problema bastante real. A combinação de interesses privados na promoção de determinados *websites*, bem como o status monopolizador de um número reduzido de mecanismos de busca, conduz a um conjunto de resultados de buscas enviesados que privilegiam a branquitude em detrimento à negritude, e em especial desfavorecendo as mulheres negras (Noble, 2018). Em segundo lugar, e na verdade bastante convergente com o trabalho anterior, Silva (2019) defende o conceito de "racismo algorítmico". Segundo o autor, este constructo se define como interfaces e sistemas automatizados, tais como as plataformas de redes sociais, que podem não somente reforçar, mas também ocultar dinâmicas de cunho racistas das sociedades onde são empregadas e amplamente disseminadas.

Dito isso, embora, ainda persista uma forte negação institucional da existência de racismo no Brasil e, ainda mais no que diz respeito aos seus efeitos deletérios sobre a população negra, basta navegar pelas principais redes sociais para constatar inúmeras manifestações racistas sendo disseminadas neste ambiente (sobretudo direcionadas às mulheres negras). Exemplos neste sentido incluem: a) onde você comprou esta escrava? Vende ela pra mim?; b) mande um salve para seus companheiros de cela; c) ao invés de viajar pela Europa, seu lugar é no campo colhendo algodão, d) caralho, eu não tinha a menor ideia de que preto pudesse se tornar médico. Quem arrisca uma consulta? Eu tô (sic) fora; e) um preto. Peraí (sic) que vou buscar meu chicote.

Significado de discursos racistas nas redes sociais

O desenvolvimento da ideologia do branqueamento no Brasil no início do século 20 estabeleceu distinções entre espaços sociais associados com privilégio, progresso e modernidade; em contraste com espaços sociais associados com atraso e inferioridade (Twine, 1998; Wade, 2010). Desta forma, o primeiro é considerado espaço "legitimamente" branco enquanto o segundo é "destinado" aos negros. Este tipo de percepção está enraizado no imaginário coletivo e naturalizado em piadas, discursos de cunho racistas e insultos raciais. Tanto é verdade que quando mulheres negras ascendem socialmente e passam a ocupar "espaços de privilégio", suas conquistas são ridicularizadas e desqualificadas como ilustrado no exemplo a seguir. Eles foram obtidos de uma página pública do Facebook pertencente a uma mulher negra (atriz, 31 anos, 2015). Ela havia publicado uma série de fotos sua em companhia de seu namorado branco enquanto desfrutavam de férias na Europa.

> Post #1: Lugar de mulher preta é no campo colhendo algodão, e não viajando pela Europa.
> Post #2: Ela até que é bonitinha. Pena que os pretos não estão mais à venda.
> Post #3: Por acaso você obteve permissão do IBAMA para andar por aí com uma macaca?
> Post #4: No caso de um *blackout*, a única coisa que se vê são os dentes dela.

Post #5: Quanto custa para um preto viajar de navio?
Post #6: Já é tempo de pôr um fim a este racismo. É chegado o momento de vivermos em paz (os humanos e os pretos).

A análise destes posts revela discursos transmitindo uma ideia de que a mulher negra em questão "ultrapassou" os limites de um espaço branco o que, consequentemente, representa uma incongruência que deve ser ridicularizada.

Primeiramente, colher algodão no campo (Post #1) pode ser interpretado como uma simbologia para transmitir a ideia de engajamento com uma ocupação pouco qualificada e subserviente, o que converge com ideias coloniais. Na sociedade colonial os negros eram considerados meros "escravos de foice e enxada" (Bethel, 1984), o que implica em dizer que eles eram úteis unicamente para atividades braçais nas plantações de cana-de-açúcar e café. O Post #2 traz semelhante elemento ideológico já que o usuário expressa lamúria pelo fato de que "os negros não estão mais à venda"; mais uma vez remetendo à sociedade colonial que escravizou indivíduos africanos e os comercializou como mercadoria. Naturalmente que a 'venda' de pessoas negras contida no Post #2 não pode ser lida de forma literal. Ao invés disso, ela representa uma forma de reduzir o valor da pessoa e, simultaneamente, ressaltar sua inferioridade. Objetificar uma pessoa pode ser considerada como uma forma de destituí-la de sua humanidade e, consequentemente, negar-lhe poder e capacidade de agência social.

Ademais, os Post #3, Post #5 e Post #6 também atuam no sentido de remover a humanidade da mulher negra em questão. Primeiramente, o Post #3 a reduz a uma condição animalística remetendo à figura de um macaco. Em segundo lugar, sua capacidade de agência social é corroída pelo comentário que sutilmente evoca à imagem de navios negreiros e sugere que, muito provavelmente, ela não poderia pagar por uma passagem de avião para viajar para a Europa e, por este motivo talvez tivesse ido de navio [negreiro].

Retomando o Post #1, é possível inferir que neste caso "Europa" incorpora a ideia de modernidade e civilização, conforme foi amplamente defendido no Brasil por diferentes intelectuais durante o início do século 20 (Lacerda, 1911; Kehl, 1920; Melo; 1922; Rodrigues, 1932) ao passo que, desde então, a negritude tem sido considerada como o símbolo diametralmente oposto de tais valores (Andrews, 1997; Twine, 1998; Wade, 2010). Consequentemente, o Post #1 transmite a ideia de que "Europa" não é o lugar certo para mulheres negras brasileiras, já que este espaço geográfico representa simbolicamente o ápice de espaços 'legítimos' da branquitude.

De acordo com um estudo conduzido por Guimarães (2000) investigando categorias de insultos raciais no Brasil, entre as categorias mais comuns encontram-se as que exploram defeitos morais (p. ex. furto e delinquência). Provavelmente, não por acaso, existem também inúmeras piadas circulando no Brasil que associam negritude e criminalidade, tais como nos exemplos a seguir.

"Por que os pretos não pagam a tarifa de ônibus? Porque no camburão não tem cobrador."

"Por que não há alimentos pretos? Porque eles roubariam os nutrientes."

"O que brilha mais no preto? As algemas, quando ele não está portando uma faca para roubar o banco."

"Por que uma mulher negra grávida de trigêmeos foi presa? Por que ela foi indiciada por formação de quadrilha."

De fato, este estereótipo de delinquente contumaz constitui outro elemento do legado colonial na formação da percepção da sociedade contemporânea brasileira em relação às pessoas negras. No contexto da sociedade colonial, os "africanos eram considerados estranhos, pagãos, não confiáveis ou perigosos" (Schwartz, 1985, p. 330). Adicionalmente, Weaver (2011b, p. 95) argumenta que este tipo de piada "contém estereótipos que inferiorizam dentro de uma retórica cômica que, em certas leituras, tornam-se mais que "simples piadas". que podem justificar racismo fazendo tais estereótipos parecerem representações fiéis da realidade e não ambivalentes". Neste contexto, a bem-sucedida ascensão social de mulheres negras pode ser desqualificada nas redes sociais por intermédio de discursos que reforçam o estereótipo de defeito moral, conforme ilustrado pelo exemplo a seguir. Estes posts foram extraídos de uma outra página pública do Facebook pertencente a uma mulher negra (gerente comercial, 28 anos, 2016). Ela havia postado em sua própria rede social diversas fotos sua esquiando enquanto desfrutava de suas férias no exterior. Imediatamente após postar as fotos, sua página foi 'bombardeada' por dezenas de posts depreciativos.

Post #1: Você também vai roubar a neve?
Post# 2: Você roubou até a neve branca, sua macaca.
Post #3: Aguarde até que a neve derreta e então use a água para lavar as louças do hotel.
Post #4: Em um certo momento havia um cara branco e um preto, então... Caralho! Onde foi parar a porra da minha carteira?
Post #5: Um negão conhece uma linda loira em uma festa. Eles vão para o apartamento dela e chegando lá ele nota que ela é bem de vida. O negão pira. Eles vão para o quarto, onde tem uma TV enorme de tela plana full-HD. A mulher se deita na cama já despida e diz pra ele: "vem meu negão e faz o que você sabe fazer melhor do que ninguém, fazendo juz (*sic*) à sua raça. O negão agarra a TV de tela plana e sai correndo do apartamento".

Para grande parte dos cidadãos brasileiros, paisagens com neve bastante espessa e duradouras estão associados predominantemente com países localizados no hemisfério norte. Com o passar do tempo, esta associação foi sendo amplificada com imagens e discursos promovidos por intermédio de diversos programas de TV (noticiários, filmes, séries, etc.) onde se vê pessoas elegantemente vestidas e praticando esportes de inverno associados com refinamento e elevado poder aquisitivo (p. ex. esqui). Sendo assim, ambos Post #1 e Post #2 estabelecem associação entre negritude e delinquência ao mesmo tempo em que sugerem que, desde que neve espessa é algo incomum no Brasil, uma mulher negra provavelmente a roubaria.

Se considerarmos que roubar significa, essencialmente, tomar posse de algo que originalmente não pertencia à pessoa, seja pelo uso da força ou por meios habilidosos, "roubar a neve" como expresso pelos usuários, representa, simbolicamente, ocupar um espaço social que não pertence ao sujeito. Consequentemente, a presença da mulher negra naquele espaço social se torna ilegítima. Adicionalmente, a princípio, 'neve branca' pode parecer um pleonasmo já que deve ser de conhecimento geral que neve é naturalmente branca. No entanto, pode-se inferir que o usuário almejava amplificar a ideologia do branqueamento embutida em seu discurso ao incluir este detalhe, reforçando a crença de que tais espaços (destinos internacionais nevados) são apropriados unicamente para pessoas brancas.

Mais uma vez, no Post #3 é possível observar a contestação do espaço social "certo" das mulheres negras brasileiras, contudo, adotando um recurso linguístico diverso do verificado em posts antecedentes. Assume-se a premissa que a mulher negra em questão deveria exercer alguma atividade profissional de cunho pouco qualificado e subserviente como empregada doméstica, ao invés de viajar por destinos "brancos internacionais nevados". Em suma, estes posts transmitem noções contrastantes no que tange as fronteiras de pertencimento para brancos e sobretudo para negros, sendo que para o segundo, se deduz com relação a ocupações (pouco qualificadas e subservientes), traços morais (delinquente) e aparência (animalística). Já nos Post #4 e Post #5, em essência, os usuários engajaram-se na ridicularização transmitida nos posts antecedentes e adicionaram seu endosso, compartilhando piadas adicionais a fim de reforçarem seu discurso de cunho racista que define pessoas negras como contumazes perpetradores.

Conclusão

Conforme já exposto, a elite brasileira apresenta uma longeva resistência ao reconhecimento da existência de racismo no país e, com o passar do tempo, promoveu uma imagem de sociedade pós-racial, ou a assim chamada "democracia racial" (Trindade, 2018a). Contudo, é possível verificar que somente dois anos após a emancipação dos escravos, o discurso oficial presente no *Hino da Proclamação da República* já negava a existência da escravidão dos 350 anos anteriores. Este contexto histórico-social de negação institucional da existência de racismo no Brasil, e da consequente deficiência de implementação de políticas públicas visando o combate de seus efeitos, convergem para o que Bonilla-Silva (2006) chama de 'novo racismo', o qual se caracteriza pela reprodução de desigualdades através de formas institucionais sutis e aparentemente não-raciais.

Sendo assim, em diálogo com diversos estudos anteriores similares (Weaver, 2011a, 2013; Arango, 2013; Hughey & Daniels, 2013; Yoon, 2016), o presente estudo revela que discursos depreciativos contra pessoas negras nas redes sociais (sobretudo mulheres e transmitidos através de piadas) representam articulações ideológicas que estabelecem posições racistas. Ademais, é importante ressaltar que representações raciais em discursos é essencialmente uma prática relacional (Leonardo, 2013). Isso significa dizer que discursos depreciativos exploram e amplificam diferenças percebidas entre grupos raciais a fim de ressaltar atributos de cunho negativo dos "outros" (p. ex. perpetrador, sem escolarização, não atraente, etc.) e, em contraste, reafirmar a condição normativa e privilegiada do grupo hegemônico. Nesta dinâmica relação binária e antagônica, "negritude é sempre retratada como maligna, irracional e não-escolarizada em contraste com a branquitude" (Yoon, 2016, p. 110). Além disso, a combinação dos atributos de cunho negativo identificados nos posts analisados transmite a ideia de anomalia social no que tange as mulheres negras, seguindo reflexão desenvolvida por Guimarães (2000). Isso significa dizer que ao promover este tipo de associação por intermédio de discursos depreciativos, os usuários estabelecem espaços sociais diferenciados por meio de posições antagônicas.

O sociólogo Fairclough (1989) explica que linguagem pode ser considerada como uma prática social que reproduz e reforça dominações políticas e sociais através de textos e diálogos, e no contexto dos posts de redes sociais analisados, se torna evidente a manifestação desta dinâmica. O uso repetido de termos associando negritude com delinquência e ausência de escolaridade não somente estabelecem clara diferenciação entre negros e brancos no Brasil, mas também os limites de pertencimento a espaços sociais diferenciados. Ao retratar mulheres negras como contumazes perpetradoras (entre diversos outros atributos negativos), por exclusão, os usuários reforçam e naturalizam os atributos diametralmente opostos, os quais são tidos como pertencentes unicamente às pessoas brancas. Desta forma, as desigualdades sociais e raciais se perpetuam no Brasil e, por sua vez, as plataformas de redes sociais representam a arena contemporânea para a construção, disseminação e reforço de tais valores distorcidos, ou uma espécie de 'pelourinho moderno' (Trindade, 2018b). Na medida em que este crescente fenômeno social se torna um componente natural do cenário virtual brasileiro, conforme revelado por diferentes estudos (Safernet, 2015; Boehm, 2018; Tavares, 2018; Trindade, 2018b), corre-se o risco de a sociedade perder a capacidade de se indignar perante desigualdades raciais, já que os discursos de cunho racistas se tornam amplamente difundidos, naturalizados e reforçados.

Referências

ALBUQUERQUE, Meddeiros; MIGUEZ, Leopoldo. Hino da Proclamação da República. **Diário Oficial**, 21/01/1890, Rio de Janeiro, RJ. Disponível em: http://www2.planalto.gov.br/acervo/simbolos-nacionais/hinos/hino-da-proclamacao-da-republica [Acesso em: 01/05/2017]

ALKOUSSA, Riham; NASR, Joseph; POMEROY, Robin. Merkel says political hate speech is 'playing with fire', **Reuters**, 29/05/2018, Duesseldorf, Germany. Disponível em: https://uk.reuters.com/article/uk-germany-turkey-commemoration/merkel-says-political-hate-speech-is-playing-with-fire-idUKKCN1IU224 [Acesso em: 12/06/2018]

ANDREWS, George Reid. Slavery and race relations in Brazil, **The Brazilian curriculum guide specialized biography. Series II**, Latin American Institute at the University of New Mexico; Mexico City, Mexico, 1997. Disponível em: http://repository.unm.edu/handle/1928/7708 [Acesso em: 19/05/2017]

ARANGO, Eduard Arriaga. Racismo y discurso en la era digital: el caso de la revista Hola y los discursos en las redes sociales. **Discurso & Sociedad**, 7 (4), 617-642, 2013

ASHTANA, Anushka; GIBBS, Samuel. Sadiq Khan reads out racist *tweets* in call for tighter tech regulation, **The Guardian**, 12/03/2018, London, UK. Disponível em: https://www.theguardian.com/technology/2018/mar/12/sadiq-khan-to-slam-government-for-dereliction-of-duty-in-failing-to-regulate-tech [Acesso em: 13/03/2018]

BALMER, Crispian. Top Italian official says Facebook must do more against hate speech, **Reuters**, 12/02/2017, Rome, Italy. Disponível em: https://www.reuters.com/article/us-italy-boldrini-facebook/top-italian-official-says-facebook-must-do-more-against-hate-speech-idUSKBN15R0J1 [Acesso em: 13/03/2018]

BESSE, Susan K. Defining a "national type": Brazilian beauty contests in the 1920s, **Estudios Interdisciplinarios de América Latina y el Caribe**, 16 (1), 95-117, 2005

BETHEL, Leslie. **Colonial Brazil**. New York, NY: Cambridge University Press, 1984

BOEHM, Camila. Discursos de ódio e pornografia infantil são principais desafios da internet. **EBC - Empresa Brasil de Comunicação**, 06/02/2018, Brasília, DF. Disponível em: http://agenciabrasil.ebc.com.br/pesquisa-e-inovacao/noticia/2018-02/discursos-de-odio-e-pornografia-infantil-sao-principais-desafios [Acesso em: 07/02/2018]

BONILLA-SILVA, Eduardo. **Racism without racists: Color-blind racism and the persistence of racial inequality in the United States**. Rowman & Littlefield Publishers, 2006

CARVALHO, Sheila. No Brasil, o racismo é "coisa rara"? **Instituto Ethos**, 13/05/2019, São Paulo, SP. Disponível em: https://www.ethos.org.br/cedoc/no-brasil-o-racismo-e-coisa-rara/#.XVf4RpP7SuU [Acesso em: 17/08/2019]

CHRISAFIS, Angelique. France launches major anti-racism and hate speech campaign, **The Guardian**, 17/04/2015, London, UK. Disponível em: https://www.theguardian.com/world/2015/apr/17/france-launches-major-anti-racism-and-hate-speech-campaign [Acesso em: 22/06/2018]

CONSTINE, Josh. Facebook now has 2 billion monthly users… and responsibility, **Tech Crunch**, 27/06/2017, New York, NY. Disponível em: https://techcrunch.com/2017/06/27/facebook-2-billion-users/?guccounter=1 [Acesso em: 24/06/2018]

CRIOLA. **Racismo virtual. As consequências são reais**. ONG Criola, 2015. Rio de Janeiro, RJ, Disponível em: http://criola.org.br/criola/?page_id=685 [Acesso em: 01/08/2015]

DANIELS, Jessie. **Cyber Racism: White Supremacy Online and the New Attack on Civil Rights**. Lanham, Maryland: Rowan & Littlefield Publishers, Inc., 2009

DANIELS, Jessie. Race and racism in Internet Studies: A review and critique, **New Media & Society**, 15 (5), 695-719, 2013

DIAS, Tatiana Mello. Facebook atinge 1 bilhão de usuários. **O Estado de S. Paulo**, 04/10/2012, São Paulo, SP. Disponível em: https://link.estadao.com.br/noticias/geral,facebook-atinge-1-bilhao-de-usuarios,10000034798 [Acesso em: 17/08/2019]

DZIDZIENYO, Anani. **The position of blacks in Brazilian society**. Sacramento, CA: Minority Rights Group, 1971

ECRI. Stronger, more independent equality bodies needed to combat intolerance and discrimination in Europe, says Council of Europe anti-racism commission, **European Commission against Racism and Intolerance**, 21/03/2018, Strasbourg, France. Disponível em: http://hudoc.ecri.coe.int/eng?i=REC-02rev-PR-2018-266-ENG [Acesso em: 06/07/2018]

FARICLOUGH, Norman. **Language and power**. Harlow, UK: Longman, 1989

FÓRUM, Revista. "O racismo é uma coisa rara no Brasil", diz Bolsonaro em entrevista a Luciana Gimenez. **Revista Fórum**, 08/05/2019, São Paulo, SP. Disponível em: https://revistaforum.com.br/politica/o-racismo-e-uma-coisa-rara-no-brasil-diz-bolsonaro-em-entrevista-a-luciana-gimenez/ [Acesso em: 17/08/2019]

FREYRE, Gilberto. **Casa-grande & Senzala: Formação da família brasileira sob o regime da economia patriarcal**, 48th ed. Recife, PE: Global, 2003

GUIMARÃES, Antonio Sérgio. O insulto racial: as ofensas verbais registradas em queixas de discriminação. **Estudos Afro-Asiáticos**, (38), 31-48, 2000

HANSEN, Mark B.N. **Bodies in Code: Interfaces with Digital Media**. New York, NY: Routledge, 2006

HARRIS, Marvin. Race relations in Minas Velhas: a community in the mountain region of central Brazil, IN: Wagley, C. (ed.) **Race and class in rural Brazil: a UNESCO study**. New York, NY: UNESCO, 47-81, 1952

HENRIQUES, Joana Gorjão; MOUTINHO, Vera; RIBEIRO, Filipe; CORREIA, Dinis. "Há uma montanha de discurso de ódio a erguer-se nos media e nas redes sociais". **Público**, 21/03/2019, Lisboa, Portugal. Disponível em: https://www.publico.pt/2019/03/21/sociedade/noticia/ha-montanha-discurso-odio-erguerse---1866044 [Acesso em: 18/05/2019]

HOGAN, Libby; SAFI, Michael. Revealed: Facebook hate speech exploded in Myanmar during Rohingya crisis, **The Guardian**, 03/04/2018, London, UK. Disponível em: https://www.theguardian.com/world/2018/apr/03/revealed-facebook-hate-speech-exploded-in-myanmar-during-rohingya-crisis [Acesso em: 22/06/2018]

HUGHEY, Matthew W.; DANIELS, Jessie. Racist comments at online news sites: a methodological dilemma for discourse analysis, **Media, Culture & Society**, 35 (3), 332-347, 2013

JACOMINO, Sérgio. Penhor de escravos e queima de livros de registro. **Observatório do Registro**, 25/01/2010. Disponível em: https://cartorios.org/2010/01/25/penhor-de-escravos-e-queima-de-livros-de-registro/ [Acesso em: 30/03/2017]

JUNQUEIRA, Natalia. The anti-social networks, **El País**, 21/05/2015, Madrid, Spain. Disponível em: https://elpais.com/elpais/2015/05/20/inenglish/1432123786_668593.html?rel=mas [Acesso em: 17/05/2019]

KEHL, Renato Ferraz. **Eugenia e medicina social: problemas da vida.** Rio de Janeiro, RJ: Livraria Franciso Alves, 1920

KETTREY, Heather Hensman; LASTER, Whitney Nicole. Staking Territory in the "World White Web": An Exploration of the Roles of Overt and Color-Blind Racism in Maintaining Racial Boundaries on a Popular Web Site, **Social Currents**, 1 (3), 257-274, 2014

KOLKO, Beth E.; NAKAMURA, Lisa; RODMAN, Gilbert B. **Race in Cyberspace**. New York, NY: Routledge, 2000

LACERDA, João Baptista. The 'metis', or half-breeds, of Brazil, In: Spiller, G. (ed.) **First Universal Races Congress**, London, UK, 26-29 July1911. London, 377-382

LEONARDO, Zeus. **Race frameworks: A multidimensional theory of racism and education**. New York, NY: Teachers College Press, 2013

LEVER. Concurso de Belleza realizado no Rio de Janeiro. **Album Oficial**, Rio de Janeiro, RJ, 1930. Disponível em: https://web.archive.org/web/20080716061207/http://brazilpostcard.com:80/especial/beauty01.html [Acesso em: 08/09/2017]

LÉVY, Pierre. **Cyberculture**. Saint Paul, MN: University of Minnesota Press, 2001

MELO, Mário. Corografia de Pernambuco. **Revista do Instituto Archeológico, Histórico e Geográphico Pernambucano**, 24 (115-118), 1-148, 1922

MÉTRAUX, Alfred. Brazil: land of harmony for all races?, **The Unesco Courier**, April, Paris, France, 1951. Disponível em: http://unesdoc.unesco.org/images/0007/000735/073516eo.pdf#nameddest=73516 [Acesso em: 06/03/2017]

MÉTRAUX, Alfred. An inquiry into race relations in Brazil, **The Unesco Courier**, August-September 1952, Paris, France. Disponível em: http://unesdoc.unesco.org/images/0007/000711/071135eo.pdf#71109 [Acesso em: 10/11/2014]

NOBLE, Safiya Umoja. **Algorithms of Oppression: How Search Engines Reinforce Racism**. New York, NY: New York University Press, 2018

PEREIRA, Bia; COSTA, Caio Túlio; CESPEDES, Fernando; JORGE, Stephanie. Dossiê intolerâncias: visíveis e invisíveis no mundo digital. **Associação Brasileira de Comunicação Pública**, São Paulo, SP, 2016. Disponível em: http://www.conexaopublica.com.br/wp-content/uploads/2016/08/dossie_intolerancia.pdf [Acesso em: 24/02/2017]

PÉREZ, Raúl. Racism without Hatred? Racist Humor and the Myth of "Colorblindness", **Sociological Perspectives**, 60 (5), 956-974, 2017

POSTER, Mark. **What's the Matter with the Internet?** Saint Paul, MN: University of Minnesota Press, 2001

RHEINGOLD, Howard. **The Virtual Community: Homesteading on the Electronic Frontier**. Cambridge, MA: MIT Press, 2000

RODRIGUES, Raymundo Nina. **Os africanos no Brasil**. Rio de Janeiro, RJ: Companhia Editora Nacional, 1932

SAFERNET. Indicadores da Central Nacional de Denúncias de Crimes Cibernéticos. **Safernet Brasil**, 10/01/2015, Salvador, BA. Disponível em: http://indicadores.safernet.org.br/ [Acesso em: 08/11/2015]

SCHWARTZ, Stuart B. **Sugar Plantations in the Formation of Brazilian Society: Bahia, 1550-1835.** New York, NY: Cambridge University Press, 1985

SILVA, Tarcízio. **Racismo Algorítmico em Plataformas Digitais: microagressões e discriminação em código**, Artigo apresentado no VI Simpósio Internacional Lavits | Assimestrias e (In)visibilidades: Vigilância, Gênero e Raça, Salvador, BA, 26-28 Junho 2019. Disponível em: http://lavits.org/vi-simposio-internacional-lavits-salvador-26_28-de-junho-2019/?lang=pt [Acesso em: 15/08/2019]

SMITH, Aaron; SEGALL, Laurie; COWLEY, Stacy. Facebook reaches one billion users, **CNN Tech**, 04/10/2012, New York, NY. Disponível em: http://money.cnn.com/2012/10/04/technology/facebook-billion-users/index.html [Acesso em: 22/10/2018]

SOUZA, Leal. O jury internacional outorgou o título de "Miss Universo" a "Miss Brasil". **A Noite**, 08/09/1930 - Edição Extraordinária, Rio de Janeiro, RJ, capa. Disponível em: http://memoria.bn.br/DocReader/DocReader.aspx?bib=348970_03 [Acesso em: 10/09/2017]

TAVAE, Marques. For President Bolsonaro, "racism is a rare thing in Brazil"; also claims he isn't racist because he once saved a black man from drowning, **Black Women of Brazil**, 10/05/2019, Salvador, BA. Disponível em: https://blackwomenofbrazil.co/for-president-bolsonaro-racism-is-a-rare-thing-in-brazil-also-claims-he-isnt-racist-because-he-once-saved-a-black-man-from-drowning/ [Acesso em: 14/05/2019].

TAVARES, Thiago. Indicadores Safernet Brasil. **Dia da Internet Segura**. São Paulo, SP, 06/02/2018. Disponível em: https://www.youtube.com/watch?v=ofE2cU0avqA [Acesso em: 23/04/2018]

THOMPSON, Era Bell. Does amalgamation work in Brazil? | Part 1, **Ebony**, New York, NY, vol. 20, n. 9. July, 27-42, 1965a

THOMPSON, Era Bell. Does amalgamation work in Brazil? | Part 2, **Ebony**, New York, NY, vol. 20, n. 11. September, 33-42, 1965b

TRINDADE, Luiz Valério de Paula. How the Brazilian Elite Delegitimize Demands for Greater Racial Equality, **Social Science Space | Sage Publishing**, California, US, 2018a. Disponível em: https://www.socialsciencespace.com/2018/12/how-the-brazilian-elite-delegitimize-demands-for-greater-racial-equality/ [Acesso em: 21/12/2018]

TRINDADE, Luiz Valério de Paula. **It is not that funny. Critical analysis of racial ideologies embedded in racialized humour discourses on social media in Brazil**. PhD Thesis, University of Southampton. Sociology, 2018b

TURKLE, Sherry. **Life on the Screen**. New York, NY: Simon and Schuster, 1995

TURRA, C.; VENTURI, G. **Racismo cordial: a mais completa análise sobre o preconceito de cor no Brasil**. São Paulo, SP: Editora Ática, 1995

TWINE, France Winddance. **Racism in a racial democracy: the maintenance of white supremacy in Brazil**. New York, NY: Rutgers University Press, 1998

UN. Summary report on the panel discussion of the impact of multiple and intersecting forms of discrimination and violence in the context of racism, racial discrimination, xenophobia and related intolerance on the full enjoyment of all human rights by women and girls, **United Nations Human Rights Council**, 19/12/2017, Geneva, Switzerland, 1-6. Disponível em: https://documents-dds-ny.un.org/doc/UNDOC/GEN/G17/363/54/PDF/G1736354.pdf?OpenElement [Acesso em: 15/06/2018]

WADE, Peter. **Race and Ethnicity in Latin America**. London, UK: Pluto Press, 2010

WEAVER, Simon. Jokes, rhetoric and embodied racism: a rhetorical discourse analysis of the logics of racist jokes on the internet, **Ethnicities**, 11 (4), 413-435, 2011a

WEAVER, Simon. **The rhetoric of racist humour: US, UK and global race joking**. Surrey, UK: Ashgate Publishing Ltd, 2011b

WEAVER, Simon. A rhetorical discourse analysis of online anti-Muslim and anti-Semitic jokes, **Ethnic and Racial Studies**, 36 (3), 483-499, 2013

YOON, InJeong. Why is it not Just a Joke? Analysis of Internet Memes Associated with Racism and Hidden Ideology of Colorblindness, **Journal of Cultural Research in Art Education**, 33, 92-123, 2016

CAPÍTULO 3

Niousha Roshani

Niousha Roshani produz sobre a interseção entre juventude, empoderamento econômico, raça e etnicidade, violência, desigualdades e tecnologias digitais. Realizou seu pós-doutorado na Universidade de Harvard, doutorado em Educação pela University College London (UCL) e mestrado em Desenvolvimento Internacional na Cornell University. Ela é co-fundadora do Global Black Youth, que cobre os jovens líderes negros mais inovadores, disruptivos e empreendedores e os oferece suporte na geração de conhecimento e soluções para transformar seus potenciais de impactar o mundo.

DISCURSO DE ÓDIO E ATIVISMO DIGITAL ANTIRRACISMO DE JOVENS AFRODESCENDENTES NO BRASIL E COLÔMBIA

Niousha Roshani

Introdução e Contexto

Apesar de uma década de avanços sociais e econômicos na América Latina, a violência se tornou algo de ocorrência comum na vida de muitos jovens. Brasil e Colômbia estão entre os países mais violentos do mundo, segundo o *United Nations Global Study on Homicide* [Estudo Global sobre Homicídio das Nações Unidas] de 2013, e têm sofrido com muitos conflitos ao longo das últimas décadas. O impacto da violência é maior entre jovens e homens adultos afrodescendentes com taxas extremamente altas de homicídio (Romero, 2007; Codhes, 2012; Rizzini & Bush, 2013).

Jovens afrodescendentes estiveram historicamente na interseção de questões estruturais resultantes da distribuição desigual de recursos regionais e na discriminação racial contínua. Tanto no Brasil quanto na Colômbia, as populações afrodescendentes têm sido frequentemente excluídas das estruturas de poder social, político e econômico. Ao passo que afrobrasileiros constituem a maioria da população, eles ocupam apenas 4,7% dos cargos de alto nível nas maiores empresas brasileiras, dentre os brancos o percentual é de 94,2% (IDB & Instituto Ethos, 2016). No Brasil, há uma diferença de 86% nos níveis de pobreza entre brancos e afrobrasileiros (Gradín, 2009), ao passo que 80% dos afrocolombianos vivem abaixo da linha de pobreza (Freedom House, 2016). A exclusão da juventude afrodescendente na Colômbia e no Brasil a torna suscetível ao envolvimento na violência bem como ao uso e abuso de forças armadas ilegais e estatais. Números crescentes de jovens afrodescendentes não-violentos se tornaram vítimas de assassinato e abuso físico pelos agentes armados estatais e ilegítimos.

A mídia digital pode exercer um papel proeminente promovendo a exclusão de jovens afrodescendentes. Quando acontecimentos violentos são reportados nas plataformas de mídia, a juventude afrodescendente é frequentemente retratada como os únicos perpetradores da violência e esses jovens são constantemente confrontados com discursos racistas. O Brasil e a Colômbia possuem a primeira e terceira maiores taxas de acesso à internet na América Latina, respectivamente, de acordo com o *Internet Live Stats* (2016), e a grande maioria dessa população não possui acesso pleno ou qualquer acesso à internet. A *web* é ainda amplamente gerenciada por brancos no que tange a propriedade, administração, participação e representação (Rajagopal, 2002) e isso tem assim criado novas formas de segregação e desigualdades sociais (Fouché, 2012; Benjamin, 2019).

Além disso, reconhecendo que a maioria das pesquisas feitas nesta área foram conduzidas no Norte Global, espero que este artigo possa servir de base para abordagens interessantes sobre o ativismo digital antirracismo dos jovens afrodescendentes em dois países do Sul Global. Como Tanya Kateri Hernandez (2011) observa, os discursos sobre dinâmicas do ciberdiscurso da atualidade abrangem apenas abordagens implementadas no Norte Global. Incorporando esse estudo de caso na Colômbia e no Brasil na discussão global pode ser, também, relevante quando debatermos possíveis abordagens de intervenção e prevenção para, em última análise, aumentar a inclusão social de jovens afrodescendentes *on* e *offline*.

Metodologia

Para cumprir o propósito deste artigo teórico, eu estabeleci minhas reflexões a partir de um estudo empírico realizado em 2016 e 2018 em colaboração com o *Berkman Klein Center for Internet and Society* [Centro de Internet e Sociedade Berkman Klein] e o *Afro-Latin American Research Institute* [Instituto de Pesquisa Afro-Latinoamericana] da Universidade de Harvard e a iniciativa empreendedoral da *Black Women Disrupt*.

O estudo adotou uma abordagem qualitativa, incluindo entrevistas aprofundadas, conversações nas mídias sociais, observação participante e a coleta de estudos e relatórios pertinentes ao tema. As entrevistas foram realizadas com ativistas afrodescendentes jovens e organizações da sociedade civil (OSC) e líderes de iniciativas locais que trabalham com jovens afrodescendentes usando a inovação e criatividade para os engajar com os desafios e oportunidades cruciais que eles encontrarão diariamente, utilizando uma fundação de participação cívica e empreendedorismo.

Discurso Racista no Brasil e na Colômbia

Apesar de reconhecer os inúmeros resultados prejudiciais do racismo, esta seção busca enfatizar os danos do discurso racista *online*. Além disso, uma vez que há poucos estudos sobre o discurso racista *online* no contexto da América Latina, a discussão abaixo bebe da literatura geral sobre este tópico.

O discurso de ódio tem potencial para criar conflito em uma comunidade causando danos a um grupo em particular e encorajando um contexto de desigualdades (Parekh, 2006; Hernández, 2011). Verificou-se, também, que isso precede os surtos de violência, discriminação e exclusão social em massa (Yanagizawa, 2009; Benesch, 2012). Além disso, permitir a circulação do discurso do ódio fomenta um ambiente onde grupos alvo são menosprezados e abusados, e a conduta discriminatória é capaz de criar raízes (Hernández, 2011). Assim, a presença e a admissão do discurso de ódio influenciam ações diretas que podem intensificar as desigualdades estruturais.

O racismo viola os direitos humanos elementares e a dignidade, de acordo com a Declaração Universal dos Direitos Humanos (2012). Enquanto a dinâmica *offline* geralmente reflete os discursos em redes digitais, a internet alimenta a disseminação global de expressões de ódio em oposição às formas anteriores de comunicação (Rajagopal, 2002; Parekh, 2006). Assim, quando propagado *online*, o racismo fomenta condutas adeptas à destruição da igualdade racial (Rajagopal, 2002). Além disso, uma vez que o racismo se desenvolve em uma crença estabelecida e são prescritas características físicas, ele rejeita aqueles que não se enquadram nessa categoria e os marginaliza ainda mais (*Ibid*). O discurso racista não é apenas severamente prejudicial para os indivíduos ou grupos visados, mas também é fundamentalmente injusto, dada a sua fundação sobre uma hierarquia racial (Post, 1991). Tolerar o discurso que apoia o preconceito racial e a discriminação é incompatível com os ideais de igualdade, uma vez que contém uma mensagem de inferioridade racial.

Apesar de manifestações racistas terem sido amplamente identificadas como prejudiciais para a saúde física e mental das pessoas que são condicionadas a elas, Jeremy Waldron (2012) argumenta que as pessoas em posições desprivilegiadas são aquelas que são diretamente afetadas. Entretanto, o discurso de ódio é um ataque direto à dignidade das pessoas e um fator primordial na desumanização das populações direcionadas. As características difamatórias e humilhantes do discurso racista causam diminuição dos níveis de autoestima nas pessoas submetidas a elas, [consequência] resultante de um processo de internalização, continua Waldron. Donna Bivens (2005) define o racismo internalizado como um fenômeno que faz com que pessoas de um grupo subordinado acreditem na mensagem distorcida criada pelo grupo racial dominante que eles são inferiores. Esse é, também, um elemento fundamental no fracasso das partes sujeitas ao racismo em combatê-lo (Speight, 2007) bem como um obstáculo na percepção de seu potencial pleno (Post, 1991; Loury, 2005).

O processo de internalização também motiva a reprodução e manutenção do racismo estrutural ao longo das gerações. No entanto, existem poucas pesquisas que examinam o impacto do racismo naqueles que o põem em prática. O racismo internalizado afeta grupos dominantes por incitar mentalidades discriminatórias e promover desequilíbrios de poder, corroborando com um sistema econômico que desempodera as vítimas do discurso racista e promove as políticas que vão contra a igualdade racial (Bivens, 2005). O estigma racial expresso por crianças e adolescentes é reproduzido a partir de informações recebidas por adultos de suas famílias ou em suas salas de aula, impedindo-os de formar sua própria opinião. Como resultado, o estigma racial se torna cíclico e profundamente enraizado na cultura. Quando a circulação de discursos racistas se torna admissível, um ambiente no qual a discriminação e a difamação de um certo grupo de pessoas é reconhecida como a norma é reforçado (Hernández, 2014). Assim, quando permitido, o discurso racista se torna legitimado (Van Dijk, 2005), frequentemente em nome da liberdade de expressão e eventualmente institucionalmente direcionado à exclusão e discriminação sistêmica de determinados sujeitos (Loury, 2005). Usado como um instrumento de intimidação e ameaça, o discurso racista frequentemente conduz ao silenciamento e isolamento de suas vítimas (Post, 1991). Consequentemente, as pessoas afetadas tendem a não recorrer aos meios oficiais e competentes para denunciar os casos de abuso racista. Além disso, a falta de confiança na polícia e nas instituições governamentais exerce um papel central na falta de denúncias de crimes de ódio. As vítimas geralmente não são credibilizadas; muitos casos são desconsiderados e nenhuma ação é tomada para investigar propriamente os crimes e processar os agressores. A falha institucional resultante tem levado ao aumento dos níveis de desconfiança para com o Estado (Moser & McIlwaine, 2004) e a posterior normalização dos atos racistas tanto por parte do agressor quanto da vítima (Hernández, 2012).

Ambientes *online* desempenham um papel fundamental na reprodução do racismo. As novas tecnologias virtuais facilitaram a disseminação de mensagens racistas de natureza "prática e não-prática" (Rajagopal, 2002, p. 2). A internet pode servir como uma ferramenta para reforçar uma mensagem coletiva e pode até mesmo motivar atos de violência via posts implícitos e explícitos (Rajagopal, 2002; Nakamura, 2010). Com a capacidade de ressoar com os defensores do perpetrador, as expressões de ódio podem intensificar as discriminações e criar um contexto de medo e terror (Tsesis, 2002).

As tecnologias digitais podem facilmente promover um conteúdo racista que pode frequentemente de forma sutil, o que Lisa Nakamura (2010, p. 337) chama de "micro-agressões", e atrai usuários interessados a se juntarem a grupos discriminatórios. Inclusive, os benfeitores dos sites que promovem conteúdo racista encorajam o acesso de usuários e consequentemente a legitimação do racismo (Rajagopal, 2002). Lynn Thiesmeyer, nesse sentido, alerta: "A internet tem apelado a exigências duplas de usuários de qualquer meio: o desejo de achar alguma informação embasada e credível e de ao mesmo tempo recebê-la de forma facilmente digestível" (1999, p. 121). Além disso, o recurso *anônimo*[10] que os ciberespaços oferecem exacerba os altos níveis de impunidade existentes, especialmente no caso da América Latina e fomenta a perpetuação do discurso racista.

Finalmente, há um fator econômico significante; a exclusão das populações afrodescendentes acarretou grandes perdas para essas nações. Historicamente excluídos dos níveis públicos e privados, a maioria dos afrodescendentes na América Latina vive em condições de pobreza diretamente refletidas em perdas de renda na região, um grande impedimento para o desenvolvimento social e econômico da região (Zoninsein, 2001). Contudo, a resistência da juventude afrodescendente na Colômbia e no Brasil existe desde a formação de ambas as nações e foi intensificada na era digital. Assim, eu proporciono, na seção a seguir, um breve panorama da variedade das intervenções digitais da juventude negra no Brasil e na Colômbia.

De Luto à Luta: a Diversidade do Ativismo Digital Antirracismo

Do *#ElPuebloNoSeRindeCarajo*[11] ao *#NoMasSoldadoMicolta*[12] ao *#MariellePresente*[13] aos bloggers, vloggers e empreendedores digitais, a juventude negra do Brasil e da Colômbia tem usado o ativismo digital antiracismo em uma infinidade de formas para promover perspectivas e experiências mal representadas em uma sociedade que é ávida para suprimir diálogos sobre o racismo institucionalizado e sistemático. Seu ativismo digital antirracismo constrói a transição do luto à luta redefinindo a herança cultural e identidades, maximizando oportunidades, restabelecendo a cidadania e a participação cívica, moldando o debate público e resistindo às desigualdades estruturais históricas. Eles formam o que o antropólogo brasileiro Coli Guerreiro chama de Terceira Diáspora - "o deslocamento e a recriação de signos - ícones, modos, músicas, filmes, livros - causados pelo circuito de comunicação da Diáspora Negra vivendo um processo de recriação de repertórios culturais e ideológicos conectados pela globalização eletrônica e pela *web*" (2016, p. 1).

Enquanto a resistência de afrodescendentes no Brasil e na Colômbia tem existido e estado em ativa desde a formação de ambos os países, as OSCs por outro lado

---

10 Itálicos do tradutor para enfatizar o sentido dado pela autora (N. T.).

11 #ElPuebloNoSeRindeCarajo (o povo não se rende, caralho) é movimento iniciado em 2016 em Buenaventura, a cidade mais negra da Colômbia a enfrentar as violações dos direitos humanos dos afrodescendentes. O movimento persistiu, particularmente nas atuais manifestações contra o governo de direita da Colômbia.

12 #NoMasSoldadoMicolta (Soldado Micolta não mais) é um movimento liderado pela juventude que resultou na remoção de *Soldado Micolta*, um personagem televisivo que realizava *blackface*.

13 #MariellePresente é um movimento de resistência resultante do assassinato de Marielle Franco, uma mulher negra ativista e política, em 2018 no Rio de Janeiro.

são bem mais recentes datando meados dos anos 80. Contudo, as organizações negras têm sucedido em influenciar e criar impacto significativo em vários escalões de suas comunidades nacionais. Um breve panorama da diversidade do ativismo antirracismo realizado por afrodescendentes jovens é fornecido abaixo.

Esses engajamentos digitais podem envolver empreendedorismo ou participação cívica, ativismo ou comentários públicos ou da cultura institucional e profissional, com os desafios centrais e as oportunidades que eles encontram diariamente.

Rio de Janeiro, Brasil

GatoMÍDIA é uma rede e metodologia para se aprender sobre mídia e tecnologia para pessoas negras e residentes de favelas. Criado em 2013 por jovens moradores afrodescendentes do Complexo do Alemão no Rio de Janeiro, seu objetivo é estimular a juventude negra a produzir seus próprios meios digitais e narrativas e os conectar com o resto do mundo. Sua abordagem usa as favelas como as principais fontes de produção de conhecimento, tecnologia e inovação para enfrentar a discriminação racial, desigualdades estruturais e construir alternativas para um futuro mais igualitário e justo.

O *Observatório Internacional da Juventude* fornece apoio para que jovens negros tenham acesso a oportunidades educacionais e a empregos e os proporciona as ferramentas e preparação necessárias para que ocupem posições profissionalmente avançadas. A organização atua como uma ponte entre jovens negros marginalizados e as possibilidades existentes que caso contrário seriam inacessíveis para eles. Representando os jovens negros em sua plataforma digital, a organização os incentiva a ocupar novos espaços para o desenvolvimento a partir de referenciamento e capacitação.

A *Voz da Comunidade* é o primeiro portal de notícias criado para a comunidade do Complexo do Alemão no Rio de Janeiro; ele é majoritariamente composto por afrodescendentes. Fundado por uma criança em 2005, a organização faz uso dos meios digitais para informar os moradores da comunidade sobre os eventos e notícias pertinentes à sua vizinhança ao passo que fortalece os laços e a colaboração entre eles. Em última instância, isso apoia pessoas negras com treinamento profissional e educacional e com acesso a oportunidades.

Salvador, Bahia, Brasil

O *Instituto* Mídia *Étnica* realiza projetos para garantir os direitos das populações historicamente excluídas através do uso da comunicação. A organização objetiva aumentar a participação popular na mídia, especialmente da comunidade afrobrasileira, através de campanhas ativistas, workshops, consultorias com organizações governamentais e não-governamentais e de pesquisa sobre direitos humanos na mídia. Seus projetos enfatizam a defesa da diversidade na mídia treinando jornalistas e estudantes sobre as questões da diversidade étnica, orientando organizações negras e monitorando as violações dos direitos humanos na mídia.

Vale do Dendê é uma aceleradora e consultoria para startups comandado por empreendedores negros na cidade de Salvador, cuja população é formada por 85% de brasileiros negros. Inspirada pelas estratégias como a do *black money* de Marcus Garvey, a companhia visa fomentar o empreendedorismo e o crescimento econômico da juventude negra e transformar Salvador em um centro de tecnologia e inovação no Brasil. Seu nome é um jogo de palavras que ressoam no Vale do Silício com Dendê, um ingrediente chave na cozinha afrobrasileira e significativo na história e cultura negras no Brasil.

Desabafo Social trabalha para transformar as realidades vividas pelos jovens através de iniciativas estruturadas que garantam a implementação dos seus direitos humanos. Fundada por uma adolescente, a organização opera em escala nacional criando espaços para debates; envolve escolas, comunidades e instituições para promover os direitos humanos; encoraja e estimula o envolvimento de pessoas jovens em causas sociais; e apoia o desenvolvimento e criação de novas iniciativas pensadas por jovens.

São Paulo, Brasil

BlackRocks é uma aceleradora para *start-ups* dedicado à promoção de empresários e executivos negros no setor privado, enfrentando as disparidades e desigualdades econômicas raciais. Cultiva a diversidade racial no ecossistema empresarial brasileiro, apoiando jovens profissionais negros com habilidades, conhecimentos, redes e recursos.

PretaLab é uma iniciativa criada em 2016 para aumentar o número de mulheres negras na tecnologia fomentando o empreendedorismo digital e a inovação. A iniciativa emergiu como uma campanha, buscando mapear e entender as meninas e mulheres negras que trabalham na área da tecnologia a agora cria um canal entre talentos e oportunidades. A iniciativa também se presta ao papel de aconselhar o setor privado acerca das formas de reconhecimento da desigualdade e representação raciais em suas empresas.

Cali, Colômbia

A *Medios Alternativo de Jóvenes del Distrito de Aguablanca - MEJODA* (Mídia Alternativa de Jovens do Distrito de Aguablanca) cria ferramentas, capacitação e espaços para a produção audiovisual de jovens, meios de comunicação alternativos para cenários comuns, consolidação e exposição de experiências juvenis para maior visibilidade e valor agregado que levam a maiores níveis de impacto social na comunidade de Aguablanca, em grande parte habitada por afrocolombianos.

TIKAL Producciones (TIKAL Produções) é uma organização cultural que é especializada na concepção e implementação de processos de mídia alternativa. Seus objetivos envolvem a contribuição para o fortalecimento das dinâmicas da comunidade através da gestão social e cultural; desenvolve projetos de memória, identidade, território e direitos humanos; bem como a geração de estratégias educacionais em diferentes plataformas de mídia para a criação e a circulação dos dispositivos de comunicação. A organização possui 12 anos de experiência na realização de intervenções diretas em diferentes comunidades e grupos populacionais em zonas rurais e urbanas do país.

Bámbara é uma iniciativa empresarial que busca recriar e fortalecer a imagem e narrativas de mulheres negras na Colômbia e na América Latina e promover seu crescimento econômico através da estética. Assim, através da comercialização de produtos de cuidado capilar 100% naturais desenvolvidos para mulheres negras, eles nutriram, empiricamente, uma filosofia de resistência e justiça política e econômica para mulheres negras.

Costa Pacífica da Colômbia

Andando é um *marketplace* digital para turismo responsável nas regiões rurais da costa Pacífica da Colômbia - com as maiores representações de afrocolombianos no país - que conecta as famílias locais com os turistas. A iniciativa impulsiona o crescimento econômico para as comunidades locais e melhora suas condições de vida, promove a cadeia de valor local e conserva o seu patrimônio ambiental e sociocultural. Auxilia a desmitificar representações negativas das populações negras na costa Pacífica, enfrenta disparidades raciais, influencia a consciência coletiva e nutre um ecossistema empresarial.

Quibdó, Chocó, Colômbia

Domibdó é um aplicativo para celular e empresa que conecta os moradores de Quibdó a produtos e serviços em um único clique, afastando-se do tradicional telefonema que não estava disponível e era demasiado caro para a grande maioria da sua população. Além de enfrentar uma falha infraestrutural e desigualdades raciais no departamento com a maior população negra da Colômbia, a iniciativa também gera emprego e impulsiona o desenvolvimento econômico da região.

Cartagena, Colômbia

O *Observatorio Distrital Antidiscriminación Racial - ODAR* (Observatório Distrital de Antidiscriminação Racial) empenha-se em processar casos de discriminação racial na cidade de Cartagena, oferecer aconselhamento jurídico gratuito às vítimas de racismo e ajudar os afrodescendentes a ter maior acesso ao setor privado.

Novas Identidades, Culturas Emergentes e Ativismo Digital Antirracismo

As tecnologias digitais fornecem um meio para expressão jovem e um meio de organização e transformação, especialmente no contexto de identidades racializadas e antiracismo. Através da gestão e participação em plataformas de mídia, empreendedorismo digital e treinamento jornalístico, os jovens afrodescendentes estão cada vez mais engajados em formas inovadoras e criativas manifestando sua agência digital antirracismo para expressar quem são e reafirmar sua agência no espaço e na sociedade. Nesta seção, eu discuto as muitas formas pelas quais o ativismo digital antirracismo empregado por jovens afrodescendentes tanto no Brasil como na Colômbia conseguiu desafiar o discurso racista e influenciar e criar um impacto significativo em vários escalões das suas comunidades nacionais.

Reconstruindo Identidades

O impacto das abordagens antirracismo sobre determinadas pessoas começa num aumento do nível de autoestima e da autoidentificação com a herança racial e étnica. Os sentimentos positivos e o orgulho em relação ao grupo étnicorracial demonstraram estar diretamente relacionados com o aumento dos níveis de autoestima pessoal e de realização entre os jovens (Phinney, Cantu, & Kurtz, 1997).

Ações contra o racismo se intensificam quando o indivíduo se autodeclara negro (Wade, 1993). As populações afrodescendentes começam a representar sua própria identidade a um nível nacional (*Ibid.*) e ocupam a sua posição na sociedade tanto *offline* quanto *online*. Dado o estigma histórico colocado sobre a negritude na América Latina, a grande maioria dos afrodescendentes não se identifica inicialmente como negro. No entanto, a identidade racial no Brasil e na Colômbia tem se intensificado e os jovens estão a abraçar cada vez mais as suas raízes culturais através de meios que evocam a sua ascendência africana tais como usar um turbante, usar um pano africano e exibir o seu cabelo natural. Ao resistir às normas da cultura dominante ocidental como o alisamento do cabelo e o branqueamento da pele, eles estão a criar, como chamam, uma contracultura. Atualmente, esta consciência racial está tomando lugar mais cedo na idade em iniciativas empresariais como a *Bámbara*, que oferece referências de beleza de mulheres negras refletindo a sua identidade.

O processo de autorreconhecimento enquanto afrodescendentes tem, também, os levado a identificar as ocorrências do racismo. Uma vez reconhecido o racismo tanto *offline* como nos espaços cibernéticos, os jovens afrodescendentes estão mais bem equipados para enfrentar as circunstâncias e encontrar formas de enfrentar o problema. Inspirados e orientados por iniciativas antirracismo de OSCs e jovens líderes, os jovens afrodescendentes começam a ocupar espaços nos meios de comunicação social, expressando as suas preocupações e perspectivas (por exemplo, o canal *DePretas* no Youtube; *GatoMÍDIA*; *Colectivo de Comunicaciones Kucha Suto*). A grande maioria das OSCs oferece orientação sobre o que fazer em casos de racismo. Embora as ações possam ser, inicialmente, singulares, a pessoa eventualmente se junta a um esforço coletivo para combater o isolamento e o silenciamento. Como o aumento do ativismo digital antirracismo de pessoas jovens e OSCs, o receptor do discurso racista descobre uma comunidade *online* e não é abandonado e desempoderado na luta.

Ativismo Digital Antirracismo e o Enfrentamento à Linguagem Racista

Da mesma forma, houve grandes sucessos resultantes do trabalho das organizações negras em reconhecer e classificar determinada linguagem como discriminatória. Uma série de expressões e a linguagem anteriormente normalizada e usada diariamente estão agora sendo revistas e identificadas como racistas; eufemismos que tentam mascarar as circunstâncias e enfraquecer o movimento negro estão sendo decodificados. A campanha levada adiante pela ODAR em Cartagena exibindo ampliados retratos de cidadãos negros com a *hashtag #sernegroeshermoso* (ser negro é bonito) em espaços públicos desafiou a imagem de afrocolombianos historicamente retratada como fisicamente não-atraentes, oferecendo uma contraimagem para o *blackface*. Tal foi o caso em 2015, quando estudantes universitários da cidade de Cali condenaram abertamente o personagem militar *El Soldado Micolta*, que realizava *blackface*, de um programa transmitido por uma proeminente plataforma de mídia, Caracol TV. Isso conduziu protestos nacionais tanto em espaços digitais quando em espaços *offline* com a *hashtag #NoMasSoldadoMicolta* viralizando. Os esforços do antirracismo digital eventualmente conduziram à remoção do personagem do programa.

Ativismo Digital Antirracista e Resistir ao Silêncio

Além de abordar a autoidentificação étnica e racial, as narrativas antirracismo também serviram como resistência ao fenômeno do esquecimento e do silêncio imposto na Colômbia como resultado de décadas de conflito armado onde as populações afrocolombianas foram as mais afetadas. Como a grande maioria das pessoas internamente deslocadas são afrodescendentes, muitas famílias foram separadas e comunidades foram desintegradas. As OSCs que trabalham com os afrocolombianos auxiliaram no restabelecimento de conexões com suas raízes culturais, famílias e membros da comunidade. Diante do estigma cotidiano e da discriminação racial, jovens afrocolombianos deslocados para ambientes urbanos estão recuperando sua identidade negra e sua herança cultural sem sentir vergonha.

Ativismo Digital Antirracismo e Novas Narrativas

Nesse sentido, os esforços dos jovens ativistas e das organizações da sociedade civil forneceram a base para a criação de coletivos que trabalham com um propósito muito claro de inspirar pessoas a lutar contra o auto-ódio, consolidar esforços e trabalhar em conjunto enquanto cidadãos combatendo a hegemonia dos discursos racistas e das narrativas dominantes. Libertando-se de sentimentos de culpa com a noção de que ser negro e jovem são traços negativos como construídos pela sociedade, os jovens começam a interromper narrativas opressivas e a combater a exclusão localizando suas perspectivas e contribuições societais no interior do diálogo nacional. Assim, eles criam novas narrativas.

A iniciativa da jovem líder Monique Evelle de reformular expressões tradicionalmente racistas reposicionando a linguagem usada no Brasil para se referir aos afrodescendentes. Partindo de uma frase discriminatória comum usada para explicar situações negativas, "A coisa tá preta", Monique reconstruiu a seguinte expressão, "Se a coisa tá preta, a coisa tá boa", a qual viralizou ao redor do Brasil com as *hashtags* "#seacoisatapreta, #seacoisatapretaacoisataboa. No mais, a variedade de mídias alternativas criadas por iniciativas como *Instituto M*ídia Etnica, *GatoMÍDIA*, *Voz da Comunidade*, *TV Pelourinho*, *Tikal Producciones* e *MEJODA* promovem uma diversidade de temas e histórias produzidas por afrodescendentes que, caso contrário, não seriam notadas ou seriam manipuladas pelo *mainstream*.

Dessa forma, atividades realizadas por novas OSCs buscam descentralizar o poder auxiliando afrodescendentes a acessarem estruturas dominantes, das quais eles foram historicamente excluídos. Deslocar o papel da juventude negra como sujeitos dos meios de comunicação de massa para os criadores das suas próprias narrativas, rompe com as representações negativas, cria um sentido de propriedade e de pertença e proporciona a capacidade de conciliar as suas verdadeiras identidades com as prescritas pela sociedade. O ativismo digital antirracismo permite aos jovens incluir as suas próprias construções no diálogo nacional e trazer as suas contribuições, fomentando o seu crescimento e inclusão em suas sociedades.

Finalmente, à medida que os movimentos antirracismo crescem em número e força, surgem novas ideias oferecendo contraideologias com maior presença e atividade na internet. A conexão entre os jovens ativistas e as OSCs usando abordagens antirracismo cria uma maior resistência a idéias discriminatórias arraigadas dentro das universidades, da política e dos discursos públicos. Se não erradicar a expressão racista, no mínimo este movimento é uma tentativa de equilibrar a equação. Em última análise, quebrar os padrões da "cultura dominante" é um passo necessário para passar da fase de reparação para mudanças sistêmicas como o acesso à educação de qualidade e a inclusão dos afrodescendentes na sociedade.

Ativismo Digital Antirracismo e Educação

Uma das contribuições mais importantes de jovens ativistas e OSCs tem sido na educação, tanto promovendo a inclusão dos estudos negros nas instituições escolares quanto visando a correção de falhas nos ensinamentos históricos. Como o resto da América Latina, Brasil e Colômbia foram construídos sobre processos de segregação, "favelização" e exclusão dos negros, justificados por currículos escolares que retratam os negros como inferiores em todas as dimensões. Diversificar os materiais educacionais usados nas instituições é a chave para romper com as noções de superioridade. Os esforços de jovens ativistas e de OSCs oferecem outra perspectiva das narrativas e da história dos afrodescendentes e redefinem o passado fornecendo referências positivas como atores e contribuintes resistentes em vez de os limitarem às vítimas da escravatura e aos sujeitos de abuso (Wade, 2012). Este processo de desvendar a história de um grupo lança as bases para um povo mais forte equipado com as ferramentas e a formação necessárias para combater os danos da discriminação racial e da exclusão (Friedemann & Arocha, 1986; Wade, 2012). Em última análise, as narrativas antirracismo oferecem uma visão alternativa da juventude negra e quebram padrões discriminatórios e exclusivos nas sociedades brasileira e colombiana. Deixar os espaços aos quais foram confinados e entrar em novas dimensões de poder perturba a imagem habitual dos afrodescendentes como social, política e economicamente inferiores e apáticos.

A resistência, sob qualquer forma, envolve debates e afeta a sociedade como um todo, infiltrando-se gradualmente no discurso público, especialmente quando empreendida por jovens, como se reflete diretamente no sistema educacional e nos temas abordados em salas de aula. As ideologias racistas dificultam o desenvolvimento educacional, impactando negativamente o desenvolvimento intelectual e entrando em conflito com os princípios subjacentes às instalações educacionais (Post, 1991). As iniciativas do ativismo digital antirracismo têm se esforçado para influenciar as políticas públicas relativas à educação, formar instrutores de redes ativistas existentes e tentar corrigir falhas nas versões acadêmicas da história ensinadas nas escolas.

De forma alguma estão erradicando o racismo, no entanto, essa resistência a noções de inferioridade chega agora a um público mais amplo. Além disso, através da concepção e implementação de programas comunitários em escolas e bairros, as organizações têm procurado promover a diversidade e a consciência na história envolvendo afrodescendentes que foram eliminados ou censurados. No entanto, a resistência dentro do estabelecimento acadêmico à diversidade continua, em grande parte, para fazer com que afrodescendentes sejam excluídos.

Ativismo Digital Antirracismo e Ação Coletiva

Como é frequente, o indivíduo acaba por se juntar a um coletivo na Internet, uma vez que as mensagens racistas são geralmente dirigidas ao grupo, reforçando as ações através da formação comunitária no que o teórico da mídia e comunicação social Marshall McLuhan chama uma 'aldeia global' (1964). O ativismo digital antirracismo permite que aqueles que foram silenciados pelo racismo ou que têm medo de falar sejam ouvidos e representados. Mais importante ainda, a Internet permite que os usuários transcendam as barreiras para alcançar uma sociedade internacional (Nakamura, 2010). Além disso, como as iniciativas digitais antirracismo abordam diferentes questões que afetam as populações afrodescendentes, cada subgrupo, como as mulheres negras e os LGBTs, pode sentir-se representado e defendido.

Numa tentativa de quebrar o ciclo de pobreza e exclusão dos grupos afrodescendentes, jovens ativistas e OSCs na Colômbia também têm abordado a questão da estigmatização das favelas onde a grande maioria dos seus habitantes são negros. A organização *MEJODA* em Cali, por exemplo, esforça-se por incluir na agenda da cidade as atividades empreendidas no distrito de Aguablanca. Victor Palacios explica que seus esforços visam destacar as atividades culturais e educativas que Aguablanca tem para oferecer, e assim, produzir uma outra visão do distrito que não esteja ligada à violência e à delinquência. Eles criam como um coletivo seus próprios debates e lideram suas narrativas, diversificando os discursos produzidos pela grande mídia. Consequentemente, os moradores de Aguablanca desenvolvem gradualmente um sentido de pertença às suas comunidades e unem esforços para outras iniciativas positivas.

Embora a ressonância do ativismo antirracismo, tanto *on* e *offline*, tenha levado a muitos avanços, existe a necessidade não só de reconhecer seus esforços, mas também de apoiá-los e denunciar os crimes de incitamento ao ódio. O papel tanto do Estado como das empresas privadas é vital para este processo. Além das leis globais e nacionais contra o discurso racista, discuto abaixo uma série de programas e iniciativas concebidas para as populações afrodescendentes que foram implementadas pelos governos federais e regionais de cada país.

Brasil

A iniciativa do governo federal, *HumanizaRedes* é um coletivo que visa garantir mais segurança online, especialmente para crianças e adolescentes, e lidar com as violações dos direitos humanos que ocorrem online. Uma de suas características mais importantes é a capacidade de denunciar uma violação de direitos humanos *online* e *offline*. Uma vez feita a denúncia online de um evento, a Ouvidoria avalia sua veracidade e a encaminha aos órgãos competentes para avaliar a violação e tomar as medidas necessárias sob a legislação brasileira. Outra conquista notável do estado federal é a criação da *Secretaria de Promoção da Igualdade Racial* (SEPPIR),[14] órgão governamental criado em 2002 para promover políticas que combatam as desigualdades raciais no país.

Enquanto várias intervenções e políticas contra a discriminação racial têm sido adotadas em certas regiões do Brasil, ações afirmativas foram realizadas em nível nacional para aumentar a matrícula de pessoas não-brancas no ensino superior (Telles & Paixão, 2013). Embora as políticas de ação afirmativa tenham sido implementadas pelo governo federal, elas foram o resultado da defesa em andamento por organizações negras pela justiça racial (Telles, 2004). A lei federal exige que todas as universidades públicas empreguem ações afirmativas, mas o processo tem sido gradual, e muitas instituições ainda não implementaram a política (Telles & Paixão, 2013). Além disso, as ações afirmativas têm fomentado muitos debates públicos sobre racismo no Brasil, quase inexistentes antes de 2001 (*Ibid.*).

Embora importante por razões simbólicas e materiais, as ações afirmativas na universidade afetam uma pequena proporção da população negra com pouca consideração pelo acesso ao mercado de trabalho. No estado da Bahia, por exemplo, o governo local adotou uma lei para o empreendedorismo negro[15] estabelecendo a *Política Estadual de Fomento ao Empreendedorismo de Negros e Mulheres* (PENM).

---

14 O site citado pela autora (www.seppir.gov.br) não se encontrara disponível quando da tradução deste, no entanto, algumas publicações da SEPPIR podem ser acessadas em https://www.mdh.gov.br/biblioteca/consultorias/seppir (N.T.).

15 Lei nº 13.208/14, disponível em: https://www.legisweb.com.br/legislacao/?id=279552

Para suprir a falta de oportunidades para a juventude urbana pobre, a cidade do Rio de Janeiro implementou a *Agência de Redes para Juventude*, um programa criado por uma juventude negra para fomentar as habilidades e a criatividade dos jovens que vivem em bairros pobres da cidade. Todas essas ações têm incentivado o público a absorver uma nova proposta de igualdade e inclusão racial, eventualmente refletida em alguns aspectos do setor privado.

Embora pertença ao terceiro setor, o *Instituto Ethos de Empresas e Responsabilidade Social* trabalha ao lado das empresas para fortalecer as iniciativas socialmente responsáveis. Em 2006, o Instituto lançou o *Compromisso das Empresas para a Promoção da Igualdade Racial*, oferecendo apoio aos seus parceiros na diversidade da força de trabalho e incentivando-os a adotar iniciativas de inclusão. O trabalho realizado pelo instituto tem tido repercussões positivas no setor privado. Alguns exemplos incluem o desenvolvimento de produtos destinados a atender às necessidades dos consumidores negros, a celebração de empresas que apoiam a diversidade e a inclusão de afrodescendentes e o patrocínio de eventos como os festivais de filmes negros.

Colômbia

Em 27 de dezembro de 2001, o governo colombiano estabeleceu o dia 21 de maio como o Dia Nacional dos Afrocolombianos,[16] incentivando diversas instituições a unir esforços para promover o reconhecimento cultural e a igualdade no país. A iniciativa também visa a implementação de estudos afrocolombianos em instituições educacionais, incentivando o multiculturalismo e a diversidade em todo o país.

O *Conselho Nacional de Política Econômica e Social* (CONPES) é a mais alta autoridade nacional de planejamento do governo colombiano e a entidade responsável pela aprovação de políticas públicas, incluindo as destinadas à inclusão e ao avanço da população afrocolombiana. Além disso, em 1996, a Colômbia implementou o *Programa de Créditos Educativos para Comunidades Afrocolombianas*[17] que concedeu créditos universitários a estudantes afrodescendentes em reconhecimento aos seus serviços comunitários (Hernández, 2013). O programa levou várias universidades públicas e privadas a adotarem um sistema de cotas, inicialmente incluindo estudantes de origem indígena e eventualmente expandindo para afrocolombianos (León & Holguín, 2005). No entanto, o país só recentemente começou a abordar o legado de discriminação racial e a falta de oportunidades econômicas que muitas vezes acompanham esse legado.

---

16 Lei 725 de 2001, disponível em: https://www.mincultura.gov.co/areas/poblaciones/noticias/Paginas/D%C3%ADa-Nacional-de-la-Afrocolombianidad.aspx

17 *Fondo Especial de Créditos Educativos de Comunidades Negras*, disponível em: https://dacn.mininterior.gov.co/atencion-al-ciudadano/fondo-de-credito-educativo-para-comunidades-negras

Embora os resultados de seus esforços e determinação sejam visíveis, não se pode esperar que as organizações e ativistas negros respondam completamente sozinhos ao racismo e às desigualdades raciais; é necessário um casamento de legislações, intervenções do setor privado e respostas civis para criar uma mudança sustentável. As suas ações só podem ir tão longe sem a contribuição dos setores privado e público complementares. Além disso, sem intervir no sistema educacional e quebrando as normas estruturais e culturais subjacentes à desigualdade racial, seria extremamente desafiador mudar as condições atuais de desigualdade e injustiça racial.

Conclusões

Embora a Internet na América Latina esteja disponível apenas há duas décadas, os jovens de ascendência africana só contribuíram com seu ativismo digital antirracismo nos últimos 7 anos no Brasil e, mais recentemente, na Colômbia. No entanto, mesmo com as barreiras e desigualdades digitais existentes, os jovens têm maximizado as possibilidades da virada digital para combater o apagamento e ocupar espaços que historicamente haviam sido negados ao seu povo. Seu ativismo digital antirracismo lhes deu a oportunidade de contar com suas vozes individuais na luta pela justiça racial, em vez de se juntarem apenas em esforços coletivos. Eles estão usando plataformas digitais para restabelecer e redefinir sua cidadania retratada pelo ativismo individualizado (Bosch, 2013).

Especialmente as mulheres jovens têm se tornado mais visíveis e têm aproveitado papéis mais proeminentes no movimento negro como blogueiras, *vloggers*, políticas, empreendedoras ou fundadoras de suas próprias iniciativas. Além disso, as questões relativas à interseccionalidade de gênero e raça estão ganhando maior importância. Além de diversificar e ocupar círculos de poder *online* e *offline*, a juventude negra tem feito uso de seu ativismo digital antirracista para criar espaços para discutir questões relacionadas ao racismo e à exclusão, bem como outras questões que afetam suas vidas.

Os seus esforços incluíram também o desenvolvimento das suas competências e a maximização do seu potencial de entrada nas estruturas de poder tanto *offline* quanto *online* tradicionalmente reservadas aos brancos, tais como direitos legais, autoreconhecimento e orgulho racial, empreendedorismo, educação superior, crescimento económico e empregabilidade. Ao promover a estética negra como bela e lutar para incorporar os estudos negros no currículo educacional, os jovens ativistas negros remodelaram as suas identidades e contribuíram para reescrever a sua história. Ao ocupar espaços de poder tanto *online* como *offline*, os jovens, e predominantemente mulheres, estão indo além da tentativa de combater o racismo, ao invés disso, eles estão reivindicando representações de si mesmos e contribuindo para a emergência de uma nova cultura, perturbando o que a escritora Chimamanda Ngozi Adichie chama de "o perigo de uma história única."[18]

Ações digitais antirracismo lideradas por OSCs e ativistas podem ter um impacto mais significativo se forem combinadas com esforços do governo e de indústrias poderosas. Sem intervir no sistema educacional e romper as normas estruturais e culturais subjacentes, seria extremamente desafiador mudar a tendência *online*. Em última análise, o principal desafio na América Latina reside no fato de que a internet e os estudos da internet permanecem no controle dos brancos, e a questão do racismo digital raramente é, quando é, o tema da pesquisa. Uma análise mais profunda das abordagens do antirracismo digital ao discurso racista *online* exigiria uma compreensão do acesso e participação digital dos negros na região, um estudo que está em falta atualmente. Além disso, a interseccionalidade de gênero nos estudos raciais é crucial para promover a compreensão do discurso racista online e o sucesso do ativismo digital antirracismo existente. A menos que seja apoiado por estudos mais profundos sobre o fenômeno do racismo digital na América Latina, o impacto das iniciativas digitais antirracismo passará em grande parte despercebido.

---

18 A palestra pode ser acessada em: https://www.ted.com/talks/chimamanda_ngozi_adichie_the_danger_of_a_single_story

Referências

AMNESTY International. **You Killed My Son**: Homicides by Military Police in the City of Rio de Janeiro. 2015. Disponível em https://anistia.org.br/wp-content/uploads/2015/11/AMR1920682015ENGLISH.pdf

BENESH, S. **Dangerous Speech**: A Proposal to Prevent Group Violence. World Policy Institute. 2012. Disponível em http://www.worldpolicy.org/sites/default/files/Dangerous%20Speech%20Guidelines%20Benesch%20January%202012.pdf

BIVENS, D. **Internalized racism**. Manuscrito não publicado, Silver Spring, MD, 2005.

BONILLA-SILVA, E. **Racism without racists**: Color-blind racism and the persistence of racial inequality in the United States. Lanham, MD: Rowman & Littlefield, 2006.

CERASE, A. **Disguising online racism in Italy: Symbols, words and statements of "new" racist discourse** (Working paper). London, UK: King's College, 2014.

CONSULTORÍA para los Derechos Humanos y el Desplazamiento (CODHES). Desplazamiento creciente y crisis humanitaria invisibilizada.. 79. Bogotá, D.C., Quito, 2012. [English Translation: The Observatory on Human Rights and Displacement (CODHES). (2012). *Growing Displacement and Invisible Humanitarian Crisis.* 79. Bogotá, D.C., Quito]

van DIJK, T. A. **Racism and discourse in Spain and Latin America**: Discourse approaches to politics, society, and culture. Amsterdam: John Benjamins Publishing, 2005.

EL EMPLEO. **Discriminación racial durante la búsqueda de trabajo**. 2016. Disponível em http://www.elempleo.com/colombia/consejos_profesionales/discriminacion-racial-durante-la-busqueda-de-trabajo/14878395

FOUCHÉ, R. **From Black Inventors to One Laptop Per Child**: Exporting a Racial Politics of Technology. In: NAKAMURA, L.; CHOW-WHITE, P. (eds.). Race after the internet. New York: Routledge, 2012.

FREEDOM House. **Freedom in the world: Colombia**. (Rep.). 2016. Disponível em https://freedomhouse.org/report/freedom-world/2016/colombia

FRIEDEMANN, N.; AROCH, J. **De sol a sol**: Génesis, transformación y presencia de los negros en Colombia. Bogotá: Planeta, 1986.

GRADÍN, C. Why is Poverty So High Among Afro-Brazilians? A Decomposition Analysis of the Racial Poverty Gap. **Journal of Development Studies**, *45*(9), 1426-1452, 2009. doi:10.1080/00220380902890235

GUERREIRO, G. Percepções do Atlântico - antropologia estética, produção de conhecimento e antirracismo. **Revista Observatório Itaú Cultural**, v. 21, p. 112-127, 2016.

GUIMARÃES, A. S. A. **Nacionalidade e novas identidades raciais no Brasil**: uma hipótese de trabalho. In: SOUZA, Jessé (org.). Democracia hoje; novos desafios para a teoria democrática contemporânea. Brasília: Universidade de Brasília, 2001. p. 387-414.

HERNÁNDEZ, T. K. **Hate speech and the language of racism in Latin America**: A lens for reconsidering global hate speech restrictions and legislation models. FLASH: The Fordham Law Archive of Scholarship and History, 2010. Disponível em http://ir.lawnet.fordham.edu/cgi/viewcontent.cgi?article=1018&context=faculty_scholarship

HERNÁNDEZ, T. K. Hate speech and the language of racism in Latin America: A lens for reconsidering global hate speech restrictions and legislation models. *University of* **Pennsylvania Journal of International Law**, *v. 32, p. 805, 2011.*

HERNÁNDEZ, T. K. Affirmative action in the Americas. **Americas Quarterly**, v. 7, n. 3, p. 26-31, 2013.

HERNÁNDEZ, T. K. **Revealing the race-based realities of workforce exclusion**. FLASH: The Fordham Law Archive of Scholarship and History, 2014.

HERRERA, S. C. **A history of violence and exclusion**: Afro-Colombians from slavery to displacement. Dissertação de Mestrado realizado na The School of Continuing Studies and of The Graduate School of Arts and Sciences, Georgetown University, washington, 2012. Disponível em https://repository.library.georgetown.edu/bitstream/handle/10822/557698/Herrera_georgetown_0076M_11964.pdf

INTER-AMERICAN Development Bank (IDB) & Instituto Ethos de Empresas e Responsabilidade Social. (2016). **Perfil social, racial e de gênero das 500 maiores empresas do Brasil e suas ações afirmativas**. (Rep.) Retrieved August 8, 2016, from https://publications.iadb.org/handle/11319/7606

INTERNET LIVE STATS. **Internet Users by Country**. 2016. Disponível em http://www.internetlivestats.com/internet-users-by-country/

INTERNET Society. **Global Internet report 2014**: Internet society open and sustainable access for all. 2014. Disponível em https://www.internetsociety.org/sites/default/files/Global_Internet_Report_2014.pdf

LEÓN, M; HOLGUÍN, J. La acción afirmativa en la Universidad de Los Andes: el caso del programa "Oportunidades para talentos nacionales". **Revista de estudios sociales**, n. 19, p. 57-60, 2004.

Li, M. African descendants, chronic poverty and discrimination in Latin America. **International Journal of Technical Research and Applications**, (33), 6-11, 2015. Disponível em http://www.ijtra.com/special-issue-view/african-descendants-chronic-poverty-and-discrimination-in-latin-america-.pdf

LOURY, G. C. Racial stigma and its consequences. **Focus**, v. 24, n. 1, p. 1-6, 2005. Disponível em http://www.irp.wisc.edu/publications/focus/pdfs/foc241a.pdf

McLuhan, M. **Understanding media**: The extensions of man. London and New York, 1964. Disponível em https://designopendata.files.wordpress.com/2014/05/understanding-media-mcluhan.pdf.

MUIŽNIEK, N. Hate speech is not protected speech. ENARgy The European Network Against Racism, 2013. Disponível em http://www.enargywebzine.eu/spip.php?article332.

NAKAMURA, L. Race and identity in digital media. **Mass Media and Society**, 336-347, 2010.

NAKAURA, L., & CHOW-WHITE, P. (orgs.). **Race after the internet**. New York: Routledge, 2012.

ORTIZ, L. [Introduction]. In: ORTIZ, L.(org.). "**Chambacú, la historia la escribes tú**": Ensayos sobre cultura Afrocolombiana. Madrid: Iberoamericana, 2007.

PAREKH, B. Hate speech: Is there a case for banning? **Public Policy Research**, 12(4), 213-223, 2006. doi:10.1111/j.1070-3535.2005.00405.x

PHINNEY, J. S.; CANTU, C. L.; KURTZ, D. A. Ethnic and American identity as predictors of self-esteem among African American, Latino, and White adolescents. **Journal of Youth and adolescence**, v. 26, n. 2, p. 165-185, 1997.

POST, R. C. **Racist speech, democracy, and the First Amendment**. Yale Law School Faculty Scholarship Series, 1991. Disponível em http://digitalcommons.law.yale.edu/fss_papers/208

RAHIER, Jean Muteba. Blackness, the racial/spatial order, migrations, and miss Ecuador 1995-96. **American Anthropologist**, v. 100, n. 2, p. 421-430, 1998.

RAJAGOPAL, Indhu. Digital Representation: Racism on the World Wide Web. **First Monday**, v. 7, n. 10, 2002.

REALES, Leonardo. The human rights protection regime for afro-descendants the case of Latin America and the caribean. **Revista de Relaciones Internacionales, Estrategia y Seguridad**, v. 3, n. 1, p. 26-50, 2008.

RIZZINI, I., & BUSH, M. **Affirming the young democracy**: Youth engagement in Rio de Janeiro. In: TORRES, M.D.; RIZZINI, I; RIO, N. D. (orgs). Citizens in the present: Youth civic engagement in the Americas (pp. 60-89). Urbana, Chicago, and Springfield: University of Illinois Press, 2013.

ROMERO, S. Cocaine wars make port Colombia's deadliest city. New York Times, 22 de maio de 2007.

SANCHEZ, M., & BRYAN M. **Afro-Descendants, Discrimination and Economic Exclusion in Latin America**. London: Minority Rights Group, 2003.

SPEIGHT, S. L. Internalized racism: One more piece of the puzzle. **The Counseling Psychologist**, v. 35, n. 1, p. 126-134, 2007.

TELLES, E. **Race in Another America**: The Significance of Skin Color in Brazil. Princeton, NJ: Princeton University Press, 2004.

TELLES, E., & PAIXÃO, M. **Affirmative Action in Brazil**. LASAFORUM, XLIV(2), 10-11, 2013.

WADE, P., **Blackness and race mixture**: The dynamics of racial identity in Colombia (Paperback ed.). Baltimore: Johns Hopkins University Press, 1993. [Traduzido por Ana Cristina Mejía como *Gente negra, nación mestiza: las dinámicas de las identidades raciales en Colombia*. Bogotá, Ediciones Uniandes, Ediciones de la Universidad de Antioquia, Siglo del Hombre Editores, Instituto Colombiano de Antropología, 1997]

WADE, P.. **Race and ethnicity in Latin America**. London: Pluto Press, 1997. [Traduzido por María Teresa Jiménez como *Raza y etnicidad en América Latina*, Quito: Editorial Abya Yala, 2000]

WADE, P. **Afro-Colombian social movements**. In: DIXON, K.; BURDICK, J. (orgs). Comparative perspectives on Afro-Latin America (pp. 135-155). Gainesville: University Press of Florida, 2012.

YANAGIZAWA, D. **Propaganda and conflict**: Theory and evidence from the Rwandan genocide, 2009. Retrieved at http://people.su.se/~daya0852/Rwanda_jmp.pdf

ZONINSEIN, J. **The economic case for combating racial and ethnic exclusion in Latin American and Caribbean Countries** (Rep.). Inter-American Development Bank, 2001.

CAPÍTULO 4

André Brock

André Brock é professor associado de estudos de mídia na Georgia Tech. Sua produção acadêmica abarca representações raciais em videogames, mulheres negras e weblogs, branquitude, negritude e tecnocultura digital, assim como pesquisa inovadora e inédita sobre o Black Twitter. Seu recém-lançado livro "Distributed Blackness: African American Cybercultures" (NYU Press) oferece uma abordagem inovadora para entender as vidas negras cotidianas mediadas por tecnologias digitais. Mais em **https://andrebrock.academia.edu/**

ANÁLISE CRÍTICA TECNOCULTURAL DO DISCURSO[19]

André Brock

Introdução

> A análise textual crítica oferece interpretações de como um texto pode se tornar polissêmico e eficaz quando colocado no domínio público do ciberespaço (Mitra & Cohen, 1999).

Mesmo após a Internet ter amadurecido a ponto de se tornar a nossa infraestrutura cultural comunicativa, a pesquisa em ciências sociais e humanas continua abordando esse meio multifacetado com abordagens apenas instrumentais ou apenas teóricas. Freelon (2010) observou que os estudiosos da Internet examinam "características relativas à [teoria escolhida] em detrimento de outros fenômenos de conversação igualmente convincentes" ou "reconhecem a existência de vários tipos de ambientes de discussão, mas falham em formalizar as características desses espaços divergentes de maneira *sistemática, proporcional e adaptada especificamente à discussão on-line* [grifo meu]" (p. 1173). Assim, a pesquisa sobre os fenômenos da Internet geralmente se concentra em funções comunicativas específicas e características da tecnologia ou, alternativamente, como "discurso" teorizado de uma perspectiva disciplinar. Em vez disso, este artigo defende uma abordagem cultural crítica da Internet e das novas tecnologias de mídia, que interroga suas complexidades material e semiótica, enquadradas pelas práticas culturais e sociais *offline* existentes em que seus usuários se envolvem ao usar esses artefatos digitais.

Essa abordagem cultural crítica, que chamo de "Análise Crítica Tecnocultural do Discurso" (*Critical Technocultural Discourse Analysis* (CTDA), em inglês), combina análises de material de tecnologia da informação e design virtual com uma investigação sobre a produção de significado através da prática da tecnologia da informação e as articulações dos usuários da tecnologia da informação in situ. A CTDA oferece a oportunidade de pensar em todos os três em paralelo, usando uma estrutura conceitual que interroga as relações de poder, a fim de provocar as conexões entre elas. Essa abordagem fornece uma análise holística das interações entre tecnologia, ideologia cultural e prática tecnológica.

19 Tradução inédita de artigo originalmente publicado na revista *New Media & Society* < BROCK, André. Critical technocultural discourse analysis. New Media & Society, v. 20, n. 3, p. 1012-1030, 2016. >.

O CTDA foi desenvolvido para ser aberto a qualquer *framework* teórico cultural crítico, desde que a mesma abordagem cultural crítica seja aplicada à semiótica do hardware e software de tecnologia da informação e comunicação (TIC) sob exame e aos discursos de seus usuários. Por exemplo, meu fluxo de pesquisa se baseia na Teoria Racial Crítica, ideologia racial e estudos tecnoculturais ocidentais. Essa estrutura conceitual é aplicada duas vezes: uma vez às propriedades materiais, práticas e discursivas de blogs, sites e videogames, e uma segunda vez para examinar as práticas culturais que ocorrem nesses espaços digitais. A dialética e dinâmica da ideologia racial americana em preto e branco influenciam o enquadramento da tecnologia, os discursos culturais que moldam nosso uso da tecnologia e as expectativas da sociedade sobre essas práticas tecnoculturais. Para maior clareza, pesquisas recentes (Brock, 2012) sobre o uso do *Twitter* africano-americano ("Black Twitter") são introduzidas para ilustrar a CTDA em ação. O *Black Twitter* refere-se ao fenômeno recentemente descoberto de afroamericanos usando o *Twitter* em números superiores à sua representação demográfica. Ao empregar a CTDA, descobri que a adoção pelo *Twitter* do protocolo Short Messaging Service (SMS; "texting") contribuía para o crescente número de africanos-americanos que compram *smartphones* com acesso à banda larga; esses usuários já eram alfabetizados em comunicação mediada por computador, graças à adoção antecipada de pagers alfanuméricos bidirecionais e telefonia móvel *Push-To-Talk*. Também usei a CTDA para ilustrar como a prática do *Black Twitter* (digital) se baseia em referências culturais e convenções de discurso ("significação"), extraídas da cultura africana-americana. Por fim, descobri que as reações ao uso do *Black Twitter* sinalizavam expectativas tecnoculturais diferentes de usos efetivos ou produtivos das tecnologias da informação. Enquanto alguns viam o *Black Twitter* como "brincadeira" ou enquadravam o discurso do *Black Twitter* por meio de estereótipos raciais, outros o discutiam como discurso técnico legítimo e ação política implícita. Assim, a ênfase da CTDA na avaliação de tecnologias como um conjunto de artefatos, práticas e crenças culturais ajudou a fornecer uma análise crítica complexa do *Black Twitter*.

Uma observação: a CTDA é mais útil para pesquisadores culturais críticos que pesquisam o discurso da mídia digital utilizando análise de conteúdo qualitativa ou quantitativa. Além disso, aqueles que fizeram observações preliminares de práticas digitais específicas e têm acesso a um corpus de dados relevante (Herring, 2004) acharão a CTDA bastante poderosa. No entanto (citando novamente Herring, 2004), eu proporia aos interessados em utilizar o CTDA:

> Este [artigo] não pretende ser um guia passo a passo de "como fazer", mas sim uma visão geral de como um pesquisador [da CTDA] pode conceituar,

projetar e interpretar um projeto de pesquisa... para obter detalhes sobre a implementação de métodos analíticos, os leitores devem se referir ao exemplo de pesquisa citada [aqui].

A CTDA, como a análise de discurso mediada por computador (CMDA), fornece um conjunto de ferramentas metodológicas e uma estrutura conceitual "através da qual é possível fazer observações e interpretar os resultados da análise empírica" (Herring, 2004).

Contexto

A CTDA é uma abordagem analítica orientada a problemas para objetos e fenômenos digitais (ou seja, internet). Nasceu de minhas frustrações com a pesquisa sobre exclusão digital, que opera a partir da premissa tecnodeterminística de que o acesso ao "digital" melhora a vida de grupos sub-representados.[20] Em resumo, penso que discursos acadêmicos e públicos sobre o uso de TIC de grupos sub-representados são inextricáveis do contexto maior de crenças culturais (*não* técnicas) sobre as deficiências de grupos sub-representados quando comparados à "norma": brancos, classe média, cristãos, heterossexuais e patriarcais.

A pesquisa sobre exclusão digital, um campo caracterizado por inúmeras análises instrumentais/quantitativas de TIC, serve como exemplo das limitações culturais dos estudos de TIC nas ciências sociais. Selwyn (2004) aponta que a pesquisa sobre a exclusão digital emprega um "modelo de déficit", em que o não uso das TICs é devido a deficiências na cognição, personalidade, conhecimento, recursos, situação social ou ideologia do grupo medido (p. 107). Minhas frustrações pessoais com a pesquisa do fosso digital surgiram da minha consciência dos "discursos de deficiência material e cognitiva" (Selwyn, 2004) aplicados por atacado à minha comunidade africana-americana natal. Esses estudos reduzem os aspectos culturais do uso das TIC a um aspecto "social" tecnologicamente limitado (por exemplo, "usuário"), privilegiando o uso das elites como uma "norma", deixando não ditas as ideologias ambientais, sociais ou culturais que moldam o design, as expectativas e o uso das TIC. Eu expandiria a acusação de Selwyn contra a pesquisa de exclusão digital para incluir a maioria das pesquisas científicas sociais sobre TICs e grupos sub-representados.

Grande parte da miopia que induz a perspectiva acrítica da ciência social na pesquisa em tecnologia na sociedade pode ser atribuída à sua abordagem instrumentalista da tecnologia. Por instrumentalista, quero dizer que a tecnologia

---

20 Nos Estados Unidos, a pesquisa do governo sobre o fosso digital começou com exames de conectividade telefônica e assinaturas de serviços de computador, passou para o acesso material a computadores e, eventualmente, chegou ao acesso à banda larga e ao "patrimônio digital".

é vista como extrínseca ao ser de uma pessoa e ao caráter da sociedade (Christians, 2014). Como resultado, uma quantidade razoável de pesquisas em ciências sociais sobre Internet/novas mídias se preocupa com o que as pessoas fazem, e não com o motivo pelo qual as pessoas mantém a prática digital. Na minha busca para incorporar uma perspectiva cultural sobre o uso empírico da tecnologia, recorri à Informática Social (SI), que compartilha espaço intelectual com sociologia, estudos de ciência e tecnologia e estudos organizacionais, como o

> estudo sistemático e interdisciplinar do design, usos e consequências das tecnologias da informação, que leva em consideração sua interação com os contextos institucionais e culturais (Kling, 1999).

Especificamente, fui atraído por Day (2007), que argumenta pela "informática crítica/estudos de informação crítica" como uma análise interpretativa e ideológica subestimada na pesquisa de SI. Onde as tradições normativas e analíticas do SI investigam "problemas" das TIC e da sociedade, o SI crítico está mais interessado nas problemáticas conceituais do uso, design e disseminação das TIC. Day (2007) observa que a problemática conceitual *só* pode ser solucionada - ao invés de ser resolvida - porque os materiais culturais (por exemplo, "informação") não são causais. Como exemplo, o racismo é uma problemática conceitual, e não um "problema" a ser "resolvido". Os materiais culturais são meios de expressão e envolvem "círculos hermenêuticos (ou seja, seus objetos de análise estão ligados a suas condições e ferramentas de análise e julgamentos)" (p. 577). O argumento de Day para a análise hermenêutica do discurso das problemáticas das TICs tem sido incrivelmente influente na formulação da CTDA, onde os aspectos interpretativos dos artefatos de tecnologia são examinados em conjunto com as interpretações dos discursos de tecnologia.

Embora eu seja crítico em relação às ciências sociais quantitativas, não pretendo sugerir que as pesquisas em TIC qualitativas (por exemplo, cibercultura ou sociedade da informação) e sobre as novas mídias estão livres de críticas. Webster (2006, p. 264) ressalta que, dentro dessas abordagens teóricas, ainda existem formas sutis de determinismo tecnológico, presumindo que a tecnologia exista fora do âmbito social. As abordagens anteriores valorizam (ou demonizam) os possíveis efeitos da tecnologia na sociedade, enquanto elimina as mediações específicas que essas tecnologias geram no uso cotidiano. Pesquisas mais recentes evoluíram para descrever mais detalhadamente (em vez de interrogar) interfaces e textos de TIC, mas as teorizações mudaram para análises da opressão, resistência, trabalho ou mercantilização das TICs nas redes sociais. Webster (2006) concluiu que o conceito de "sociedade da informação" é parcialmente insatisfatório devido à "convicção de que mudanças quantitativas na informação estão criando um tipo qualitativamente novo de sistema social" (p. 8). Além disso, muitas análises qualitativas normalizam um contexto cultural de TIC ocidental como "social", enquanto outros usos culturais de TIC (especialmente, mas não limitados a, dentro de um contexto americano) são "étnicos" ou "nicho" (Lanier, 2010; Rheingold, 2007; Turkle, 2011).

Christians (2014) argumenta que "o enraizamento de nossa compreensão da tecnologia midiática na cultura é um avanço significativo, mas o próprio enraizamento levanta a questão de saber se nossas abordagens culturais explicam adequadamente a tecnologia" (p. 527). Para contrariar as desvantagens epistemológicas das abordagens qualitativas/teóricas para a pesquisa em novas mídias, a CTDA parte da formulação da tecnologia de Pacey (1983) como uma construção de artefatos técnicos (por exemplo, conhecimentos, habilidades, ferramentas e recursos), práticas tecnológicas, organizações, atores (por exemplo, usuários, consumidores e organizações profissionais) e crenças tecnológicas. O CTDA reduz essa formulação a uma tríade de artefato, prática e crença, tornando-se essencialmente uma análise empírica hermenêutica que integra a análise de interface (semiose dos aspectos materiais e virtuais do artefato) e a análise crítica do discurso (com foco nas representações dentro e da tecnologia) enquadradas pela retórica da tecnologia da informação e pela Teoria Racial Crítica. Em particular, a CTDA está profundamente interessada no artefato tecnológico, aqui teorizado como um "conjunto de regras e recursos incorporados à tecnologia pelos projetistas durante seu desenvolvimento, que são apropriados pelos usuários à medida que interagem com a tecnologia" (Orlikowski e Iacono, 2001). Nessa perspectiva, o exame da CTDA dos artefatos computacionais, as formas como suas interfaces criam usuários por meio de metáforas e práticas e as crenças expressas pelos usuários dessas interfaces/artefatos integram aspectos simbólicos, materiais e discursivos das TIC sob exame. Como resultado, a CTDA oferece uma abordagem crítica aos artefatos de tecnologia que reorienta a prática tecnocultural para o contexto cultural em que o artefato está sendo usado.

Para evitar a virada normativa, a CTDA se concentra nas maneiras como os usuários da tecnologia percebem, articulam e, finalmente, definem o espaço tecnocultural em que operam e existem. Esses discursos da ideologia tecnocultural dependem dos contextos em que são encenados. A CTDA segue a exortação de Hutchby (2001)

> a prestar mais atenção ao substrato material que sustenta a própria possibilidade de diferentes cursos de ação em relação a um artefato... quando as pessoas interagem através de, ao redor ou com tecnologias, é necessário que encontrem maneiras de gerenciar as restrições de suas oportunidades de ação que emergem das possibilidades desses artefatos (p. 450).

A CTDA mescla a teoria cultural crítica - como uma maneira de desvendar as restrições culturais ao uso da tecnologia - com as ruminações acima sobre a construção social da tecnologia, concentrando-se especificamente nas TICs.

Minha versão da CTDA incorpora a afirmação de Omi e Winant (1994) de que raça é uma construção sociocultural, que deriva energia das tensões ideológicas entre estrutura social e representação cultural. Por exemplo, a associação da branquitude com o papel de "identidade padrão da Internet" funciona como uma reificação eletrônica e ideológica das práticas e crenças dos atores brancos, masculinos e de classe média que projetaram e dominaram inicialmente a estrutura social da Internet. Usando as obras de W.E.B. Du Bois (1940), Henry Louis Gates (1988) e outros africanos-americanos como estruturas teóricas da CTDA para iluminar filosofias e atitudes culturais negras, eu sempre constatei que as articulações da negritude digital/online se baseiam em entendimentos offline da identidade racial (negras e não-negras), representações tecnoculturais da branquidade no código e crenças sobre o uso tecnológico "apropriado".

Enquadramento conceitual

A cultura como um artefato tecnológico

Embora eu empregue a Teoria Racial Crítica para minha pesquisa na CTDA, a aplicação teórica da CTDA foi projetada para funcionar como uma mentalidade "plug-and-play". Existem dois requisitos:

1. A teoria deve basear-se diretamente na perspectiva do grupo sob análise;
2. A tecnocultura crítica deve ser integrada à perspectiva de continuidade cultural acima (Christians, 2007).

Para Christians (2007), a "continuidade cultural" nos estudos de tecnologia visa descentrar as teorias do determinismo tecnológico baseadas nas crenças de uma cultura dominante ou de empresas tecnológicas modernistas. Em vez disso, Christian propõe que os analistas investiguem pessoas constituídas histórica e geograficamente como criadores carregados de valor da empresa tecnológica. Consequentemente, minha intenção para a CTDA era afastar a pesquisa em TIC (especificamente a IS, mas a Internet e a pesquisa de novas mídias em geral) das tradições normativas e analíticas, que se baseiam em formulações instrumentais de TIC incorporando (sem reconhecimento) ideologias raciais normativas racionalistas (sem reconhecimento) centralizando a branquitude como "humano". A versão original da CTDA empregava leituras críticas sobre a ideologia racial americana, incorporando escritos sobre africanos-americanos de autores africanos-americanos. A abordagem da CTDA está aberta a outras teorias e filosofias culturais e críticas, como teoria queer, feminismo crítico, estudos Latin@, interseccionalidade, estudos panafricanistas, pós-coloniais ou de gênero e de mulheres.

A CTDA é específica para investigações sobre mediação computador/digital do discurso, com foco na estrutura, significado, interação e comportamento cultural/social. Ela segue amplamente os princípios da análise do discurso linguístico, incorporando a suposição de que o discurso mediado digitalmente pode ser, mas não é inevitavelmente, moldado pelas características tecnológicas dos sistemas de comunicação mediados por um computador (Herring, 2004).

Por exemplo, minha abordagem da CTDA ao *Black Twitter* começou com filosofias da identidade discursiva negra. *As Almas da Gente Negra* (1903) de W.E.B. Du Bois, bem como sua segunda autobiografia, *Dusk of Dawn* (1940), forneceram articulações da identidade racial negra. Em seguida, incorporei pesquisas sobre a identidade discursiva de pessoas negras (Gates (1988); Smitherman (1977); Walcott (1972)), concentrando-se especificamente em significar no discurso. A significação é um marcador da identidade cultural negra que opera por meio de articulações e performances de referentes compartilhados e, mais importante, para o estudo, um formato estilístico de invenção e entrega. O desempenho da significação revigora o tropo retórico clássico da invenção; performances de sucesso são baseadas em jogo de palavras, humor, olhar crítico, pontualidade e referências culturais, todos encapsulados em uma variedade de formas rituais. A significação baseia-se no signo/significante/significado de De Saussure (1974), mas propositalmente reformula essa definição para chamar a atenção para o significante enquanto um interlocutor lúdico e multivalente ao passo que o significado evolui de forma a objeto. Assim, significar 'se torna uma prática digital em que o interlocutor redefine inventivamente um objeto usando os lugares-comuns e a filosofia culturais negros e, no processo, autenticando sua identidade cultural (Brock, 2012).

Ao examinar o *Black Twitter*, descobri que as práticas discursivas significantes da negritude como performance, audiência, ritual e catarse, estão intimamente ligadas às características de endereçamento, concisão e redes do discurso do *Twitter*.[21] Essa estrutura conceitual me permitiu definir, descrever e analisar os usos do discurso negro no Twitter na perspectiva de quem o utiliza para articular sua identidade e as estruturas da vida cotidiana. Criticamente, a argumentação de Smitherman que significa discurso serve como um marcador de identidade para a cultura negra e a comunidade reorientaram minha perspectiva no Twitter

21 O uso do símbolo "@" para identificar interlocutores, a abreviação ritualística de significado complexo em 140 caracteres e a formação tecnossociais de um grupo de usuários com ideias semelhantes (Brock, 2012).

preto, desde o uso idiossincrático de um serviço de comunicação "eficiente" até uma investigação mais profunda sobre o porquê da cultura discursiva do Twitter e do Black. A questão tornou-se: "O uso da linguagem é o único que tornou o *Black Twitter* diferente de outros usos do serviço?"

Teoria tecnocultural: tecnologia como artefato cultural

Como mencionado anteriormente, a CTDA reformula a definição de tecnologia triádica de Pacey (1983) para estudos da Internet: transpondo técnico por "artefato", organizacional por "prática", e cultural por "crença". Há duas razões para isso; a primeira é epistemológica. A formulação original de Pacey define "técnico" como "conhecimento, habilidade e técnica; ferramentas, máquinas, produtos químicos, atividade profissional; recursos, produtos e resíduos" (p. 6), enquanto que "organizacional" é a "atividade econômica e industrial, atividade profissional, usuários e consumidores, sindicatos" (p. 6). Esta é uma construção poderosa, mas que subestima o papel da ideologia tecnocultural, ou crenças e práticas sobre o uso apropriado da tecnologia, "reproduzindo as relações de produção existentes" (Althusser, 1970) em ambas as categorias. Sweeney (2014) argumenta que Pacey não vai suficientemente longe em desembrulhar a influência da ideologia no design, organização e disseminação da tecnologia, observando que as ideologias raciais e de gênero estão em jogo em todas as categorias, não apenas na cultura. Em resposta, a abordagem hermenêutica da CTDA interroga a ideologia em todos os pontos do triângulo de Pacey. A articulação de Dinerstein (2006) da ideologia tecnocultural provou ser inestimável para o CTDA, pois ele escreve que a tecnocultura é uma matriz de seis crenças que moldam o design e o uso da tecnologia: progresso, religião, futuro, modernidade, masculinidade e branquitude.

A segunda razão para a reformulação diz respeito à eficiência conceitual; dada a complexidade da cultura, das TIC e da hermenêutica da CTDA, este objetivo parece improvável. Paradoxalmente, a cultura é a mais fácil de ser reduzida: A CTDA segue a máxima "tornar estranho", adaptada da exortação de Dyer (1997) para descentralizar a cultura ocidental como uma "norma" para a cultura humana. Ao reorientar o "social" como práticas e crenças culturais, a CTDA estreita e aprofunda o meio no qual um artefato tecnológico é empregado.

O alcance, a maleabilidade e a ubiquidade das TIC resistem à especificação e à operacionalização simples: O Twitter é um serviço, um tweet, um aplicativo, uma rede ou uma plataforma de transmissão? Em outras palavras, qual configuração particular de tecnologias e usuários de Internet/digital/computacional deve ser selecionada para investigação posterior? Uma maneira pela qual a pesquisa na Internet aborda a especificidade reside nas descrições funcionais do artefato - em parte devido ao caráter de novidade do artefato sob estudo, mas também porque os pesquisadores normalmente estão mais interessados nos meios do artefato do que nos fins.

A origem da CTDA nos Sistemas de Informação, por outro lado, leva a uma investigação estruturada baseada em exames empíricos do artefato computacional em um ambiente organizacional (por exemplo, onde o artefato está localizado quando é usado?). A CTDA prefere "instituição" à "organização", entretanto, porque organização conota estrutura formal, enquanto instituição permite que as atividades culturais de grupos - formais ou informais mencionados anteriormente - enquadrem a investigação empírica. Por instituição, a CTDA coopta a definição de G. H. Mead (1934) quando escreve que "as instituições... são formas organizadas de grupos ou atividades sociais - formas tão organizadas que os membros individuais da sociedade podem agir adequadamente e socialmente tomando as atitudes dos outros em relação a estas atividades" (p. 261). Por exemplo, o racismo americano é uma instituição com atividades, atores, espaços, comportamentos e crenças claramente definidos - para o racista, para o negacionista e para a pessoa que está sendo discriminada.

Para as TIC e a pesquisa sobre novos meios de comunicação, então, a CTDA reordena a "atividade institucional" de Mead como "tecnologia-prática da informação". Vista desta forma, a eficiência conceitual da CTDA é alcançada limitando o estudo das TIC ao discurso em contexto (on-line) e ao uso de interface em contexto. Uma análise da CTDA examina como os atores moldam as tecnologias e a eles mesmos em resposta às tecnologias que utilizam; estas tecnologias, por sua vez, são moldadas por aqueles que as projetam e comercializam.

Técnica

Análise do Discurso

A CTDA é fortemente influenciada pela abordagem histórico-discursiva (*Discourse-Historical Approach* (DHA), em inglês) de Wodak (2001) para a análise crítica do discurso. Ambas compartilham uma apreciação da hermenêutica como uma das principais ferramentas analíticas. Para Wodak, isso significa integrar informações sobre os contextos socioculturais nos quais o discurso e os textos são gerados. A CTDA integra a Teoria Crítica - especificamente a Teoria Racial Crítica e estudos de tecnologia em meu próprio trabalho - com a intenção de examinar os contextos culturais, sociais e históricos nos quais as TICs são desenvolvidas.

Existem diferenças, no entanto. Ambas as abordagens examinam o "discurso", mas onde a DHA examina o discurso escrito e falado, a CTDA tem a tarefa adicional de operacionalizar o objeto computacional como discurso (*Cf.* "technology as text" em Grint e Woolgar, 1997). Onde o método histórico-discurso explora as dimensões sócio-históricas de discursos e textos, a CTDA explora a mediação tecnocultural de ações discursivas incorporadas como discurso *on-line* e interfaces digitais. Ambas as abordagens tentam integrar "uma grande quantidade de conhecimento disponível sobre as fontes disponíveis e os antecedentes dos campos sociais e políticos nos quais os eventos discursivos estão incorporados" (Wodak, 2001, p. 65). A CTDA está particularmente interessada em interrogar a influência de crenças sobre o mundo que mediam usos e discursos "apropriados" sobre TICs.

A CTDA está fortemente em dívida com as unidades de comunicação mediada por computador de December (1996) e com a CMDA de Herring (2004). O trabalho de December é parte integrante da análise empírica da CTDA sobre a mediação discursiva de dispositivos conectados à Internet, pois ele define a comunicação mediada por computador como operando como uma tríade de "Servidor/Cliente/Conteúdo". Essa formulação destaca a necessidade de pesquisadores da Internet e de novas mídias examinar não apenas os textos gerados por seus sujeitos humanos, mas também o artefato e o programa (ou protocolo) através do qual esses textos são gerados. É aqui que muitos estudos fracassam: eles recorrem a generalidades sobre "a Internet" sem descompactar o conteúdo ideológico dessas generalidades (por exemplo, a Internet como um meio "democrático" ou "legal"); eles confundem "comunidade" com o uso de um grupo de uma TIC específica; ou exploram, de maneira minuciosa, as mediações específicas dos dispositivos que seus sujeitos usam para criar seus discursos.[22] A CTDA soluciona essas falhas realizando uma leitura atenta das interfaces de usuário dos artefatos de TIC em questão, examinando elementos como a interface gráfica do usuário (*Graphical User Interface* (GUI), em inglês), narrativa, contexto de uso e o contexto cultural dos criadores ou usuários pretendidos.

Herring descreve a CMDA como uma análise de *logs* de interação verbal, especificamente aqueles gerados por meio de comunicação mediada por computador. A CMDA trabalha com um conjunto largo de princípios analíticos do discurso, além de uma rejeição ao determinismo tecnológico *a priori* (Herring, 2004, p. 4). Esses princípios são os seguintes:

- Discurso exibe padrões recorrentes;
- Discurso envolve escolhas do enunciante;
- Discurso mediado por computador pode ser, mas não inevitavelmente, moldado pelos recursos tecnológicos dos sistemas de comunicação mediados por computador.

Como Herring, insisto que a CTDA é um conjunto de ferramentas metodológicas e um conjunto de lentes teóricas. A CTDA baseia-se na aplicação de Herring de

22 Por exemplo, as diferenças materiais entre o acesso móvel, desktop e celular à Internet ou as diferenças entre um navegador móvel e um navegador de desktop.

sua técnica à linguagem como comportamento social, ou seja, "expressões linguísticas de brincadeira, conflito, poder e participação em grupos em várias trocas". A CTDA reformula e interroga o "comportamento social" recorrendo à Teoria Racial Crítica e estudos de tecnologia. Isso é semelhante à proposta de Kellner (1995) de que estudos culturais críticos devem conduzir "uma abordagem multiperspectiva que (a) discuta produção e economia política, (b) se envolva em análise textual e (c) estuda a recepção e uso de textos culturais. Ao aplicar esses conceitos ao artefato das TIC, a CTDA redireciona a proposta de Kellner de aplicar às TIC argumentando da seguinte maneira:

- As TICs não são artefatos neutros fora da sociedade; elas são moldadas pelo contexto sociocultural de seu design e uso;
- A sociedade se organiza através dos artefatos, ideologias e discursos da tecnocultura baseada em TIC;
- Os discursos tecnoculturais devem ser estruturados a partir das perspectivas culturais do usuário E do desenvolvedor.

As premissas acima trabalham para implementar a afirmação de Couch (1995) de que as tecnologias da informação devem ser analisadas por meio de uma estrutura que examina "as formas de relacionamento que prevalecem entre aqueles que desenvolvem e usam tecnologias da informação e as formas de conexão que prevalecem entre as tecnologias da informação e seus usuários" (p. 223). Em resposta, a CTDA implementa uma abordagem discursiva crítica que enquadra a interface das TIC como um "texto" a ser lido contra os discursos de seus usuários.

Análise de Interface

Couch (1995) também argumentou que as tecnologias da informação têm um viés "evocativo ou referencial" (p. 238) e, portanto, os estudiosos da comunicação que estudam as tecnologias da informação devem prestar muita atenção às "**qualidades formatadoras das tecnologias da informação**" (p. 223; ênfase minha). As interfaces, em vez de linguagens de programação ou design físico, são o meio pelo qual os humanos interagem principalmente com algoritmos, símbolos e práticas de TIC. Por conseguinte, a CTDA está profundamente interessada na articulação/acréscimo simbólico de significado da interface. "Interface" é um conceito complexo com várias considerações: a tela é a interface? O "aplicativo" é a interface? O material é a interface? A CTDA diz "sim" a todos eles, dependendo do contexto. Uma análise da CTDA deve considerar não apenas os símbolos e o texto exibidos em qualquer tela, mas também os recursos de entrada e saída que mediam a atividade. Isso inclui teclados físicos, telas de toque digitalizadas, recursos de multimídia, fator de forma, tamanho da tela, recursos gráficos, largura de banda e uma infinidade de outros fatores que moldam as experiências de TIC.

Por exemplo, a análise CTDA do *Black Twitter* considerou as muitas encarnações do Twitter como interface. Na melhor das hipóteses, a pesquisa do Twitter interessada em especificidade cultural categoriza o uso por geolocalização, idioma ou exigência tópica; o dispositivo ou aplicativo que originou esses *tweets* geralmente recebem pouca atenção, mesmo quando a pesquisa é especificamente sobre TICs móveis. Essas abordagens fazem sentido do ponto de vista instrumental e de alocação de recursos. A interface de programação de aplicativos (API) do Twitter padroniza a maneira como cada dispositivo e usuário se comunica com o serviço, enquanto há muitos dispositivos e aplicativos disponíveis para um usuário do Twitter para um pesquisador isolar e focar em um dispositivo. *Para ilustrar:* em 2010, quase 50% dos *tweets* foram originários do site *Twitter.com*, enquanto a porcentagem restante se originou de um número impressionante de fontes: mais de 800 smartphones e dispositivos móveis,[23] entre 100 aplicativos móveis diferentes e, através do protocolo original do Twitter, o SMS ("Twitter Clients", 2010). Esses números estão aumentando, mesmo quando o crescimento do Twitter começa a desacelerar; no pedido da Comissão de Valores Mobiliários (SEC) do Twitter para uma Oferta Pública Inicial em 2013, a empresa observou que quase 75% dos Usuários de Acesso Mensal (nome de usuários ativos) acessam o Twitter a partir de dispositivos móveis (Registration Statement, 2013).

É tentador operacionalizar a interface do Twitter como o conteúdo e a apresentação do feed da página inicial de um usuário. A partir daí, o raciocínio indutivo leva à crença de que todos os usuários veem a mesma interface. É uma suposição justa, pois a API do Twitter para clientes de terceiros (que pode ser entendida aqui como o algoritmo por trás da interface visual da página inicial, exibição de conteúdo e sintaxe (boyd *et al.*, 2010)) padroniza como as informações podem ser enviadas para o serviço. Uma segunda possibilidade de simplificação analítica deriva de conotações culturais (das quais os pesquisadores infelizmente não estão isentos) de "computador" - como "internet" - como um termo genérico para a diversidade de hardware, software e práticas que realmente compõem uma experiência de computação. Isso é lamentável, pois os dispositivos móveis habilitados para toque alteraram consideravelmente o design e as práticas de computação.[24] O tamanho menor da tela do celular, a conectividade de rede e as interfaces habilitadas para toque, combinadas com feedback visual quase instantâneo,[25] contribuem para um paradigma computacional diferente dos websites baseados em navegador (o paradigma da "caixa bege") oferecidos a gerações anteriores de usuários de computador. A

23 Android, iOS, Windows Phone, Blackberry, Symbian.

24 Embora talvez não na mesma escala que a interface gráfica do usuário ou o mouse do computador mudou a computação.

25 Com base em nossa cognição pré-existente em relação à taticidade do toque.

diferença de percepção nas proezas computacionais entre computadores móveis e desktop/laptop se torna óbvia quando uma análise tecnocultural é aplicada; os dispositivos móveis são rotineiramente denegridos na imprensa popular e na pesquisa de divisão digital por sua incapacidade de permitir que o usuário seja "produtivo".

Retornando à complexidade do Twitter, limitar o "Twitter" à forma e ao conteúdo da página inicial choca com *interrupção analítica* (Lofland, 1970), onde o conceito em análise é considerado apenas vagamente. Além de ser instrumentalista, a operacionalização do Twitter como página inicial encobre o ecossistema diversificado do Twitter (dispositivo, aplicativo, design, prática) e diversidade de usuários. Mesmo com a API, cada cliente oferece recursos exclusivos proporcionados pelas restrições de design dos contextos material, informativo, ambiental e social de uso.

Os dados do Twitter fornecem um exemplo estelar da interpelação do cliente/aplicativo e do serviço escolhido por um usuário, pois cada *tweet* fornece o dispositivo e o cliente dos quais a mensagem foi enviada. Uma prática recente de marketing para celulares foi chamar as celebridades para serem "porta-vozes da marca", usando o dispositivo principal do fabricante em eventos promocionais. A onipresença social do Twitter e a baixa barreira de participação significam que as celebridades podem registrar sua presença nesses eventos enviando um tweet; A onipresença material do Twitter permite que ele seja instalado no nível do sistema operacional como uma opção de mensagens,[26] um recurso comum para os principais smartphones. Inevitavelmente, no entanto, na pressa de participar, a celebridade vai twittar de seu aparelho pessoal, que não é o dispositivo patrocinado.[27] Isso destaca uma fraqueza da perspectiva instrumentalista no uso do Twitter: ela não tem resposta real para o motivo pelo qual as pessoas preferem um dispositivo específico se todos os clientes do Twitter forem iguais.

Finalmente, vincular análise de interface, tecnocultura e cultura africana-americana (ou outras estruturas culturais críticas) exige uma abordagem materialista histórica. Para o Black Twitter, a CTDA empregou a observação de Du Bois (1940) de que a cultura negra está impregnada de aspirações à cidadania e à subjetividade estadunidenses - e os direitos e privilégios que delas advém - enquanto se conscientiza da posição da comunidade negra no nadir da cultura racial americana branca. Em termos materiais, isso pode ser visto com mais clareza na segregação histórica ambiental e econômica das comunidades negras e nas correspondentes taxas mais baixas de propriedade de casa, acesso à Internet (e telefone) e escolaridade (Straubhaar et al., 2012). Esses três fatores estão fortemente presentes na pesquisa sobre a divisão digital, que muitas vezes encontra os negros atrás dos

---

26 Em vez de exigir uma instalação de aplicativo separada. O HTC Sense OF, o TouchWiz da Samsung e o iOS da Apple oferecem integração com o Twitter.

27 Os sites citados pelo autor nesta nota não se encontram mais no ar, impossibilitando aqui a sua replicação. (N.T.)

brancos no acesso à Internet e na alfabetização digital. Hoffman e Novak (1998), no entanto, argumentaram que uma possível razão para diferenças no uso da Internet por negros e brancos poderia se basear na quantidade cada vez menor de conteúdo sendo publicado para e pelas fontes online negras de informação. Eles previram que, à medida que o conteúdo para os negros aumentasse, o número de negros online aumentaria; Afirmo que, graças ao conteúdo gerado por usuários da Web 2.0, às redes sociais e à adoção de dispositivos móveis de Internet, as previsões de Hoffman e Novak se realizaram.

Na mesma linha, a consolidação e desregulamentação da política e prática de telecomunicações aumentaram as mudanças no uso da Internet móvel por pessoas negras. Os regulamentos de entrega de dados ao consumidor e de obrigação de "serviço universal" pela Lei de Telecomunicações de 1986 falharam em estimular o desenvolvimento das telecomunicações em comunidades negras segregadas, deixando-os com dificuldade para se conectar à nascente World Wide Web. Enquanto isso, as empresas de cabo e as operadoras de celular forneceram a essas comunidades, meios alternativos de acesso à Internet. Ao examinar o acesso a telefones celulares, Smith (2010) descobriu que quase 60% dos africanos-americanos acessavam a Internet por meio de smartphones ou dispositivos móveis; de fato, para muitos deles, era a única conexão com a Internet, banda larga ou outra. Além disso, o Android é predominantemente a plataforma escolhida por causa de sua implantação em smartphones de última geração e telefone comum. Esses telefones surpreendentemente completos são acessíveis e disponíveis, especialmente em planos pré-pagos para smartphones, e são, portanto, um fator na adoção de smartphones por pessoas negras. A onipresença do Twitter entra em foco aqui: Mesmo nos telefones mais baixos,[28] o Twitter pode ser acessado de forma legível por SMS (ou "mensagens de texto"), cuja utilização explodiu na última década graças aos planos de mensagens de texto agrupados e "ilimitados" implantados pela prestadores de serviços de celular.

Em suma, a análise de interface da CTDA é o processo de abordagem da "velocidade, tamanho e caráter da tecnologia" (Christians, 2014) de uma perspectiva cultural crítica. Embora os usuários de TIC sejam frequentemente interpelados principalmente por meio de suas interações com interfaces renderizadas computacionalmente, a análise de interface do CTDA solicita que os pesquisadores também incluam os fatores materiais, econômicos, históricos e culturais que levam ao design e uso de um determinado artefato de TIC.

---

28 Por exemplo, telefones usando navegadores *Wireless Access Protocol* (somente texto) para acesso à Internet; também aqueles sem teclados alfanuméricos, recursos gráficos avançados, poder computacional ou conectividade com capacidade de banda larga.

Dados e sua coleta

A abordagem da CTDA à materialidade, discurso e ideologia oferece uma flexibilidade considerável para abordar objetos da Internet e de novas mídias. Existem três expectativas principais para qualquer análise CTDA:

1. Operacionalização de dados multimodais;
2. Métodos de pesquisa interpretativa multimodal;
3. Estrutura cultural crítica aplicada igualmente a todos os modos de dados.

A multimodalidade reflete a simultaneidade da Internet como infraestrutura, serviço, plataforma, aplicativo, objeto, assunto, ação e discurso. A CTDA opta por um estudo multimodal - em oposição a métodos mistos - da TIC como objeto ao lado da TIC como texto para capturar o que Silverstone chama de "dupla articulação" da tecnologia (Silverstone *et al.*, 1989). Isso afeta um reconhecimento simultâneo do status das TIC como artefato e meio, fundamentado na constituição recíproca ativa de "usuário" através do design e discurso da interface.

Para aqueles interessados em utilizar uma abordagem CTDA, estejam cientes: sua abordagem interpretativa e crítica é complexa, pesada e muitas vezes requer verbosidade. Nem a análise de interface nem a análise crítica do discurso podem ser feitas de maneira sucinta. A primeira exige análise interpretativa baseada em descrição profunda, enquanto a segunda requer extenso contexto sociocultural para validade e inteligibilidade. Livingstone (2007) admite isso ao revisitar seu trabalho com uma abordagem semelhante - a "dupla articulação" de Roger Silverstone - que exigia uma análise integrada das TIC como material enquanto incorporava uma análise da mesma TIC como texto "localizado no fluxo de um discurso sociocultural específico". Livingstone sustenta (e eu concordo) que essa integração do uso de TIC online e offline é surpreendentemente difícil; o objetivo é sustentar uma análise sutil do contexto doméstico de uso e da riqueza semiótica do mundo on-line em que as pessoas se envolvem. As análises da CTDA se esforçam para manter um equilíbrio entre o contexto de estudo e o texto - mas não é uma tarefa fácil.

Dados multimodais

A multimodalidade de dados é a práxis da conceituação de tecnologia da CTDA como uma troika de artefato, prática e crença. A CTDA é multimodal, até mais que métodos mistos, porque considera tanto as TICs quanto os discursos on-line como "textos" (Grint e Woolgar, 1997). Essa posição funciona particularmente bem para a pesquisa de artefatos online, como blogs e redes sociais, onde o artefato molda diretamente os discursos disponíveis. No entanto, a CTDA também demonstrou ser hábil na análise de TICs que não mediam diretamente o discurso online, como videogames e navegadores da web; isso só é possível devido à ênfase da CTDA na análise de interface.

Por exemplo, o estudo do Black Twitter operacionalizou o Twitter como um serviço (artefato), como interface e mecânica (prática) e como os discursos de seus usuários e observadores (crença). O Twitter como serviço foi examinado por meio de contextualização histórica e um breve olhar nos modos de produção do Twitter (por exemplo, protocolos da web e mobile), enquanto o Twitter como interface passou por uma análise da interface do usuário, examinando como o significado e a construção do "usuário" foram gerados por meio de símbolos e convenções de interface (ou "ideologia na prática"). Para o Twitter como discurso, analisei o conteúdo que os usuários do Black Twitter geraram a partir de uma estrutura de identidade linguística negra, bem como as respostas aos *tweets* de observadores internos (negros) e externos (brancos). A abordagem multimodal da CTDA garantiu que uma estrutura cultural crítica baseada na ideologia tecnocultural e racial unisse minha análise de discurso dos usuários do Twitter e a análise de interface da mediação do discurso do Twitter.

Análise da interface

A flexibilidade da CTDA é uma bênção e uma maldição para a coleta de dados. Como o CTDA se destina a estudar artefatos da Internet/novas mídias, o primeiro desafio do analista é delimitar o artefato. O método é uma maneira de delimitar; optar por estudar o Twitter em termos de "interações por segundo" revelará um Twitter diferente do que um estudo que examina campanhas de justiça social com hashtag. A decisão da CTDA de classificar o artefato de TIC como "texto" é redutiva, mas apenas marginalmente. Essa abordagem textual mantém o argumento de Hutchby (2001) para *affordances* como fatores de habilitação e restrição, considerando também que as referidas *affordances* não derivam necessariamente das características "naturais" do material do artefato, mas também podem ser projetadas dentro do artefato (p. 449). A redução vem à tona ao reconhecer preventivamente influências culturais, oferecendo possibilidades de interpretação. Ao fazer isso, o analista descompacta os contextos culturais, ideológicos e históricos específicos (e não gerais, "humanos") que moldam o design e o uso, enquanto a livra da exegese formal de toda a complexidade técnica de uma TIC. O analista deve então se concentrar em recursos específicos do artefato de TIC, aprofundando sua interpretação, execução e representação com base em sua estrutura conceitual.

A análise da CTDA do Black Twitter considerou o protocolo e a interface do Twitter como parte do "discurso" do Twitter, um movimento distinto da definição do Twitter simplesmente como seus recursos lexicais e sociais. Isolar o Twitter em uma interface, no entanto, é quase impossível, considerando suas múltiplas encarnações em várias plataformas e centenas de aplicativos. Ao descompactar a multiplicidade do Twitter, o estudo descobriu que o Twitter - a interface é quase tão singular quanto o usuário, mesmo antes de examinar a personalização permitida ao criar um perfil. Uma segunda descoberta foi a redefinição do protocolo SMS pelo Twitter, que se tornou um meio de comunicação altamente popular nos escassos 10 anos desde a sua introdução. Embora o SMS seja padronizado[29] e breve, sua funcionalidade no conjunto comunicativo de telefonia móvel decorrente de sua profunda integração com a lista de contatos do telefone aumenta as qualidades emotivas e performativas do SMS. As tendências crescentes de adoção de smartphones na comunidade negra, correlacionadas com o crescimento exponencial dos serviços de mensagens, levaram a análise da CTDA a argumentar pela decisão do Twitter de adotar o protocolo SMS como um fator seminal na ascensão do Black Twitter. Graças à disponibilidade do Twitter em um dispositivo comunitário ativado pela Internet, juntamente com a barreira reduzida de adoção, graças à familiaridade com um modo ritual preexistente de comunicação orientada à comunidade, mediada por computador, a análise da CTDA utilizou raciocínio indutivo para argumentar que os negros eram capazes de adaptar a brevidade, a efemeridade e a performatividade do Twitter para significar o discurso.

Análise crítica do discurso

> A análise textual crítica oferece interpretações de como um texto pode se tornar polissêmico e eficaz quando colocado no domínio público do ciberespaço (Mitra and Cohen, 1999).

A análise crítica do discurso da CTDA é mais fácil de operacionalizar, mas a simples proliferação de texto on-line em qualquer blog é suficiente para dar a qualquer analista experiente uma pausa. Embora as abordagens de Big Data sugiram que explorações algorítmicas de grandes corporações são a melhor maneira de aprender sobre padrões socioculturais do discurso, a CTDA segue a tradição da análise crítica do discurso, isolando e examinando os discursos on-line tópicos e/ou baseados em sites. Onde a CTDA difere da análise crítica tradicional do discurso está em sua adesão à exortação de Herring (2004) de que qualquer análise da comunicação mediada por computador deve contextualizar a mediação do referido discurso pela tecnologia envolvente. Por exemplo, um blog WordPress mediará o discurso de maneira diferente dos comentários do YouTube ou das notas

29 Em vários protocolos sem fio.

do Tumblr[30] e, como tal, deve ser observado na análise. Uma análise do discurso da CTDA, portanto, é fundamental não apenas para o conteúdo que as pessoas implantam à medida que usam as TICs para se constituírem, mas também para as maneiras pelas quais o meio as "sauda" como sendo "usuários".

Usando a análise do discurso online do Black Twitter como exemplo, havia duas questões prementes a serem abordadas. Primeiro, como o Twitter serve como mediador do discurso? Segundo, como os referentes culturais e estratégias discursivas moldam o uso do Twitter? A análise da interface realizada no Twitter no início do processo forneceu algumas pistas sobre as propriedades discursivas do Twitter. A análise da CTDA descobriu que o Twitter media o discurso através de brevidade, ritual, performatividade e efemeridade, enquanto a proximidade social[31] e os referentes culturais serviam como pontos de referência semânticos, incentivando a forma e a coerência da conversa. Enquanto isso, o arcabouço teórico da CTDA justificava o argumento de que as convenções de discurso nos *tweets* e hashtags do Black Twitter se baseavam na prática discursiva africana-americana designificação.[32] Em conjunto, a análise da CTDA argumentou que o Black Twitter poderia ser entendido como uma prática de construção de significados - uma articulação discursiva da identidade negra mapeada e mediada pelas qualidades computacionais, de rede e semânticas do Twitter.

Conclusão

A CTDA fornece uma análise holística das interações entre tecnologia, ideologia cultural e prática tecnológica. Enquanto minha pesquisa futura analisa como e por que a negritude é uma identidade on-line "normal", outros pesquisadores infundiram com sucesso na CTDA com o feminismo crítico, interseccional, com a raça e trabalho e outras estruturas conceituais para examinar avatares, blogs, podcasts, Twitter e jogos. Ainda assim, a CTDA não é necessariamente a maneira mais fácil de abordar a pesquisa na Internet, dada que sua ênfase na avaliação da complexa interação entre tecnologia, prática tecnológica e crenças sobre como a tecnologia nos molda é um empreendimento complexo. A CTDA foi inicialmente concebida como um contraponto às críticas racionalistas e funcionalistas da tecnologia da informação em minha área de atuação na IS/ciência da informação. Ela mantém a orientação empírica da IS, mas evita o formalismo para aplicar uma

30 Também existe diversidade nos serviços de blogs - o Wordpress difere do Drupal, que difere do Blogger.

31 Seguidor e seguidos; também grupos do Twitter e o uso da lista de contatos do telefone para incentivar o compartilhamento social entre afiliados.

32 Para uma abordagem mais específica sobre as práticas de significação, *ver Tweets, Tweeps, and Signifyin': Communication and Cultural Performance on "Black Twitter"* (Sarah Florini, Communication and Cultural Performance on "Black Twitter." Television & New Media, 15(3), 223–237). (N.T.)

análise interpretativa às TICs e aos que as utilizam. A orientação da CTDA à tecnologia baseia-se na formulação de comunicação de Carey como ritual e na subsequente transmissão de crenças, em oposição a informações "racionais, objetivas". Os analistas da CTDA devem conceituar as TIC como um processo comunicativo, descompactando o que um artefato de TIC específico é baseado no que ele foi projetado para "fazer" e criticamente, como os usuários se articulam no artefato.

Comecei este artigo discutindo minhas influências disciplinares da IS e estudos da informação, levando à ênfase da CTDA em abordagens empíricas e interpretativas de artefatos computacionais e digitais. Acredito que a ênfase da CTDA na materialidade da semiose virtual também pode ser valiosa para acadêmicos digitais de outras disciplinas, como novas mídias, estudos sobre gênero e mulheres, estudos sobre cinema e televisão, sociologia, antropologia e ciência da informação. Embora os exemplos de CTDA neste artigo sejam artefatos e discursos habilitados para Internet, a técnica é flexível o suficiente para examinar qualquer artefato ou demanda digital.

Por exemplo, tecnicamente, qualquer aplicativo com acesso à Internet está "ligado" na Internet. Em um trabalho anterior, descrevi o navegador da web como um sinônimo para a própria Internet, pois muitas pessoas "acessam" a Internet iniciando seu navegador, que abre para uma "página inicial" padrão. A definição, então, de "Internet", pode ser entendida como "conteúdo enquadrado pelo navegador da Web". É um testemunho da ascensão do navegador da Web à infraestrutura de comunicação de que o navegador é tornado invisível como o quadro de acesso ao conteúdo da Internet - pelo menos até que a conexão não seja carregada devidamente. Esse foi o caso do navegador *Blackbird*, que foi projetado para fornecer conteúdo direcionado aos usuários africanos-americanos da Internet. Os usuários negros não apreciavam a "mecanização" da cultura negra do navegador, embora compreendessem cautelosamente serem segregados da Internet em geral. Usuários não-negros ridicularizaram o navegador; O *Blackbird* foi criticado não apenas por seu design relativamente pouco sofisticado, mas também porque identificou o conteúdo da web como "cultural" (Brock, 2011). Esta última descoberta ilustra o poder da branquitude de não ser marcada como "cultura", um aspecto da tecnocultura branca que estrutura as representações da Internet. É este momento preciso - em que os usuários se interpelam por meio de suas interações com as tecnologias digitais - que a CTDA foi projetada para examinar.

Embora seja possível conceber uma pessoa usando uma TIC isoladamente, a CTDA argumenta que mesmo um ato solo de envolvimento com as TICs é, por si só, uma construção discursiva do eu em diálogo com um "outro". Isso se baseia em Couch (1995) argumento: "a menor unidade de análise para estudantes de tecnologias da informação são duas partes usando uma tecnologia da informação"

(p. 233). Embora essa perspectiva possa parecer exaltar os estágios de design da tecnologia, insisto que as ideologias do design sejam "escritas" em tecnologias para a legibilidade dos usuários. Assim, usuários solitários de TICs estão respondendo a mediações externas do eu apresentadas pelo design de TICs e uma interface destinada a modelar retoricamente as ações do usuário enquanto navega influências culturais e sociais offline na identidade e no eu.

Validação e replicação

A CTDA deve ser reflexiva; isto é, como escreve Woolgar (1991), "as leituras do texto tecnológico são realizadas tanto pelos sujeitos tecnólogos *quanto pelo analista* [ênfase do original] no curso dos argumentos sociológicos" (p. 39). Embora as análises textuais de artefatos tecnológicos complexos devam ser redutivas, a reflexividade necessária para situar as TICs no contexto histórico, material e ideológico exige exposição e análise quase narrativas. Como resultado, empiristas e estudiosos quantitativos podem se preocupar se os estudos da CTDA podem ser replicados por outros pesquisadores usando os mesmos dados. Em resposta, afirmo que a CTDA é formulada com precisão para expor que validade e replicabilidade são falsos construtos do positivismo, que cada pesquisador traz suas perspectivas disciplinares, culturais e sociais para a pesquisa que realiza. Se o próximo pesquisador empregar uma CTDA nos mesmos dados, usando o mesmo referencial teórico, seus resultados diferirão devido à sua posição em relação ao referencial e aos dados. Especulei tanto na conclusão de minha pesquisa no Black Twitter que era minha esperança reexaminar os dados para descompactar como o design e o uso do Twitter por pessoas brancas evocam os referentes culturais brancos e seus discursos tecnoculturais.

Essa especulação leva a uma das minhas preocupações finais. Como estudioso crítico de raça, em um momento de crescente agitação racial e racismo explícito, muitas vezes me preocupo com a *praxis* de minha pesquisa. Ou seja, tendo realizado o trabalho crítico, como minha pesquisa influencia a pesquisa sobre o uso social e das novas mídias? Voltando à premissa de problemática conceitual, defendo que a CTDA não pretende resolver desigualdades estruturais, desigualdades ou preconceitos inerentes à tecnologia da informação, mas descentrar discursos normativos sobre os três e sua influência nas TICs. Este é um trabalho valioso, já que as atitudes tecnoculturais em relação às TICs trabalham muito para ocultar os custos incorridos pela adoção de soluções tecnológicas para problemas sociais. A existência da CTDA surgiu devido à minha necessidade de examinar como a raça se envolveu com a tecnologia da informação; sua aceitação por jovens estudiosos mostra que tem promessas para feministas, queer, deficientes e outros acadêmicos críticos. Eventualmente, a CTDA encontrará lugar entre os estudiosos interessados em analisar como a heterossexualidade masculina branca modula e até superdetermina o uso e o design das TICs. Mal posso esperar.

Referências

ALTHUSSER, L. **Ideology and ideological state apparatuses** (Notes towards an investigation). In: _______. Lenin and philosophy and other essays, 1971. Disponível em: http://www.marxists.org/reference/ archive/althusser/1970/ideology.htm

boyd, danah; GOLDER, Scott; LOTAN, Gilad. Tweet, tweet, retweet: Conversational aspects of retweeting on twitter. In: **2010 43rd Hawaii International Conference on System Sciences**. IEEE, 2010. p. 1-10.

BROCK, André. Beyond the pale: The *Blackbird* web browser's critical reception. **New Media & Society**, v. 13, n. 7, p. 1085-1103, 2011.

BROCK, André. From the blackhand side: Twitter as a cultural conversation. **Journal of Broadcasting & Electronic Media**, v. 56, n. 4, p. 529-549, 2012.

CHRISTIANS, Clifford G. Cultural continuity as an ethical imperative. **Qualitative Inquiry**, v. 13, n. 3, p. 437-444, 2007.

CHRISTIANS, Clifford G. The philosophy of technology and communication systems. In: Fortner RS and Fackler PM (eds). **The Handbook of Media and Mass Communication Theory.** Hoboken, NJ: John Wiley & Sons, Inc, 2014.

COUCH, Carl J. Oh, what webs those phantoms spin. **Symbolic Interaction**, v. 18, n. 3, p. 229-245, 1995.

DAY, Ronald E. Kling and the "critical": Social informatics and critical informatics. **Journal of the American Society for Information Science and Technology**, v. 58, n. 4, p. 575-582, 2007.

DECEMBER, John. Units of analysis for Internet communication. **Journal of Computer-Mediated Communication**, v. 1, n. 4, p. JCMC143, 1996.

DE SAUSSURE, Ferdinand. **Course in general linguistics**. London: Fontana, 1974 [1916].

DINERSTEIN, Joel. Technology and its discontents: On the verge of the posthuman. **American Quarterly**, v. 58, n. 3, p. 569-595, 2006.

DU BOIS, W.E.B. **The Souls of Black Folk**. Atlanta: AC McClurg and Co, 1903.

DU BOIS, W.E.B. **Dusk of Dawn**: An Essay toward an Autobiography of a Race Concept. New York: Harcourt Brace, 1940.

DYER, R. **White**. London: Routledge, 1997.

FREELON, Deen G. Analyzing online political discussion using three models of democratic communication. **New media & society**, v. 12, n. 7, p. 1172-1190, 2010.

GATES JR, Henry Louis. **The signifying monkey: A theory of African American literary criticism**. Londres: Oxford University Press, 1988.

GRINT, Keith; WOOLGAR, Steve. **The machine at work: Technology, work and organization**. Cambridge: Polity Press, 1997.

HERRING, S. **Computer-mediated discourse analysis**: an approach to researching online communities. In Barab, SA, Kling, R. & Gray, JH (Eds.) Designing for virtual communties in the service of learning. 2004. Available at: http://ella.slis.indiana.edu/~herring/cmda.pdf

HOFFMAN, Donna L.; NOVAK, Thomas P. **Bridging the Digital Divide**: The Impact of Race on Computer Access and Internet Use. 1998. Disponível em: http://eric.ed.gov/?id=ED421563

HUTCHBY, Ian. Technologies, texts and affordances. **Sociology**, v. 35, n. 2, p. 441-456, 2001.

KELLNER, Douglas. Cultural studies, multiculturalism, and media culture. In: DINES, G; HUMEZ, J.M. (eds) **Gender, race, and class in media: A critical reader**, Thousand Oaks, CA: SAGE,1995, p. 7-18, 1995.

KLING, R. What is Social Informatics and Why Does it Matter?. **D-Lib Magazine**, v. 5, n. 1, p. 1082-9873, 1999. Disponível em: http://www.dlib.org/dlib/january99/kling/01kling.html

LANIER, Jaron. **You are not a gadget: A manifesto**. Vintage, 2010.

LIVINGSTONE, Sonia. On the material and the symbolic: Silverstone's double articulation of research traditions in new media studies. **New media & society**, v. 9, n. 1,p. 16-24; 2007.

LOFLAND J. Interactional imagery and analytic interruptus. In: SHIBUTANI, T. (ed.). Human Nature and Collective Behavior. Englewood Cliffs, NJ: Prentice Hall, pp. 35–45, 1970.

MEAD, George Herbert. **Mind, self and society**: from the standpoint of, a social behaviorist. In: Morris CW (ed.) Works of George Herbert Mead, vol. 1.. Chicago, IL: University of Chicago Press, 1934.

MITRA, Ananda; COHEN, Elisia. Analyzing the web. In: Jones S (ed.)**Doing Internet research: Critical issues and methods for examining the Net**, New York: SAGE, pp. 179–202, 1999.

OMI, Michael; WINANT, Howard. **Racial formation in the United States**: From the 1960s to the 1990s. New York: Routledge, 1994.

ORLIKOWSKI, Wanda J.; IACONO, C. Suzanne. Research commentary: Desperately seeking the "IT" in IT research—A call to theorizing the IT artifact. **Information systems research**, v. 12, n. 2, p. 121-134, 2001.

PACEY, A. The Culture of Technology. Boston, MA: The MIT Press, 1983.

Registration Statement (2013) S-1 filing. Investor.twitter.com. Disponível em: https://investor.twitterinc.com/secfiling.cfm?filingID=1193125-13-390321&CIK=1418091

RHEINGOLD, Howard. **Smart mobs: The next social revolution**. New York: Basic books, 2007.

SELWYN, Neil. Reconsidering political and popular understandings of the digital divide. **New media & society**, v. 6, n. 3, p. 341-362, 2004.

SILVERSTONE R.; MORLEY, D.; DAHLBERG A. *et al.* **Families, technologies and consumption**: the household and information and communication technologies. In: ESRC program on information and communication technologies conference, 1989. Disponível em: http://eprints.lse.ac.uk/46657/

SMITHERMAN, Geneva. **Talkin and testifyin**: The language of Black America. Detroit: Wayne State University Press, 1977.

SMITH, Aaron. Americans and their gadgets. **Pew Internet Research**, 2010. Disponível em: https://www.pewresearch.org/internet/2010/10/14/americans-and-their-gadgets/

STRAUBHAAR, J.; SPENCE, J.; TUFEKCI, Z. et al (eds). **Inequity in the Technopolis**: Race, Class, Gender, and the Digital Divide in Austin. Austin, TX: University of Texas Press, 2012.

SWEENEY, Miriam. **Not just a pretty (inter) face: A critical analysis of Microsoft's' Ms. Dewey'**. Tese de Doutorado. University of Illinois at Urbana-Champaign, Urbana, IL, 2014.

TURKLE S. **Alone Together**: Why We Expect More from Technology and Less from Each Other. New York: Basic Books, 2011.

Twitter Clients (2010) Twitstat. In: http://twitstat.com. Acessado em http://twitstat.com/twitterclientusers.html em 22 ago 2010

WALCOTT, Ronald. Ellison, Gordone, and Tolson: Some Notes on the Blues, Style, and Space. **Negro Digest**, 4–29, 1972.

WEBSTER, F. **Theories of the Information Society**. 3rd ed. London: Routledge, 2006.

WODAK, Ruth. The discourse-historical approach. In: WODAK, R.; MEYER, M. (orgs.) **Methods of critical discourse analysis**, New York: SAGE,, p. 63-94, 2001.

WOOLGAR, Steve. The turn to technology in social studies of science. **Science, Technology, & Human Values**, v. 16, n. 1, p. 20-50, 1991.

CAPÍTULO 5

Larisse Louise Pontes Gomes

Iniciou sua trajetória no Nordeste do país, em Maceió/Alagoas, onde nasceu. Tornou-se Cientista Social e especialista em Antropologia pela Universidade Federal de Alagoas. Mestra em Antropologia Social pela Universidade Federal de Santa Catarina, atualmente é doutoranda pela mesma instituição e desenvolve pesquisa sobre marcadores sociais da diferença a partir das mídias sociais digitais. Atuou na educação básica e no ensino superior. Seus temas de interesse são: Relações étnico-raciais; Cultura Digital; Dinâmicas urbanas; e Políticas Afirmativas. E-mail: **larisse.louise@gmail.com**

ESTÉTICAS EM TRANSFORMAÇÃO: A EXPERIÊNCIA DE MULHERES NEGRAS NA TRANSIÇÃO CAPILAR EM GRUPOS VIRTUAIS

Larisse Louise Pontes Gomes

Quando nos posicionamos em frente a um espelho ou qualquer superfície que reflete nossa imagem, nossa reação mais imediata não é de tecer grandes reflexões sobre o que vemos, mas geralmente a tendência é querer parecer/se sentir "bem". Esse "estar bem" pode evocar múltiplos sentidos a depender do sujeito em questão. Estar bem para si, estar bem para a rua, para o trabalho, para escola, para o cotidiano. Esse singelo gesto, posteriormente, desencadeia uma série de questões e reflexões - como eu me vejo? como eu me identifico? Como me veem? Como está o meu corpo? O nosso corpo trata de tecer uma linguagem própria que comunica e dialoga com o mundo.

Os modos de se vestir, andar, se maquiar e arrumar o cabelo compõem a aparência física de muitas pessoas e estão condicionados conforme o lugar, a cultura e a ocasião. Tais modos são igualmente moldados pelos meios de comunicação. O conjunto dessa composição se constitui no jogo entre aquilo que se busca comunicar e aquilo que é interpretado dos mais distintos jeitos, sendo caracterizado positiva ou negativamente. Conforme já anunciado por Mauss (2003) em seu texto clássico "As Técnicas do Corpo", estas são as maneiras através das quais as pessoas buscam "servir-se do seu corpo[33]".

Com o advento da internet e das mídias sociais digitais, quais transformações têm originado e proporcionado mudanças no nosso olhar sobre nós mesmos? Por meio de uma etnografia do fenômeno da transição capilar busquei compreender como o racismo se manifesta associado a uma dinâmica estética no qual destaco as mulheres negras. Nesse artigo demonstro as transformações estéticas dos quais historicamente sofremos e como as mídias sociais digitais têm auxiliado para uma mudança que têm transformado a autoestima da população negra.

---

33 MAUSS, p. 401

Big Chops e Black Powers

Entre 2012 e 2013 por meio de buscas on-line para abandonar a utilização de produtos alisantes para cabelo encontrei grupos e blogs centrados no processo chamado Transição Capilar. O Facebook foi a principal rede social onde acessei tais grupos. Neles, as pessoas compartilhavam relatos e fotos sobre seus cabelos e como conseguiram se livrar de procedimentos químicos alisantes. Essa descoberta auxiliou na retomada do meu cabelo natural[34] crespo e me inseriu no que viria a ser uma pesquisa sobre estética, raça e mulheres negras em um movimento articulado essencialmente pelas redes sociais virtuais.

Antes das redes sociais e da própria internet, muitos dos modelos estéticos e de comportamento eram provenientes da televisão e por isso, para muitas crianças da minha geração, esse meio de comunicação se tornava o mais influente em nossas vidas. Programas infantis dos anos 80 como o da apresentadora loira Xuxa e suas paquitas eram sucesso de audiência e faziam parte da minha rotina entre outras referências com estética semelhante. Ao assistir tal programação, brincava de imitar as ajudantes de palco, como eu não tinha cabelo liso, improvisava colocando vestidos na cabeça e fingia balançá-los pela casa. Na escola, sempre usei penteados nos quais os fios ficassem presos, a exemplo do famoso "rabo de cavalo".

A partir dessas lembranças, penso que a relação com meus cabelos me causava desconforto perante colegas da mesma idade, sobretudo na escola. Eu não gostava de encarar o espelho na presença de outras colegas, o reflexo parecia desencarnado de mim. O ambiente escolar é um ambiente hostil para muitas crianças negras e seus corpos, o que pode ser demonstrado na pesquisa de Gomes (2002) e pela recorrente menção desse espaço no discurso de muitas interlocutoras. Algumas dessas experiências traumáticas eram relatadas nos grupos virtuais como desabafo. A exemplo do relato de uma mãe sobre o que sua filha estava vivendo na escola e no condomínio onde moravam:

---

34 Categoria utilizada pelas interlocutoras, principalmente. Se remete a um cabelo sem química que molda a estrutura do fio, ou seja, sem alisantes ou semelhantes.

Imagem1: Postagem em grupo virtual no Facebook

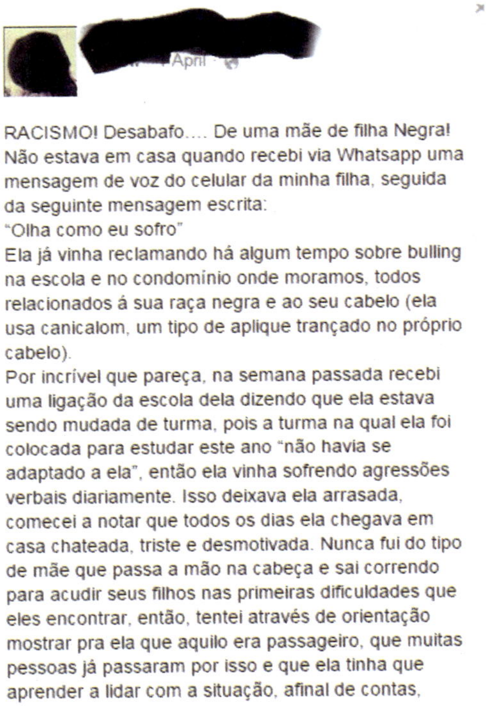

RACISMO! Desabafo.... De uma mãe de filha Negra!
Não estava em casa quando recebi via Whatsapp uma mensagem de voz do celular da minha filha, seguida da seguinte mensagem escrita:
"Olha como eu sofro"
Ela já vinha reclamando há algum tempo sobre bulling na escola e no condomínio onde moramos, todos relacionados á sua raça negra e ao seu cabelo (ela usa canicalom, um tipo de aplique trançado no próprio cabelo).
Por incrível que pareça, na semana passada recebi uma ligação da escola dela dizendo que ela estava sendo mudada de turma, pois a turma na qual ela foi colocada para estudar este ano "não havia se adaptado a ela", então ela vinha sofrendo agressões verbais diariamente. Isso deixava ela arrasada, comecei a notar que todos os dias ela chegava em casa chateada, triste e desmotivada. Nunca fui do tipo de mãe que passa a mão na cabeça e sai correndo para acudir seus filhos nas primeiras dificuldades que eles encontrar, então, tentei através de orientação mostrar pra ela que aquilo era passageiro, que muitas pessoas já passaram por isso e que ela tinha que aprender a lidar com a situação, afinal de contas,

Fonte: Pesquisa própria, grupo anonimizado do Facebook.

Como essa postagem, há muitos outras. O ambiente escolar se revela como um ambiente hostil, racista e ainda distante do caminho apontado por Gomes no qual a educação deveria ter como parâmetro medidas que buscassem uma integração das experiências escolares e não-escolares para ampliar a possibilidade de apreensão da dimensão simbólica das relações raciais. Por isso, o corpo negro nasce como território máximo de mediação de conflitos e possibilidade de avanços pois por meio dele essa integração acontece.

Na infância isso é manifestado muitas vezes por traumas que fazem com que a criança negra busque ter outra imagem. Para isso, começa a fazer transformações que não evidenciem sua negritude para se adaptar ao ambiente da escola e evitar exclusão por parte dos/das colegas. E é nessa fase que muitas mulheres relatam terem tido a primeira experiência com alisamentos de cabelo.

Foi na infância que também iniciei a rotina de alisar os meus cabelos e durante muito tempo os "cuidados" com eles se reduziam a esse procedimento. A troca de químicas era constante a fim de conseguir eliminar a textura natural (crespa) dele.

Mas conforme eu crescia, o ritual de ir ao salão a cada três meses para realizar o alisamento não me satisfazia mais. Estava cansada daquele procedimento que durava horas, e muitas vezes, causava machucados. Queria parar com aquele ritual trimestral, mas não sabia se era possível e nem por onde começar.

Não satisfeita continuei pesquisando formas de abandonar os alisantes de cabelo de um jeito que não me causasse receio. Na internet, na primeira década dos anos 2000, nenhuma busca me trazia algum resultado que pudesse me ajudar, e eu ainda não queria cortar o meu cabelo como uma cabelereira tinha sugerido para retirar a química, tinha medo. Assim, em vez de alisar a cada três meses, me esforçava para ficar o maior tempo possível para deixá-los crescer. Mas as recaídas aconteciam e eu voltava a alisar tudo outra vez.

O encontro com milhares de mulheres através dos grupos virtuais me deu força para não desistir depois de tantos anos. A busca comum por um cabelo livre de produtos alisantes e o desafio de conhecer os próprios cabelos em sua forma natural eram desejos compartilhados por muitas, experiências compartilhadas e celebradas depois de um longo processo onde envolveu autoconhecimento, preconceitos, racismo, autoestima, afeto e descobertas sobre histórias individuais que se tornavam coletivas a partir do momento que eram postadas e reconhecidas como familiares pelas membras dos grupos virtuais.

Após encontrar os grupos virtuais sobre cabelos, me deparei com uma enxurrada de postagens com muitas informações sobre os processos para abandono de químicas. Comentários como: "Consegui passar pela T.C", "Não desistam da T.C", "O B.C é a parte mais difícil" eram muito comuns. Entendi que a T.C era a sigla para Transição Capilar "...um processo assim denominado por pessoas que decidem parar de fazer determinados procedimentos químicos, tais como: relaxamentos, alisamentos e/ou escovas "inteligentes" com o objetivo de modificar o formato do fio de seu cabelo." (Gomes, 2014, p. 2-3), ou seja, era síntese de todas as mudanças necessárias para o abandono da química fosse alcançado.

Imagem 2: Postagem em grupo virtual no Facebook

Fonte: Keturah Ariel [35], obra amplamente compartilhada nos grupos do tema estudado.

Identifico três etapas da Transição: 1) a tomada de decisão – que é o momento de consciência sobre seu corpo e seu cabelo, levando a pessoa a decidir pelo abandono de práticas alisantes; 2) O *Big Chop* (B.C) – o "grande corte" para retirada do cabelo alisado; 3) O renascimento– após o corte, há o cultivo e descoberta de novas práticas de cuidado sobre seu cabelo. São novas aprendizagens sobre seu cabelo e a reconstrução de uma autoestima que vai ao encontro de um processo de identificação racial. O cabelo curto vai dando lugar a um *black power* ouriçado, e o que antes era motivo de preocupação, o volume, passou a ser superestimado por muitas.

Estéticas em transformação

O súbito e veloz crescimento de grupos virtuais foi algo surpreendente. Fiquei extasiada em ver tantas mulheres, que assim como eu, estavam recusando-se a continuar o uso de alisantes para modificar seus fios. Eu não estava sozinha.

Relatos e receitas de hidratação se misturavam com fotos pessoais das usuárias que pertenciam aos grupos. Vídeos ensinando fitagem e "dedoliss" (técnica que modela os cabelos com o dedo) eram compartilhados como se fossem bálsamos para quem ainda estava em transição e temia não conseguir concluir o processo

35 Site da Ilustradora: http://keturahariel.com/

devido os desafios da dupla textura presente no cabelo – a parte alisada e a parte crespa - e conflitos que enfrentavam em casa com suas famílias, em seus relacionamentos afetivos, no trabalho e até na igreja. Eu devorava tudo aquilo tentando entender aquele universo orientado por mulheres em sua maioria e seus cabelos para conseguir abandonar de vez os alisantes.

Mas além dos cuidados trocados havia inúmeros relatos de mulheres que após o *Big Chop* sofriam o que elas chamavam de "assédio capilar". Contavam como estranhos se aproximavam e tocavam em seus cabelos, alguns sem mesmo pedir ou perguntar, e o quanto aquilo as incomodavam. "Assédio capilar… quem sofre???" era um tópico de discussão recorrente como mostro na imagem abaixo.

Imagem 3: Postagem em grupo virtual no Facebook

Fonte: Keturah Ariel, obra amplamente compartilhada nos grupos do tema estudado.

A partir desses relatos e principalmente dessa queixa muitas questões emergiam: Quem está autorizado a tocar o corpo negro? Por quê se sentem permitidos a tocar a nossa pele, o nosso cabelo? E apesar de ler diversas histórias sobre experiências invasivas de pessoas que eram tocadas por desconhecidos, inicialmente, eu via isso meio desacreditada, achando que havia um pouco de exagero. Até que eu passei pela mesma situação. Eu já tinha feito o *Big Chop*. Ainda me sentia estranha, insegura e tinha a sensação (que em muitos casos não eram só impressão) de ser olhada por todos e todas. É uma fase complicada no começo pois é quando se deparam com o tamanho do cabelo diferente do que é considerado convencionalmente feminino, quero dizer, curto. Muitas nunca tinham usado o cabelo curto antes - as mais "corajosas"[36] raspavam.

Voltando para a minha situação, foi na universidade que alguém me parou e começou a elogiar o meu cabelo, e em um movimento brusco disse: "Posso tocar no seu cabelo?" Não sei o que foi mais estranho, alguém fazer essa pergunta ou essa pessoa tocando no meu cabelo como se fosse algo de outro mundo. Sim, apesar do susto e constrangimento, eu permiti. Refletindo sobre o ocorrido e como me senti, me lembrei da Vênus Hotentote e sua saga de exposição envolta pelo exotismo que ao mesmo tempo que a reconhece como diferente, a inferioriza, ou pelo menos a coloca em um lugar indefinido. O sentimento de "sou um ser exótico" não foi muito palatável.

Com a imagem da Vênus Negra quero evidenciar os aspectos que se apresentam em toda pesquisa de forma constante: o corpo negro, o estranhamento e a mulher negra. Sarah Baartman, a Vênus Noire, nasceu em uma região que hoje pertence a África do Sul - foi exposta como atração em circos, feiras e posteriormente em museus na França do século XIX.

Durante todo o século XIX, assistiu-se à exibição de africanos em feiras, teatros, circos e exposições. Ao lado de animais, ao mesmo tempo em que se expunham para deleite dos europeus, foram observados estudados como elementos capazes de confirmar teorias médicas eugenistas, que versavam acerca da superioridade da raça branca. (Braga, 2015, p.41)

Imagem 4: Desenho duplo de 1824 - Vênus Noire - Sara Baartman

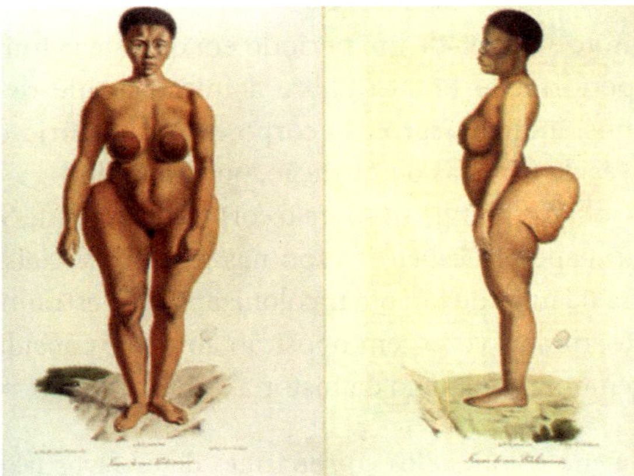

Fonte: Sara Bartman como ilustrada pela publicação *Illustrations de Histoire naturelle des mammifères.*

36 Forma pela qual, nos grupos virtuais, algumas pessoas costumavam se referir aquelas que raspavam totalmente a cabeça.

O cerne que envolve a polêmica do caso de Sarah Baartman é a diferença simbolizada por atributos físicos distintos do padrão europeu, principalmente sobre a sua sexualidade. Mas também, como apontou Braga (2015), a figura de *Vênus* de maneira geral, ao longo da história é a representação do feminino, do belo e do corpo, ou seja, havia um deslocamento do que se denominava belo na época[37].

O corpo de Sarah era considerado diferente por apresentar nádegas desproporcionais[38] e uma pele excessiva nos pequenos lábios, além de ser africana. Tais aspectos a garantiam como atração exótica, quase animalesca. Sarah, como tantas mulheres negras em diáspora, carregava no corpo as marcas características de um pertencimento étnico e racial. Como tantas mulheres negras, Sarah foi colocada no lugar do "exótico", que é um entre lugar - não é feio, não é belo, é diferente.

> ...não há como deixar de considerar que somos transformados/as em parques humanos pelo olhar do visitante, o que leva a perguntar como se estruturou, na longa duração, esse olhar europeu sobre a alteridade, tanto quanto pelas condições em que emergem os zoológicos humanos. Nesses espaços, em que mulheres e homens substituem os animais, a fantasia e o desejo coloniais transformam o outro em corpo exótico, expressão da irracionalidade e da sensualidade excessiva, predomínio absoluto do instinto sobre a razão, logo, incapacidade de autogoverno. Em especial, é a figura feminina que se torna o principal repositório dos preconceitos sexuais e das estigmatizações construídas cientificamente desde as teorias da degenerescência, que floresceram na Europa do século XIX (Rago, 2008).

A Vênus Hotentote é vítima de um período em que havia um esforço científico para provar a superioridade branca sobre a inferioridade de todos que eram diferentes - africanos, índios, negros. O corpo era o território onde isso poderia ser verificado através de técnicas de medição, por exemplo.

A exotização do olhar estrangeiro sobre o corpo e história de Sara Baartman nos serve para pensar o papel do cabelo crespo nas relações sociais. O cabelo crespo também se encontra na mira de um olhar colonizante que estranha, exotiza e rejeita a diferença. É posto, muitas vezes, em oposição ao que é considerado belo de um ponto de vista hegemônico ao longo da história. Na escravidão, por exemplo,

> (...) a primeira coisa que os comerciantes de escravos faziam com sua carga humana era raspar a cabeça, se isso já não tivesse sido feito pelos seus captores. Era uma tremenda humilhação para um africano ser capturado por um membro de outra etnia ou por um mercador de escravos e ter seu cabelo e sua

37 BRAGA, 2015, p. 39.

38 Na realidade isso se devia a esteatopigia, uma disfunção que acumulava gordura nas nádegas.

> barba raspados, dando-lhe a aparência de um prisioneiro de guerra. (...) quanto mais elementos simbólicos fossem retirados, capazes de abalar a autoestima dos cativos, mais os colonizadores criavam condições propícias para alcançar com sucesso a sua empreitada (Gomes, 2008, p. 316).

Se centrarmos nossa análise na articulação das categorias cabelo crespo e racismo no século XX, perceberemos que desde os anos 60 e 70, movimentos como "*Black is beautiful*", expresso pela palavra de ordem *Black Power* - dita por Stokeley Carmichael enquanto líder estudantil e que depois tornou-se primeiro-ministro do partido Panteras Negras - incitava os negros estadunidenses a celebrar o cabelo enquanto ato político, sendo popularizado com o codinome de penteado crespo; Na mesma década, no Brasil, temos outro movimento, o Black Rio; Agora no século XXI temos o fenômeno da transição capilar em expansão global.

> Desde o surgimento da civilização africana, o estilo do cabelo tem sido usado para indicar o estado civil, a origem geográfica, a idade, a religião, a identidade étnica, a riqueza e a posição social das pessoas. Em algumas culturas, o sobrenome de uma pessoa podia ser descoberto simplesmente pelo exame do cabelo, uma vez que cada clã tinha o seu próprio e único estilo (Gomes, 2008, p. 309).

Ao longo da história, aparatos, técnicas e outros recursos foram criados e adaptados para serem usados em nossos cabelos. A imagem abaixo que contêm algumas das "tecnologias[39]" utilizadas, circulou em diversos grupos de transição, muitas vezes, é referenciada como as avós da chapinha[40].

---

39 Dentre elas temo "Pente quente", estrutura de ferro que ao esquentar no fogo, era passada no cabelo para alisá-lo. Muitas vezes causava terríveis queimaduras.

40 Utensílio para cabelo que, ligado a tomada e após esquentar, alisa. Geralmente é utilizada após a escovação do mesmo. Seu "antepassado", o pente quente, também tinha o mesmo propósito, porém, para ficar quente ele era colocado diretamente no fogo ou brasa.

Imagem 5: Postagem em grupo virtual no Facebook

Fonte: Pesquisa própria, autor/a e grupo anonimizado do Facebook.

A imagem além de provocar assombro entre algumas membras também desperta reflexão sobre como o nosso cabelo tem sido manipulado historicamente. Entre os diversos tipos de tranças, passando pelos dreadlocks, o henê[41], o pente quente até a própria chapinha, o caminho é norteado por experiências traumáticas e em muitas vezes, por muita dor, sem esquecer que a intenção era uma só, adaptar-se a uma estética dominante para se desvencilhar daquela caracterizada como negra. Afinal ter o "cabelo de negro" era desencadear o racismo.

> O cabelo do negro, visto como "ruim", é expressão do racismo e da desigualdade racial que recai sobre esse sujeito. Ver o cabelo do negro como "ruim" e do branco como "bom" expressa um conflito. Por isso, mudar o cabelo pode significar a tentativa do negro de sair do lugar da inferioridade ou a introjeção deste. Pode ainda representar um sentimento de autonomia, expresso nas formas ousadas e criativas de usar o cabelo (GOMES, 2008, p. 21).

O cabelo se apresenta como elemento que conecta um passado ancestral e um presente que ressignifica uma estética "afro"; Transborda sensibilidade e expressa aprendizados através da relação tríade - cabelo, pessoa negra e sociedade.

> O passado não está somente no que deixamos para trás: ele é o responsável pela construção da nossa sensibilidade e continua de alguma maneira presente em

41 Produto químico alisante que alisa e colore ao mesmo tempo. A principal substância do henê é o Ácido Pirogálico. Tal substância é proibida na Europa devido seus efeitos cancerígenos e mutagênicos.

> nossa vida. É nesse contexto que penteados africanos, artesanalmente realizados nos cabelos crespos de nossos ancestrais, permanecem vivos, de forma recriada, na arte de pentear das negras e dos negros brasileiros de hoje. Essa prática cultural ancestral educou a sensibilidade do negro em relação ao seu cabelo (Gomes, 2008, p. 277).

Portanto, pensar a beleza negra dentro do processo de transição capilar é também refletir sobre como se encontram diversas dimensões, memórias e temporalidades que possibilitam ampliar a compreensão de uma identidade negra a partir do corpo negro. Afinal, como colocou Gomes (2008, p. 279) "... a construção da identidade passa igualmente por uma questão estética". Para isso é preciso entender, a partir de uma perspectiva racial, como as concepções de beleza foram construídas, transformaram-se no contexto brasileiro e se atualizam no fenômeno da transição capilar.

No recorte feito por Braga (2015) ao analisar a história da beleza negra no Brasil através de um percurso dividido em três períodos: a) século XVIII-1888; b) 1888-1995; c)1996-atual, a autora chama a atenção para a imagem supostamente "incivilizada" atribuída ao negro, mesmo após a Lei Áurea ser decretada, principalmente nos séculos XIX ao XX.

É com o surgimento da imprensa negra e com a mobilização das associações que buscavam através de eventos e atividades construir uma imagem diferente da pessoa negra que o tema da beleza entrou em pauta. Com isso, os concursos de beleza – como a Noite da Beleza Negra que existe há mais de quarenta anos e é promovido por um dos mais antigos blocos afros do Brasil, o Ilê Ayê na Bahia - tiveram importância fundamental na desconstrução de uma ordem que sustentava os estereótipos de promiscuidade, preguiça e vícios aos quais a população negra era geralmente vinculada. Gonzalez (1982) ressalta que o bloco, que saiu a rua pela primeira vez no carnaval de 1974, "... marca anualmente todo um processo de revalorização da mulher negra, tão massacrada e inferiorizada por um machismo racista, assim como por seus valores estéticos europocêntricos." Além disso, Gonzalez expressa,

> Nunca esquecerei o carnaval de 78, (...) Jovens negras lindas, lindíssimas, dançando Ijexá, sem perucas ou cabelos "esticados", sem bunda de fora ou máscaras de pintura, pareciam a própria encarnação de Oxum, a deusa da beleza negra (Gonzalez, 1982).

A preocupação latente de Gonzalez (1982) para desconstruir determinados padrões, inclusive a hipersexualização da mulher negra continuam sendo pautas nas discussões de movimentos sociais, tanto o feminista como o negro.

Nesse sentido compreende-se os concursos de beleza como uma estratégia política de trazer outra imagem da mulher negra.

> (...) os concursos de beleza promovidos pela população negra, que não apenas auxiliavam na construção de um conceito de beleza negra, mas, principalmente, se apresentavam como uma resposta à imagem da mulata promíscua que vimos nascer no período escravocrata. Assim, nos tantos concursos de beleza dos quais seguimos os rastros, o que se verá é um conceito de beleza construído nos ditames da moral: o objetivo era premiar - e incentivar - a *senhorinha* que melhor se enquadrasse aos "códigos de civilidade" ditados pela época (Braga, 2015, p. 21).

Ou seja, no contexto pós-abolição, a preocupação era fortalecer a população negra, porém, isso não se desvencilhava de algumas convenções arraigadas na moralidade e bons costumes e cabia ao negro - mais especificamente, a mulher negrA - se ajustar. Isso era visível através do discurso das publicações da imprensa negra que logravam um status que poderia demonstrar destaque e avanço do homem negro através da constituição de círculos sociais de prestígio. Como Braga apontou:

> (...) esse discurso estava ligado, antes, à recusa de uma memória que trabalhava na manutenção de uma série de estereótipos ligados ao negro: a indolência, a preguiça, a criminalidade, o deboche, a falta de iniciativa (Braga, 2015, p. 89).

Nesse trecho e em tantos outros retirados de uma série de jornais da época analisados por Braga é possível ver como o rótulo de um negro recém-liberto era tão forte quanto o desejo de apagar e recriar uma imagem de si (o próprio negro) diferente. O "diferente" deve ser entendido sinônimo como melhor, evoluído e livre do estereótipo do escravo preguiçoso, cheio de vícios e deslocado da ordem social vigente, como apontou o discurso da época:

> Partindo de um jornal destinado *aos pretos do Brasil*, a crítica flagra o olhar do negro sobre o negro, bem como sua tentativa em criar outra imagem para si. Outra imagem capaz, quem sabe, de remodelar a memória que até então pairava sobre seu comportamento, removendo qualquer "desconfiança" que houvesse em relação à sua personalidade (ibid, p. 91).

Agrego a isso uma perspectiva de gênero. Ao negrO, o estereótipo principal que recaía estava ligado ao mundo do trabalho, da atividade fora de casa, pública; À negrA, a de promíscua, destituída de qualquer afeto e beleza.

Leite (1996) em seu estudo, verificou que a menção as mulheres nos relatos de viajantes mesmo sendo escassa, dava instrumentos para refletir como elas foram retratadas. Nos relatos analisados, a mulher é a branca, a senhora de escravos, negras e mulatas pouco apareciam. Isso reflete, segundo a autora, o ponto de vista da época que estava apoiado em preconceitos em relação a mulher e a condição feminina de forma geral, mas é enfática ao dizer que nesse processo, a mulher negra e mulata foi invisibilizada.

> Os relatos sobre a mulher mostram o papel que lhe era reservado. Os temas mais abordados referem-se à procriação, ao casamento, à amamentação, à criança, ao vestuário e à ornamentação. Os viajantes não discutem, por exemplo, a aparência física, o vestuário e a ornamentação, quando se referem ao sexo masculino. Outros papeis são reforçados (Leite, 1996, p. 131).

Na perspectiva dos viajantes, a cor era determinante não só para localizá-las na estrutura social, mas para caracterizá-las quanto ao posicionamento sexual. A aparência física e os padrões estéticos emergem como parte de um sistema classificatório afetivo do homem. Esse sistema classificatório tinha a mulher negra, mulata e branca como parte de um só corpo, cada uma com um papel específico, formando uma imagem triangular da mulher, como definiu Leite (1996).

A procriação e o casamento eram reservados as brancas; o trabalho para a negra; e prazer sexual para a mulata, é como se "(...) de algum modo, senhoras brancas passam a ter com as demais uma relação de complementaridade" (Leite, 1996, p. 131). A meu ver, apesar da divisão de papéis conforme a cor da pele, há uma continuidade no que tange ao preconceito por ser mulher. Esse aspecto reforça algumas experiências da transição capilar no sentido de o cabelo fazer par com o tom da pele, o que determina muitas das relações afetivas de mulheres negras.

Não só no período analisado por Leite (1996), mas na contemporaneidade, mesmo que de forma mais velada, verifica-se a preponderância da estética sobre a mulher e seus relacionamentos. Foi possível identificar através da experiência da transição capilar, relatos de mulheres confessando conflitos em seus relacionamentos afetivos devido a decisão de parar de alisar o cabelo.

Imagem 6: Postagem em grupo virtual no Facebook

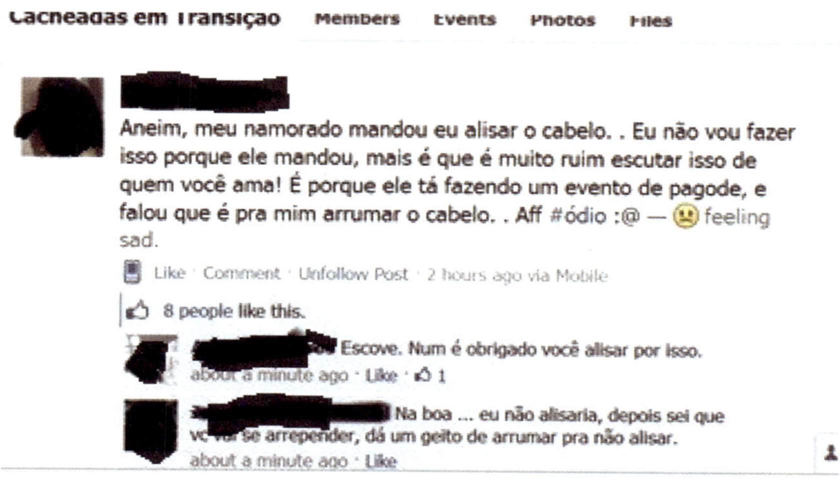

Fonte: Pesquisa própria, grupo anonimizado do Facebook.

Esse e outros relatos durante a pesquisa nos remetem para o mesmo ponto de interpretação do fenômeno da transição capilar: o anseio de construir uma outra imagem sobre si, ou melhor, na intenção de reconstruir a própria imagem. Contudo, diferente do discurso da imprensa negra do período imperial, o objetivo não é negar uma memória que estava suplantada por estereótipos, mas ao contrário, é afirmá-la e ao mesmo tempo desconstruir os estereótipos que agem sobre o indivíduo negro, coagindo e o convertendo em um "outro" ambivalente.

Essa ambivalência reside no fato de ter que lidar com a negação de si de maneira tácita e às vezes inconsciente, através da manipulação da própria imagem via uma coerção social - transfigurado pela escolha de uso de procedimentos alisantes, ao mesmo tempo em que ao afirmar essa estética fosse criado um artifício para acessar uma "igualdade" frente uma aparência hegemônica - através do uso do cabelo natural. Em síntese, o alisamento ou outras técnicas que descaracterizam o cabelo provocam a expectativa de se desvencilhar de estereótipos associados a suas características negras.

É possível estabelecer conexões desse passado recente, no qual o objetivo era associar a pessoa negra como detentora de direitos e humanizá-la de acordo com os padrões da sociedade predominantemente branca, - e o momento atual, seja pela continuidade dos concursos de beleza focados na valorização da estética negra, seja através de diversas imagens, relatos e fotos enaltecendo a mulher negra e crespas que são postadas nos grupos virtuais.

Considerações Finais

As mídias sociais digitais foram essenciais no fenômeno da transição capilar através do compartilhamento de imagens que se contrapunham a estereótipos da população negra, principalmente da mulher negra. Os grupos virtuais se configuraram como espaços de acolhimento e fortalecimento para quem estava em transição, mesmo para aquelas que tinham chegado ao fim do processo. Além disso, as mídias sociais digitais geraram iniciativas focadas na recuperação e fortalecimento da autoimagem das pessoas negras ao romper com paradigmas racistas e devolvendo a humanidade em consonância com sua existência em um processo de identificação sustentado sobretudo por experiências compartilhadas que foram marcadas pelo racismo e o colonialismo.

Ao encontrar os grupos on-line com milhares de pessoas que ansiavam abandonar os diversos procedimentos químicos, entendi que a relação entre corpo, cabelo e raça tinha contornos compartilhados de maneira que as fronteiras geográficas não limitavam e muito menos inviabilizavam experiências que eram reconhecidas como comuns. A cobrança para que as mídias tradicionais mostrem a mulher negra de outra forma chega em forma de crítica e discussão.

Logo a angústia que pairava em meu peito deu lugar a vontade de compreender por meio da antropologia porque um cabelo causava tanta dor e ao mesmo tempo prazer, felicidade e sensação de liberdade. A ambiguidade residia não puramente na estética, mas em todo um sistema que denotava um complexo do qual nós, negros e negras fomos historicamente alijados da nossa autoestima, ou como diria hooks (1994), do nosso "amor interior". O colonialismo retirou a nossa qualidade de humanos, mas estamos a recuperando e o fenômeno da transição capilar por meio da articulação em mídias sociais digitais tem auxiliado nesse resgate.

Referências

BRAGA, Amanda Batista. **História da Beleza Negra no Brasil**: discursos, corpos e práticas. São Paulo, EDUFSCar, 2015

GOMES, Larisse Louise Pontes. **Entre Big Chops e Black Powers**: Identidade, Raça e Subjetividade em/na "Transição". Artigo de conclusão de especialização em Antropologia na Universidade Federal de Alagoas e Museu Théo Brandão de Antropologia e Folclore. 2014

GOMES, Nilma Lino. **Sem perder a raiz**: corpo e cabelo como símbolos da identidade negra. Belo Horizonte: Autêntica, 2008. p. 19-34.

GOMES, Nilma Lino. Trajetórias escolares, corpo negro e cabelo crespo: reprodução de estereótipos ou ressignificação cultural? **Rev. Bras. Educ.**, Rio de Janeiro, n. 21, p. 40-51, Dec. 2002. Disponível em http://www.scielo.br/scielo.php?script=sci_arttext&pid=S1413-24782002000300004&lng=en&nrm=iso.

GONZALEZ, Lelia. Beleza negra, ou: ora-yê-yê-ô! **Jornal Mulherio**, Ano 2, número 6, março/abril – 1982, p. 3 1982 Disponível em: http://cidinhadasilva.blogspot.com/2013/03/beleza-negra-ou-ora-ye-ye-o.html

HALL, Stuart. "Que 'negro' é esse na cultura negra?" In:SOVIK, Liv (org.) Da diáspora: Identidades e mediações culturais. Belo Horizonte: Editora da UFMG, 2009.]

HOOKS, Bell. Alisando nossos cabelos. **Revista Gazeta de Cuba – Uni**ón de escritores y Artista de Cuba, janeiro-fevereiro de 2005. Tradução do espanhol: Lia Maria dos Santos. Retirado do blog coletivomarias.blogspot.com/.../alisando-o-nossocabelo.html

HOOKS, Bell. Vivendo de amor.

MAUSS, Marcel. **T**écnicas do corpo. In.:__Sociologia e Antropologia. São Paulo: Cosac Naify, 2003, p. 399-422;

RAGO, Margareth. **Corpo exótico, espetáculo da diferença**. 2008. [acesso em agosto de 2014] http://www.labrys.net.br/labrys13/perspectivas/marga.htm

CAPÍTULO 6

Ronaldo Ferreira de Araújo

Doutor e Mestre em Ciência da Informação pela Universidade Federal de Minas Gerais (UFMG). Bacharel em Ciência da Informação pelo Instituto de Informática da Pontifícia Universidade Católica de Minas Gerais (PUCMG). Professor do Programa de Pós-Graduação em Ciência da Informação (PPGCI/UFAL) e do Programa de Pós-Graduação em Gestão e Organização do Conhecimento (PPGGOC/UFMG). Líder do Laboratório de Estudos Métricos da Informação na Web (Lab-iMetrics) e do Grupo de Pesquisa em Política e Tecnologia da Informação e Comunicação (GPoliTICs). **ronaldfa@gmail.com**

Jobson Francisco da Silva Júnior

Doutor em Ciência da Informação pelo Instituto Brasileiro de Informação em Ciência e Tecnologia em convênio com a Universidade Federal do Rio de Janeiro (IBICT/UFRJ). Mestre em Ciência da Informação pela Universidade Federal da Paraíba (UFPB). Membro do Núcleo de Estudos e Pesquisas em Informação, Educação e Relações Étnico-raciais (NEPIERE/UFPB). Graduado em Biblioteconomia pelo Centro de Ciências Sociais Aplicadas da Universidade Federal da Paraíba (UFPB). **jobsonminduim@gmail.com**

BLACKFISHING E A TRANSFORMAÇÃO TRANSRACIAL MONETIZADA

Ronaldo Ferreira de Araújo
Jobson Francisco da Silva Júnior

Estudos de informação e da internet e o racismo: primeiras considerações

A prática do racismo ainda é um problema cotidiano na sociedade atual. Ser negro(a), e se identificar como tal, implica em (re)existir por meio de luta, se posicionar contra os efeitos nefasto de séculos de escravização, que tem como um de seus resultados o genocídio da população negra, além de práticas sistemáticas de apagamento da cultura e memória africana e afrodescendente.

No contexto acadêmico, mais do que ser contra uma ciência racista, é preciso construir um diálogo permanente no combate ao racismo, seja dos conteúdos formativos, frentes de pesquisa e práticas profissionais, o que demanda que cada área do conhecimento repense sua responsabilidade nessa discussão.

Peterson (1996) critica a área de Biblioteconomia e Ciência da Informação (BCI) afirmando que se o campo levasse a sério os estudos de raça, sua comunidade científica reconheceria a oportunidade de crescimento com produção de novos conhecimentos dedicando estudos a esse tópico com financiamento e tempo para desenvolver um trabalho profundo, analítico e inovador.

Esse trabalho envolveria permear nosso currículo de pesquisas sobre raça, gênero e classe social, ressaltando sempre que quando tais tópicos são abandonados o que se tem é uma parte limitada da história. Para Peterson (1996) teríamos ainda que trazer historiadores, sociólogos e cientistas políticos para nosso trabalho para fornecer o conteúdo que faltava em muitas de nossas discussões sobre raça, e se assim não fizer, a BCI continuará sendo pegas no fogo cruzado dos conflitos raciais, pois não teremos teoria nem história para consultar.

Outro movimento necessário apontado por Villa-Nicholas e Velez (2019) é o de romper com as narrativas racialmente neutras nos estudos de Informação. Para as autoras há um crescente corpo de trabalhos que tem feito exatamente isso nos últimos tempos ao reorientar a pesquisa deste campo para centralizar as discussões sobre raça e racismo usando teorias críticas para ajudar a analisar suas descobertas ou mesmo oferecendo contra-narrativas destacando atores minorizados (como mulheres, grupo LGBTQ+ e negros).

Ainda segundo as autoras, centralizar os estudos de Ciência da Informação (CI) contextualizando-os em uma análise de como a raça e o racismo afetam nosso campo muda o que achamos que sabemos e nosso entendimento sobre os estudos de informação (Villa-Nicholas e Velez, 2019).

Para Honma (2005) a área de BCI herdou dois paradigmas problemáticos relacionados aos estudos sobre raça: o branqueamento velado e a celebração do multiculturalismo, sendo que ambos omitem o discurso crítico sobre raça e sobre a desigualdade racial.

Segundo o autor não devemos apenas articular o que está faltando na área, mas também questionar e teorizar exatamente porque essas omissões ocorrem. O que, por sua vez, nos possibilitará perceber como os sistemas de pensamento predominantes nos estudos de informação contribuem para a reprodução da discriminação e a exclusão das vozes de sujeitos subalternizados (Honma, 2005).

A recente chamada de artigos para o número especial "*Information Studies, Race and Racism*" organizado por Melissa Villa-Nicholas e Latesha Velez para o periódico *Open Information Science* nos dá uma amostra das possibilidades e contribuições que pesquisadores de CI interessados a dedicarem-se ao escopo dessas problemáticas e aproximação crítica dos estudos sobre raça no campo podem incluir em suas pesquisas.

Entre as abordagens e estudos sugeridos podemos destacar: métodos antirracistas em estudos de informação; teoria crítica da raça e estudos de informação; análise interseccional de estudos da informação (raça e: gênero, sexualidade, classe, deficiência e capacitismo, indigeneidade); análise de branqueamento em organizações e instituições de informação; debates contemporâneos ou históricos sobre raça e / ou racismo em instituições de informação (bibliotecas, arquivos, museus, coleções especiais, etc.); Big Data, raça e racismo; raça, racismo e organização do conhecimento; informação, vigilância e racismo (Villa-Nicholas e Velez, 2019). As abordagens listadas não esgotam as possibilidades de reflexão da aproximação dos estudos de informação e as questões de raça e racismo e com o amplo uso da internet e das redes sociais às problemáticas que se levantam alinhadas a estes ganham novos contornos.

Embora o ciberespaço seja considerado um rico ambiente para debates sobre identidade, comunidade e empoderamento, com ampla agenda de pesquisa que perpassa por estudos de ativismo online e combate a formas de discriminação, quando se refere às questões étnico raciais pesquisas indicam que a internet não forneceu uma rota de fuga do racismo, nem o estudo da raça ou do racismo provou ser central no campo dos estudos da Internet. "Em vez disso, a raça e o racismo persistem on-line de maneiras novas e exclusivas da Internet, ao lado de vestígios de formas seculares que repercutem tanto offline quanto on-line" (Daniels, 2013).

Nesse contexto, algumas das práticas racistas se reinventam nos ambientes digitais, as quais merecem nossa atenção e olhar crítico à luz dos estudos de informação e da internet, é o caso do recente fenômeno de apropriação cultural que agora tem como um de seus desdobramentos, o *Blackfishing*. Ainda com baixa cobertura de trabalhos acadêmicos, mas contando com número crescente de matérias na internet a partir da segunda semana de novembro de 2018. Do surgimento da expressão, identificamos que no Twitter o uso da hashtag #blackfishing vem tendo um aumento significativo, sobretudo no início do ano de 2019, servindo como denúncia do fenômeno e trazendo uma série de novos elementos para a discussão do processo de (re)construção da identidade negra em meio a prática do racismo e suas reinvenções como estratégia de manutenção do *status quo*.

Blackfishing: identidade racial e (o novo) racismo nas mídias sociais

A maioria das matérias sobre o *blackfishing* trazem exemplos de mulheres brancas, atrizes, cantoras e influenciadoras digitais do *Instagram* que têm escurecido a pele, usado perucas, tranças e se apresentado aos olhos de muitas pessoas, como negras. No final de 2018 passou a ser cada vez mais observável nas redes sociais esse comportamento de algumas usuárias de se apropriar de elementos da cultura negra, como penteados afro, turbantes e tecidos com estampas africanas e mais recentemente também as pinturas corporais africanas.

"Blackfishing é novo branco" é o título da primeira matéria sobre o assunto que descreve uma série de conteúdos que circulavam pelo Twitter relacionadas a tendência em beleza e moda e que "toca em algumas questões sociais profundas, como apropriação cultural, estereótipos raciais, fisionomia negra, fetichização, misoginia, dismorfia corporal e narcisismo" (Strawhorn, 2018).

Littal (2018) e Duribe (2018) debatem os efeitos dessas distorções e como sua repercussão tem aumentado e recebido críticas, embora em alguns casos também, ganhado apoio. Para introduzir a questão Littal (2018) lembra que *Catfishing* (expressão em inglês) é usada quando alguém está fingindo ser algo que não é online, e o que o *Blackfishing* é quando alguém está fingindo ser negro quando na verdade é branco, o que para Duribe (2018) cria uma confusão com projeção e visibilidade de aparências "racialmente ambíguas".

O que diferencia o *blackfishing* das demais manifestações da apropriação da cultura negra é que agora influenciadoras digitais passam a se apropriar também de alguns dos fenótipos da população negra, como o formato dos lábios, textura do cabelo e cor da pele. E neste caso, a aparência "racialmente ambígua" é monetizada e rentável. Influenciadoras têm ganhado contratos e muito dinheiro, pois em vez de escolher modelos que são na verdade negras, as marcas estão escolhendo mulheres brancas que se apropriam de traços negros, pois parecem mais "exóticas" (Duribe, 2018), sem deixar de representar os ideais eurocêntricos de beleza.

Para olhar *blackfishing* sob a perspectiva da (re)construção da identidade negra e a luta antirracista é necessário voltar nosso olhar para a cultura negra enquanto uma forma de resistência. Ser negro (a) sob esse ponto de vista é antes de tudo um posicionamento político, uma vez que o conceito de raça biológica não se aplica a diversidade humana.

A identidade pode ser entendida como a forma como a qual uma pessoa se reconhece e ao mesmo tempo é reconhecida dentro dos grupos sociais ao qual pertencem, a maneira como veem e são vistos (Conceição e Conceição, 2010). Trata-se de uma construção dialética e dinâmica entre indivíduo e sociedade. Focando na identidade negra, é uma bandeira de luta contra as opressões sofridas de forma institucionalizada, não apenas contra a população negra, pois

> Qualquer ataque contra pessoas Negras é uma questão lésbica e gay porque eu e centenas de outras mulheres Negras somos partes da comunidade lésbica. Qualquer ataque contra lésbicas e gays é uma questão Negra, porque centenas de lésbicas e homens gays são Negros. Não há hierarquias de opressão (Conceição e Conceição, 2010).

Pensar a identidade negra demanda um olhar interseccional, que recusa hierarquias de opressões, o processo de (re)construção da identidade negra como posicionamento antirracista é transformar as experiências de discriminação sofridas no particular em bandeiras universais, a dor de um (a) é a luta de todos (as), "grupos políticos de origens diversas se recusam a homogeneizar sua opressão, mas fazem dela causa comum, uma imagem pública de identidade da alteridade" (Bhabha, 2014, p. 113).

Para Botelho e Marques (2015), o discurso racista opera de tal forma que consegue, em alguns casos, convencer a pessoa que sofre a discriminação de que ela não deve se defender, de que a sua própria existência seria um problema. A pessoa negra passa sua vida inteira sofrendo discriminação das mais diversas formas, tendo, por um lado sua imagem quase sempre associada a um contexto de criminalidade, na qual o (a) negro (a) simplesmente não se encaixaria na sociedade, e por outras vezes, vendo os elementos de sua cultura apropriados pela lógica capitalista, onde se encaixa o *blackfishing*.

O que se percebe é que "dentro da cultura, a marginalidade, embora permaneça periférica em relação ao *mainstream*, nunca foi um espaço tão produtivo quanto é agora, e isso é simplesmente uma abertura, dentro dos espaços dominantes, à ocupação dos de fora" (Hall, 2003, p. 338). É aqui que apropriação cultural acontece de uma forma nociva, e também onde situamos o *blackfishing*, nesses espaços de culturas de resistência, contra-hegemônicas, alguns poucos elementos são retirados completamente de seu contexto histórico, política e cultural, perdendo toda a sua significação simbólica e sendo reduzido a um produto, que preferivelmente não será adquirido pelo grupo que o produziu.

Na prática do *blackfishing* vemos pessoas não-negras que se pintam de preto, não como forma de resistência ou proteção contra as formas mais brutais de violência, mas em benefício próprio pela apropriação de elementos puramente estéticos que desrespeitam toda a cultura negra assim como toda a luta da população negra, uma evidente aproximação das práticas de racismo recreativo, agora monetizado.

Entendemos o *blackfishing* como uma variação de uma prática racista já bastante conhecida o *blackface*, que é uma prática racista praticada nos Estados Unidos desde 1830, por atores brancos que se pintavam de preto para ridicularizar pessoas negras, reforçando estereótipos racistas, a prática se iniciou no teatro e posteriormente ganhando espaço no cinema e na televisão (Pinto, 2017). Em essência as práticas têm a mesma raiz, a pessoa branca que vê a cultura negra como jocosa, disponível para que façam qualquer tipo de "brincadeira".

No caso do *blackfishing*, até onde se pode observar, quem pratica com maior frequência são as mulheres, nesses casos, além dos elementos já apontados no texto é possível observar que mais um estereótipo é reforçado, agora em torno da mulher negra, as influenciadoras digitais que fazem o *blackfishing* o fazem num contexto de sensualidade, reforçando assim a imagem hiperssexualizada da mulher negra, que seria regida pela natureza de seus instintos, um estereótipo da mulher negra enquanto objeto sexual. Em relação a essa associação do(a) negro(a) ao sexo, Fanon (2008) recorre à psicanálise para explicá-la, afirmando que

> Qualquer aquisição intelectual exige uma perda do potencial sexual. O branco civilizado conserva a nostalgia irracional de épocas extraordinárias de permissividade sexual, cenas orgiásticas, estupros não sancionados, incestos não reprimidos. Essas fantasias, em certo sentido, respondem ao conceito de instinto vital de Freud. Projetando suas intenções no preto, o branco se comporta "como se" o preto as tivesse realmente. [...] O preto é fixado no genital, ou pelo menos aí foi fixado. Dois domínios: o intelectual e o sexual (Fanon, 2008, p. 143).

Pensando no racismo antinegro Hall (2006), com base no estudo de Donald Bogle, aponta os cinco principais estereótipos na cultura norte-americana: o pai Tomás – os bons negros; os malandros (*coons*) – preguiçosos e que roubam galinhas; a mulata trágica – mulher de raça mista, sexualmente sedutora; as mães pretas – servente doméstica, grande, gorda e mandona; e os mal-encarados (*bad bucks*) – fisicamente grandes, fortes, violentos (Hall, 2016). Com base nesses modelos, é possível observar que a prática do *blackfishing* não é em momento algum elogiosa às pessoas negras, como argumentado por algumas pessoas nas redes sociais, a prática constitui-se uma das manifestações do racismo que traz como novidades o ambiente onde acontece e o propósito de monetização.

Muito embora as mídias sociais possam ser consideradas como "um dos espaços onde a narrativa da mulher negra pode dar-se de forma mais autônoma", pelo olhar e vivência dessa mulher negra, "cuja história por, muitas vezes, é contada de forma terceirizada, por um discurso com base na hegemonia branca" (Souza, 2018, p.100), a prática do *Blackfishing* amplia essa distorção ao terceirizar não só história, mas a própria presença da mulher negra no ciberespaço. E vale ressaltar que

> O fato de simplesmente ser e estar é pertinente para a mulher negra: 'ser' dona de seu próprio discurso e vista como tal e 'estar' como agente que articula e compartilha narrativas em torno do que lhe faz sentido, enquanto pessoa, além de ocupar lugares sociais que por vezes lhe é negado (Souza, 2018, p. 104).

E ainda que as mídias sociais possam proporcionar maior visibilidade e empoderamento da mulher negra, tendo inclusive "a questão da estética negra como agenciadora de construção de identidade" (Souza, 2018, p.109), com o *blackfishing* não só as narrativas digitais, mas o próprio lugar da mulher negra é negado e seus traços identitários usurpados.

O *blackfishing* se faz valer, especialmente no Brasil, do mito de relações sempre cordiais entre pessoas brancas e negras, que tenta sempre criar uma narrativa de "humor" ou num contexto "elogioso" para mascarar práticas discriminatórias, chegando ao ápice de usar pessoas brancas para representar pessoas negras. "Esse tipo de marginalização tem o mesmo objetivo de outras formas de racismo: legitimar hierarquias raciais presentes na sociedade brasileira de forma que oportunidades sociais permaneçam nas mãos de pessoas brancas" (Moreira, 2019, p. 31).

Aqui se faz particularmente pertinente a pergunta feita por Spivak (2010) "Pode o subalterno falar?", a população negra, e no caso do *blackfishing* mas enfaticamente a condição de mulher negra, tem o seu direito de falar (e de existir) tolhido pela sociedade que é patriarcal-eurocêntrica-hétero-cis-normativa. Para esse grupo a sua "identidade é a sua diferença, pode-se afirmar que não há nenhum sujeito subalterno irrepresentável que possa saber e falar por si mesmo" (Spivak, 2010, p 77-78), no tocante a essa problemática a questão da representação é fundamental, o que com o *blackfishing* se alega como formas elogiosas a beleza negra, na verdade, trata-se exatamente do contrário, o que são ressaltados são os padrões eurocêntricos.

A forma como o racismo se manifesta e opera no Brasil e nos Estados Unidos, países onde o *blackfishing* tem ocorrido com maior frequência, apresenta algumas diferenças. Nessa direção, Nogueira (2007) define o racismo como o racismo de marca e de origem, ocorrendo com mais frequência no Brasil e nos Estados Unidos respectivamente. Para o autor, preconceito de marca seria aquele que se exerce em relação à aparência, fenótipos, enquanto o preconceito de origem se constrói apenas na suposição de que determinado indivíduo pertence a certo grupo étnico.

Partindo desta premissa, de que o racismo no Brasil é um preconceito de marca, Nogueira (2007) faz uma descrição do comportamento do fenômeno, começando pelo seu modo de atuar, que acontece por preterição, onde características como textura do cabelo, tom da pele, formato do nariz, forma de se vestir, são importantes para a escolha do indivíduo a ser excluído, visto que a exclusão é baseada no fenótipo ou na aparência racial.

Blackfishing e as micronarrativas do racismo no Twitter

Por permitir uma maior participação dos sujeitos e uma circulação mais livre de informações, no ciberespaço, as mídias sociais têm sido consideradas ambientes que possibilitam maior ampliação do debate público e de participação política, capaz de influenciar movimentos identitários e de posicionamentos na sociedade. Mapeamos 1.403 micronarrativas sobre o *Blackfishing* no Twitter as quais ofereceram um total de 18.170 termos e expressões.

A análise das micronarrativas apontou que a discussão sobre o *blackfishing* tem como uma de suas características mais marcantes a polarização dos discursos, dessa forma, parte dos *tweets* que apontam o *blackfishing* enquanto prática racista, que acontece por meio da apropriação cultural. Em contraposição, outros *tweets* que também tiveram repercussão significativa, apontam o fenômeno enquanto acusações não fundamentadas de racismo. Um modelo de rede de conversação polarizada em mídias sociais acontece principalmente com assuntos políticos, nos quais há "dois (ou mais) grupos conversando sobre o mesmo assunto, mas a partir de pontos de vista diferentes" (Recuero, Zago e Soares, 2017, p.6).

Alguns dos termos que ocorrem com maior frequência – mulheres (273), brancas (246), negras (245), *guilty* (258), racista (239), *practice* (233), racismo (214), acusam (206), apropriarem (206), cultural (207), racistas (206) e étnicos (206) – indicam que a discussão assume um tom político acerca do racismo, as mesmas expressões são usadas em diferentes *tweets* para tentar provar dois pontos de vista antagônicos. Para Recuero, Zago e Soares (2017, p.5) a noção de esfera pública nas mídias sociais está diretamente relacionada aos processos de difusão de informações ou de exposição às informações para a "construção de opinião e a própria participação política. Por isso, compreender como se dá essa difusão é tão relevante para analisar o real potencial democrático destas ferramentas".

A palavras mais recorrentes denotam que a prática e repercussão do *blackfishing* se concentra majoritariamente no contexto da mulher, bem como palavras em inglês e português indicando não haver uma discussão concentrada em um único idioma/país. Os dados confirmam isso se deve ao fato de os Estados Unidos e o Brasil serem os países com maior número de usuários que publicam sobre *blackfishing* no *Twitter*. A seguir discutiremos alguns *tweets* que nos ajudam a evidenciar o que foi problematizado sobre identidade racial e o movimento *blackfishing*. O primeiro deles, que se dedica a questões de moda e estilo, conta um vídeo que explica o fenômeno (Figura 1).

Figura 1: *Tweet* sobre *blackfishing* mais compartilhado

Fonte: https://twitter.com/i_D/status/1087716116552663041/video/1

A primeira frase da postagem evidencia que o *blackfishing* é uma expressão do racismo quando diz "*guilty of Blackfishing*", usar a expressão "culpado de" sentencia alguém de ter acometido algo errado. No *post* também contém um vídeo (3'20"), onde uma mulher negra (Emma Dabiri) ocupa o plano central, usando um penteado feito com tranças kanekalon que evoca diretamente a cultura africana, explica o histórico do termo no Twitter e contextualiza a prática num panorama geral.

Para a compreensão da postagem, e do fenômeno, é preciso ter em mente a noção de lugar de fala. Se o *blackfishing* são pessoas brancas se apropriando da cultura negra, chegando ao ponto de modificar seus corpos para isso, é preciso ponderar a partir da perspectiva de uma mulher negra, uma vez que é ela quem está sendo "representada" ou mesmo, tendo sua representação "terceirizada".

A noção de lugar de falar não é rasa, no contexto desta pesquisa, evidencia a importância de divulgar a luta das mulheres negras. Faz-se indispensável que se recuse a imagem da universalização da categoria mulher, é preciso ponderar intersecções como raça, orientação sexual, identidade de gênero, classe social, entre outros fatores, logo, parte significativa dos problemas enfrentados pelas mulheres negras podem ser diferentes dos enfrentados por mulheres não-negras (Ribeiro, 2017).

O vídeo em questão quando coloca a prática numa perspectiva cultural e histórica, delimita o *blackfishing* enquanto uma prática racista de apropriação cultural que descontextualiza intencionalmente elementos africanos e afrodescendentes para benefícios midiáticos de monetização, que tem como uma de suas consequências a deslegitimação de movimentos de (re)construção da identidade negra através do resgate da autoestima, a exemplo do movimento recente do #blackgirlmagic.

A prática se encaixa no que Sales Jr. (2006) chama de "racismo cordial" a discriminação que para quem a pratica é descrita como uma homenagem a pessoa negra, mas pelo contrário aprisiona a população negra em ciclo vicioso de exclusão, em específico a mulher negra com uma exposição midiática hiperssexualizada, o racismo que se reinventa mas não muda em seu fundamento, o estereótipo da população negra que supostamente era regida pela natureza e não pela razão permanece aqui na representação da mulher negra.

O segundo *tweet* mais compartilhado analisado (Figura 2) foi feito por um brasileiro, sendo também uma das postagens do corpus com maior número de interações (curtidas, *retweets* e comentários).

Figura 2: Segundo *tweet* sobre *blackfising* mais compartilhado

Fonte: https://twitter.com/scamarsn/status/1087094854746808320

O texto reproduz um discurso racista, com uma visão limitada e superficial do que seria a luta antirracista fazendo uma delimitação rasa enquanto ligada unicamente aos movimentos de esquerda. Observamos que a discussão sobre o racismo nas redes sociais como um todo, e especificamente no Twitter, tem como tendência a negação do fenômeno a partir de uma perspectiva histórica. No campo dos estudos étnicorraciais é evidente que a problemática tem raízes históricas, no Brasil podemos citar além da escravização, a falta de interesse do Estado, manifestada na ausência de políticas públicas voltadas para a população negra no tocante aos seus direitos fundamentais.

A população negra foi aprisionada numa posição de marginalidade, logo, o racismo é uma das formas de manutenção desse *status quo* da sociedade. O racismo é uma prática hegemônica, evoca historicidade e relações de poder, desta maneira, o ponto de vista exposto pelo usuário é completamente equivocada, pois o que ele chama de racismo cometido por pessoas negras, nas palavras dele "ódio ao branco", que aparece em outros momentos na sociedade como "racismo reverso" é uma impossibilidade, uma vez que esse suposto "racismo reverso" não tem força. O "racismo reverso" ou os "esquerdistas racista", caso existisse de fato, ainda assim não teria força, concedida por uma construção histórica para operacionalizar a exclusão do branco.

Ainda no *tweet* em questão é interessante notar como o discurso se contradiz, quando o usuário inicia sua fala criticando quem, na sua visão, trabalha para "estimular o racismo", e ao mesmo tempo se refere a população negra pelo termo "negrada", uma expressão sabidamente racista e pejorativa, pela prática discursiva o usuário parece desconhecer a sua própria etnia, usar o termo negrada mesmo sem querer/perceber o mesmo está inserido nesse grupo, e ele mesmo está estimulando o racismo que julga condenar ao fazer uso dessa expressão. Exemplo evidente da pessoa negra que fragiliza e deslegitima a luta dos movimentos negros por dentro. No Brasil ainda temos o agravante do mito da democracia racial, que ao apregoar relações cordiais entre negros(as) e brancos(as) deslegitima a luta antirracista. Pensamento asseverado por Ribeiro (2017) "falar de racismo, opressão de gênero, é visto geralmente como algo chato, 'mimimi' ou outras formas de deslegitimação. A tomada de consciência sobre o que significa desestabilizar a norma hegemônica é vista como inapropriada ou agressiva porque aí se está confrontando poder".

Na postagem em questão todos os comentários identificados manifestaram concordância com o autor do *tweet*, entre outras informações essa concordância dos(as) comentaristas com o autor ilustram para nós o grau de endogenia da informação que circular dentro de um grupo pertencente a uma mesma rede social, muitos dos comentários se repetem, inclusive repetindo termos do *tweet* como a acusação de que as pessoas denunciam o *blackfishing* de idiotas. Temos nos comentários a reprodução do *post*, como uma descontextualização histórica do fenômeno do racismo e a questão da apropriação cultural, o debate sobre o *blackfishing* é simplificado a ponto de se reduzir a uma argumentação rasa de que se a mulher negra pode alisar o cabelo não poderia existir a apropriação cultural por parte da mulher branca, a discussão é esvaziada a ponto de resumir a textura do cabelo e penteados como mero elementos estéticos.

Para além disso, o mesmo tom de violência simbólica existente no *tweet* é reproduzido à exaustão nos comentários, em alguns a violência nos comentários chega a ser superior do que no *post* em si, por exemplo, "[...] Quem vai pagar pelas tranças sou eu, e eu quero que, aqueles q acham que eu não posso, VTNC! [vai tomar no cu]" ou "Eu chamo de síndrome de babaquice!!! [...]", embora ambos os comentários apontados aqui tenham sido feitos por mulheres brancas, consideramos alto o número de comentários em concordância com autor do *post* feitos por pessoas negras.

O último *tweet* que analisamos (Figura 3) é sobre a cantora Ariana Grande. A postagem é feita na forma de *thread* (uma linha ou fio de história) que totalizam 10 *tweets*, os quais no desenrolar apresentam a mudanças corporais realizadas pela cantora. Torna-se necessário salientar aqui que Ariana Grande é norte americana descendente de italianos, que segundo os relatos feitos no *post* além da mudança no tom de pele também se apropria, quando conveniente, da forma de falar característica da população negra norte americana.

Figura 3: Terceiro *tweet* sobre *blackfishing* mais compartilhado

Fonte: https://twitter.com/grana2burn/status/1087128691895881730/photo/1

Nas postagens é salientado que Ariana Grande faz uso do *blackfishing* como uma estratégia mercadológica, assim como as influenciadoras digitais que também o praticam. Ainda no caso da cantora a apropriação ocorre não apenas no tom da pele, "Ela tem usado AAVE [sigla que na tradução seria o sotaque afro-americano] como uma ferramenta para parecer exótica, divertida, descolada principalmente nas situações em que ela fica nervosa, como em quando ela cantou para o Presidente Barack Obama e Michelle". A cantora toma para si os elementos da cultura negra como forma de ganhar espaço na mídia, mas a mesma não precisa sofrer o racismo no seu cotidiano, pode usar o AAVE em momentos específicos mas também tem a opção de mudar rapidamente o seu sotaque para a linguagem do prestígio, não negra, coisa que não é concedida a população negra, podem também facilmente reverter o processo de bronzeamento artificial que permite a ela se passar por uma mulher negra de pele clara, outra característica que a população negra não é capaz de copiar.

O caso descrito destoa um pouco dos anteriores pois o fato de se tratar de uma cantora pop internacional mundialmente conhecida. Esse elemento traz consigo a noção de cultura de fãs nas redes sociais e sua relação de afeto e consumo dos produtos do seu ídolo que em alguns casos caminha para sua defesa (incondicional) por meio de um certo ativismo dos fãs.

As micronarrativas conversacionais que a postagem recebe na forma de comentários expressam isso e indicam divergências de posicionamentos. Seja de usuários que concordam, como por exemplo, em: "sabe o que é foda? os fãs não aceitam essas coisas. eu sou fã da ariana e eu sei que isso do *blackfishing* tá mais do que óbvio, só que esses outros fãs só querem 'contornar' o assunto e dar uma desculpa qualquer pra isso"; como os que discordam e o fazem com um tom mais agressivo, que pode ser visto em "[...] você não pensou que é o que parece ser, apenas um bronzeado? Ela é de ascendência italiana Os italianos são realmente bronzeados sua idiota".

Blackfishing e a transformação transracial monetizada: considerações finais

O *blackfishing* é uma prática de apropriação cultural por pessoas brancas de elementos da cultura negra. A problemática perpassa a questão da (re)construção da identidade negra, evidenciando que a mesma não deve ser pautada apenas em critérios biológicos e nos fenótipos, uma vez que o *blackfishing* se constitui exatamente na simulação desses fenótipos, retirados de um contexto de resistência, como elementos da cultura negra que lutaram/luta durante séculos pela condição de existir. A redução dos mesmos a meros elementos estéticos utilizados com um fim mercadológico tem como uma de suas consequências o esvaziamento do debate sobre o racismo e a condição da pessoa negra na sociedade atual, toda a luta de grupos que são marginalizados, nesse contexto, tende a ser rotulada como "mimimi".

Olhando para as interações (comentários, *retweets* e curtidas), é curioso notar também que nas postagens que denunciam o *blackfishing* enquanto prática racista recebem muitas respostas em discordância, enquanto nos *tweets* que colocam o *blackfishing* como "mimimi" ou uma "homenagem" às mulheres a concordância dos comentários é quase unânime, o que com base em nosso referencial teórico, nos evidencia a força do racismo na sociedade atual, onde a população negra não pode nem mesmo ter uma cultura que lhe represente.

Com base no que se pode observar do fenômeno até o presente momento, essa mudança de performance racial levanta questões complexas e revela o caráter perverso desse tipo de racismo que se manifesta na transformação transracial (Lutz, 2019) monetizada. Nela, influenciadoras digitais se localizam no nível comunicativo relacional, em que a relação racial que se estabelece é superficial nos moldes do mercado com uma interação construída na falsa aparência de vínculo, pois o fim é tornar seu perfil mais atrativo e mais rentável, uma vez que, as mesmas estão obtendo mais "curtidas", seguidores e patrocínios por meio de atributos apropriados de diferentes tipos de culturas. Depois de ajustar e postar suas fotos, elas podem tirar a maquiagem, tirar as inserções e voltar ao mundo real como mulheres brancas. Para Lutz (2019) não é apenas uma situação extraordinariamente exploradora e problemática, mas é difícil de entender.

Consideramos ainda que necessidade de afirmação de identidades negras nascem sob o signo da luta, embora avanços tenham sido feitos nessa direção, o *blackfishing* aduz uma resistência assustadora a esses avanços, na contemporaneidade, ao que parece, qualquer passo dado em direção a uma sociedade mais igualitária é visto como ameaça e reprimido violentamente.

Referências

BHABHA, H. K. **O local da cultura**. 2. ed. Belo Horizonte: Editora UFMG, 2014.

BOTELHO D.; MARQUES, F. Diversidade: raça, gênero, desvios e desafios nas escolas. In: NUNES, Maria Lúcia da Silva; MACHADO, José dos Santos; VASCONCELOS, Larissa Meira de (Orgs.). **Diálogos sobre gênero, cultura e história**. Fortaleza: EdUECE, p. 29-51, 2015.

CONCEIÇÃO, H. C.; CONCEIÇÃO A. C. L. (2010). A construção da identidade afrodescendente. **Revista África e Africanidades**, ano 2, n. 8, fev.. Disponível em http://www.africaeafricanidades.com.br/documentos/Construcao_identidade_afrodescendente.pdf . Acesso em 18 fev. 2019.

DANIELS, J. Race and racism in Internet studies: A review and critique. **New Media & Society**, v.15, n.5, p. 695-719, 2013.

DURIBE J. **White women are being exposed for 'posing' as mixed race and the internet is pissed**. Popbuzz, nov., 9. 2018. Disponível em https://www.popbuzz.com/life/news/white-women-mixed-race-instagram/. Acesso em 03 de maio de 2019.

FANON F. **Pele negra, máscaras brancas**. Salvador: EDUFBA, 2008.

HALL S. Que "negro" é esse na cultura negra? In: SOVIK L. **Da diáspora**: identidades e mediações culturais. Belo Horizonte: Editora UFMG; Brasília: Representação da UNESCO no Brasil, 2003.

HALL S. **Cultura e representação**. Rio de Janeiro: Ed. PUC-Rio; Apicuri, 2016.

HONMA, T. Trippin' Over the Color Line: The Invisibility of Race in Library and Information Studies. **InterActions: UCLA Journal of Education and Information Studies**, v.1, n.2. 2005.

LITTAL R. **White Women Being Exposed for Pretending to Be Black Women on Instagram** (Photos). Blacksportsonline nov., 10, 2018.

LORDE A.(s/n). **Difusão herética edições feministas e lésbicas**: Textos escolhidos de Audre Lorde. Disponível em https://www.mpba.mp.br/sites/default/files/biblioteca/direitos-humanos/direitos-da-populacao-lgbt/obras_digitalizadas/audre_lorde_-_textos_escolhidos_portu.pdf Acesso em 03 maio 2019.

LUTZ, N. Making Up the Unreal. **Journal of Design and Science**, n.6, out., 2019. Disponível em https://doi.org/10.21428/7808da6b.93df7ebd

MOREIRA, A. Racismo Recreativo. São Paulo: Sueli Carneiro; Pólem, 2019.

NOGUEIRA, Oracy. Preconceito racial de marca e preconceito racial de origem: sugestão de um quadro de referência para a interpretação do material sobre relações raciais no Brasil. **Tempo social, revista de sociologia da USP**, v. 19, n. 1, p. 287-308, 2007.

PETERSON, L. Alternative perspectives in library and information science: issues of race. **Journal of Education for Library and Information Science**, v.37, n.2, p. 163-174, 1996.

PINTO, M. S. A dialética da máscara negra: nego fugido contra o blackface. **Revista aspas**, v. 7, n. 1. 2017.

RECUERO R.; ZAGO, G.; SOARES, F. B. Mídia Social e Filtros Bolha nas Conversações Políticas do Twitter. In: In: **XXVI COMPÓS, 2017**, São Paulo. Anais da XXVI COMPÓS: SÃO PAULO/SP, v. 1. p. 1-27. 2017.

Ribeiro D. **O que é lugar de fala?** Belo Horizonte: Letramento; Justificando. 2017.

SALES JUNIOR, R. Democracia racial: o não-dito racista. **Tempo social: revista de sociologia da USP**. São Paulo: 18, n. 2, p. 229-258, 2006.

SOUZA D. **Que voz é essa?** identidade e narrativa da mulher negra no Youtube. In: SILVA, Tarcízio; BUCKSTEGGE, Jaqueline; ROGEDO, Pedro (Orgs.). Estudando Cultura e Comunicação com Mídias Sociais. Brasília: Editora IBPAD, p.97-111, 2018.

SPIVAK, Gayatri chakravorty. **Pode o subalterno falar?** Belo Horizonte: UFMG, 2010.

STRAWHORN, M. Blackfishing is the new white. **Pajiba - Social Media**, nov., 8. 2018.

VILLA-NICHOLAS, M.; VELEZ, L. Information Studies, Race and Racism. **Degruyter**, mar., 2019. Disponível em https://www.degruyter.com/dg/page/information-studies-race-and-racism

CAPÍTULO 7

Tarcízio Silva

Tarcízio Silva é criador da *Desvelar*, Mestre em Comunicação e Cultura Contemporâneas pela UFBA e realiza doutorado em Ciências Humanas e Sociais pela UFABC, estudando as relações entre tecnologia e raça, racismo, branquitude e negritude. Desenvolve e ensina métodos digitais de pesquisa aplicadas a campos mercadológicos, político-eleitorais e terceiro setor, cofundador do IBPAD. Co-editou publicações como *Monitoramento e Pesquisa em Mídias Sociais: metodologias, aplicações e inovações* (Uva Limão, 2016), *Para Entender o Monitoramento de Mídias Sociais* (2012) e *Estudando Cultura e Comunicação com Mídias Sociais* (IBPAD, 2018).
Website: **https://tarciziosilva.com.br/blog/**

RACISMO ALGORÍTMICO EM PLATAFORMAS DIGITAIS: MICROAGRESSÕES E DISCRIMINAÇÃO EM CÓDIGO

Tarcízio Silva

Conflitos epistêmicos sobre o papel da internet na relação, intensificação ou erosão de grupos identitários e suas controvérsias estiveram presentes desde as primeiras discussões acadêmicas e vernaculares sobre comunicação e cultura digital. A ideia de um *self* cambiante que poderia ser diferente a cada nova janela dos ambientes online ganhou popularidade sobretudo em um período que: a) os ambientes digitais eram ainda informacionalmente escassos, com poucas modalidades de comunicação, focando sobretudo em textualidade; b) não havia massa crítica de pesquisadores advindos de populações racializadas nos países de diáspora africana; c) a pretensão de neutralidade das plataformas e mídias, advindas de um tecnoliberalismo em consolidação, já se fazia vigente.

Entretanto, grupos de cientistas, teóricas e ativistas da comunicação e tecnologia apontaram os processos pelos quais a construção tanto das tecnologias digitais de comunicação quanto da ideologia do Vale do Silício são racializadas, a partir de uma lógica da supremacia branca (Nakamura, 2008; Daniels, 2013; Broussard, 2018; Benjamin, 2019, 2020).

Especificamente sobre manifestações explícitas de mensagens racistas nas mídias sociais, destacamos o trabalho recente de Trindade (2018, 2020), que traz dados especialmente relevantes sobre comportamento dos agressores, características das vítimas e posições quanto à tecnologia: 81% das vítimas de racismo no Facebook no Brasil são mulheres de classe média; 76,2% dos agressores não tinham nenhum relacionamento prévio com a vítima; e nutre-se uma crença de que o ambiente virtual se constitui num espaço totalmente desregulado (Trindade, 2018). Estudos sobre marcadores textuais específicos em torno de questões raciais apontam as controversas e tentativas de diluição do debate, como a identificação, em análise sobre o *#DiadaConsciênciaNegra* no Twitter em que a data foi "reduzida à questão do feriado, tornando irrelevante sua associação com o debate racial, com a questão histórica e com o desvelamento da dominação" (Recuero, 2014, p.307) ou sobre a descontextualização das camadas históricas e simbólicas do racismo em questões sobre apropriação cultural como *blackfishing* (Araújo & Silva Junior, 2020).

Defendemos que, apesar do frequente foco da pesquisa digital em ações –

individuais ou coletivas - pontuais, o racismo online é um "sistema de práticas contra pessoas racializadas que privilegiam e mantem poder político, econômico e cultural para os brancos no espaço digital" (Tynes, Lozada, Smith & Stewart, 2019, p.195). Isto significa dizer que o foco apenas em casos, práticas ou modalidades específicas e explícitas de discurso racista dão conta de apenas uma parte da questão. Nos ambientes digitais, entretanto, temos um desafio ainda mais profundo quanto à materialidade dos modos pelos quais o racismo se imbrica nas tecnologias digitais através de processos "invisíveis" nos recursos automatizados como recomendação de conteúdo, reconhecimento facial e processamento de imagens. É preciso entender também suas manifestações "construídas e expressas na infraestrutura online ou *back end* (ex.: algoritmos), ou através da interface (ex: símbolos, imagens, voz, texto e representações gráficas)" (Tynes et al, 2019, p.195).

Plataformização, algoritmos e raça *online*

O diagnóstico da "plataformização" da web tomou forma através da percepção de que, gradualmente, ambientes digitais como Facebook estenderam-se para toda a web em uma espécie de integração que priorizou a concentração de dados e valor - inclusive financeiro - em poucas empresas. A plataformização transformou *sites* de redes sociais em *plataformas* de mídias sociais, nos termos de Helmond, que adiciona que, como "modelo de infraestrutura, plataformas de mídias sociais fornecem um *framework* tecnológico para que outros construam sobre [...] direcionado a sua expansão sobre o resto da web" (Helmond, 2015, p.3). Entre infraestrutura e economia, o impulso do capital financeiro permitiu que grupos como Alphabet (detentora do Google), Facebook, Amazon, Microsoft e Apple investissem no desenvolvimento estratégico de suas plataformas, incluindo a construção de conglomerados de cientistas de variadas áreas para contínua análise e otimização dos fluxos de monetização da audiência, publicidade e comportamento de seus usuários, realizando uma verdadeira redistribuição dos métodos e hierarquias de capacidade de análise e representação da sociedade (Marres, 2012).

Para além das plataformas de mídias sociais, a tendência se expandiu para infraestruturas industriais e tecnológicas de diversos segmentos. Srnicek (2017) aponta diversos tipos além das plataformas de publicidade (como Facebook): plataformas de nuvem e computação (Amazon Web Services, Microsoft Azure etc), plataformas de produto (como Zipcar etc), plataformas *lean* (Uber, AirBnB) e plataformas de gestão industrial. O autor propõe que as plataformas são "infraestruturas digitais que permitem dois ou mais grupos interagirem. Elas [as plataformas] se posicionam como intermediárias que conectam diferentes usuários" (Srnicek, 2017, pos.497) como audiências, publicitários, fornecedores de serviço, objetos físicos e empresas.

Temos, portanto, uma crescente dataficação (van Dijck, 2014) e mediação das atividades humanas, da interação interpessoal a negociação de serviços e comércio. Apesar de manter discursivamente ideais de liberdade e horizontalização das relações, a plataformização da comunicação e economia significa concentração internacional de fluxos de dados e capital. Ao mesmo tempo, está no cerne do bom resultado financeiro e mercadológico destas empresas o uso de algoritmos que promovem a eficiência na busca das métricas definidas como objetivos de negócio, que vão de indicadores de consumo de mídia a número de pontos de dados processados.

Apesar de não ser um conceito novo, remontando à história da matemática e computação, algoritmos poderiam ser definidos a princípio como "uma sequência finita de instruções precisas que são implementáveis em sistemas de computação" (Osoba & Welser IV, 2017, p.5). Na era computacional digital, em sistemas de *big data*, a lógica algorítmica foi expandida para processos de inteligência artificial estreita, presente nos sistemas informacionais do cotidiano.

Os sistemas algorítmicos tomam decisões por nós e sobre nós com frequência cada vez maior. A "autoridade é crescentemente expressa algoritmicamente. Decisões que eram normalmente baseadas em reflexão humana agora são feitas automaticamente. Software codifica milhares de regras e instruções computadas em uma fração de segundo" (Pasquale, 2015, p.4). Estas decisões trazem impactos em diferentes níveis de imediaticidade e sutileza, podendo modular o comportamento e condutas de seus usuários (Silveira, 2017) de forma discreta, na maioria dos casos para reproduzir relações de poder e opressão já existentes na sociedade. Este é um dos grandes desafios e problemas da lógica do aprendizado de máquina, que se baseiam no cálculo computacional de milhares de decisões "óptimas" a partir do *input* de dados:

> algoritmos tendem a ser vulneráveis a características de seus dados de treinamento. Esta é um recurso destes algoritmos: a habilidade de se adaptar face a *inputs* cambiantes. Mas a adaptação algorítmica em resposta aos dados fornecidos também apresenta um vetor de ataque por usuários mal-intencionados. Esta vulnerabilidade da dieta de dados em algoritmos de aprendizado é um tema recorrente (Osoba & Welser, 2017, p.7).

Os casos de identificação de racismo algorítmico somam-se na medida em que pesquisadoras, ativistas e desenvolvedoras geram relatórios, reportagens e guias de auditoria e ação sobre aspectos discriminatórios em diversos dispositivos midiáticos como análise de recomendação de conteúdo (Tufekci, 2015), anúncios

(Sweeney, 2013), reconhecimento facial e visão computacional (Buolamwini 2017; Buolamwini & Gebru, 2018), buscadores (Noble, 2018) e outros[42].

Junto a outros indicativos sobre economia, violência, (necro)política e representação midiática, estes casos lembram que racismo "não deve ser entendido como um comportamento excepcional dos indivíduos desviando de uma norma social não-racista mas, diferentemente, como um sistema sociopolítico global" (Ali, 2013, p.99) que inclui historicamente formatações dos campos produtivos da tecnologia que favorecem o treinamento enviesado de sistemas que intensificam discriminações e opressões. Os algoritmos são "idealizados por pessoas, e pessoas incorporam seus vieses inconscientes nos algoritmos. É raramente intencional – mas isso não significa que devemos ignorar a responsabilidade dos cientistas de dados. Significa que devemos ser críticos e vigilantes sobre as coisas que podem dar errado" (Broussard, 2018, pos.2891).

Levando em conta a necessidade de estar vigilante sobre as opressões algorítmicas sutis, propomos então um desdobramento dos estudos sobre "microagressões" digitais para o estudo do racismo algorítmico.

Microagressões

Como vimos anteriormente, os exemplos na literatura sobre racismo online tratam sobretudo do racismo explícito no formato discursivo, através de textos ou materiais multimídia. Entretanto, esta abordagem não é suficiente para dar conta dos modos pelos quais indexação, busca e descoberta de mensagens online - sobretudo com a crescente automatização - podem ter impacto na vida e saúde mental de grupos minorizados. Acreditamos que o uso do conceito de microagressões e a consequente taxonomia tentativa de casos documentados pode trazer benefícios à pesquisa sobre racismo algorítmico, através de alguns pontos: realizar a própria construção de taxonomia como exercício reflexivo; servir como ferramenta mediadora de marcação das trajetórias dos debates e casos; e permitir desenvolver categorias tentativas para articulação com o campo.

O conceito de *microagressão* foi proposto pelo psiquiatra Chester Pierce (1969; 1970) ao desenvolver trabalhos sobre a necessidade de estudar também os "mecanismos ofensivos" dos grupos opressores em medida similar ao que as práticas psiquiátricas já realizavam sobre os "mecanismos defensivos". Pierce explica que aparatos da educação e mídia criam um ambiente onde a "a maioria das ações ofensivas não são brutas e violentas fisicamente. Elas são sutis e paralisantes. A enormidade das

42 O autor mantém mapeamento de casos em seu log, acessível em https://tarciziosilva.com.br/blog/posts/racismo-algoritmico-linha-do-tempo/

complicações que causam podem ser entendidas apenas quando se considera que estes golpes são dados incessantemente" (1970, pp.265-266). As situações cotidianas de microagressões racistas apresentadas no trabalho seminal de Pierce são acrescidas de outras na bibliografia de psicologia social e análise de mídia documentadas através de experimentos e posteriormente organizadas em tipologias.

As microagressões raciais são "ofensas verbais, comportamentais e ambientais comuns, sejam intencionais ou não intencionais, que comunicam desrespeito e insultos hostis, depreciativos ou negativos contra pessoas de cor" (Sue, 2010a, p. 29), aplicadas consciente e inconscientemente como uma "forma de racismo sistêmico e cotidiano usado para manter aqueles à margem racial em seus lugares" (Huber & Solorzano, 2014, p.6).

O trabalho de Sue (2007; 2010a; 2010b) é um dos mais prolíficos sobre microagressões, abarcando suas manifestações quanto à discriminação de raça, gênero e orientação sexual. Ao longo de sua produção, inicialmente o autor propôs uma taxonomia reunindo microagressões raciais que poderiam ser verbais, não-verbais ou ambientais. Os seus três tipos são respectivamente Microinsultos, Microinvalidações e Microataques. Microinsultos seriam "mensagens que conotam rudeza e insensibilidade e aviltam a herança racial de um indivíduo" (SUE, 2010a, p.29); Microinvalidações são "mensagens que excluem, negam ou nulificam as reflexões psicológicas, sentimentos ou realidades experienciais" (SUE, 2010a, p.29); e, por fim, Microataques seriam "mensagens derrogatórias explícitas caracterizadas por um ataque violento verbal, não-verbal ou violento com intenção de machucar a vítima através de xingamentos, comportamento de evitação ou ações discriminatórias propositais" (SUE, 2010a, p.29).

O uso do termo "micro" não se refere necessariamente ao grau de virulência, mas antes a pervasividade e o fato que "a agressão incide em um nível individual e/ou local, ou mesmo em situações "privadas" ou limitadas, que permitem certo grau de anonimato por parte do agressor" (Silva & Powell, 2016, p.46) ou ainda permitem evasão, através de disputa sobre intencionalidade ou modalidade ("era só uma piada").

Entretanto, propostas como a de Levchak (2018) buscam criar uma distinção mais explícita entre macro e microagressões, como podemos ver na Figura 01. A diferença entre o caráter explícito e implícito do racismo e entre a intencionalidade são úteis para delimitar a tipologia, uma vez que diferentes ações nos campos educacionais ou comunicacionais são possibilitadas ou restringidas de acordo com cada tipo.

Figura 1: *Continuum* entre microagressões e macroagressões (Levchak, 2018; tradução nossa)

Pensando especificamente no racismo online, Tynes e colaboradores (2019) incluem outras duas categorias especialmente úteis para o estudo também das manifestações automatizadas: *Deseducação* e *Desinformação*. Quanto a primeira, define deseducação como "criação de materiais online de aprendizados que na maioria dos casos não-intencionalmente degrada ou omite pessoas não-brancas" (Tynes et al, 2019, p. 201). Apesar das autoras tratarem também de materiais pedagógicos nos espaços formais de educação, listam ambientes e produtos como websites, livros digitais e blogs.

Já desinformação pode ser de dois tipos – deliberada ou não-deliberada. Esta última, não-deliberada, se refere ao ato de desinformar intencional ou não-intencionalmente devido ao fato do emissor da mensagem estar também desinformado, baseado em informação incorreta ou errônea. Já desinformação deliberada se trata especificamente de gerar ou repassar informação falsa com a intenção de gerar mais desinformação nos receptores (Tynes et al, 2019). Entretanto, como a intencionalidade dos atores é difícil de ser comprovada – ou, mais, é distribuída em plataformas e algoritmos – pesquisadores do campo costumam focar apenasdesinformação de modo amplo[43].

43 É essencial notar que na bibliografia anglófila citada são usadas as palavras *misinformation* e *disinformation*, sendo esta última a intencional. Apesar dos termos estarem em voga na pesquisa, devido às investigações sobre *fake news* e outros tipos de desinformação, ainda não há um consenso em português para os termos.

Diversos estudos empíricos levantaram relatos de microagressões nos contextos educacionais, interpessoais e laborais, descobrindo alguns padrões das microagressões racistas nos contextos americanos e brasileiros, com algumas particularidades nos casos de racismo antinegro, antiasiático ou anti-indígena (Sue, Capodilupo et al, 2007; Sue, Bucceri et al, 2007; Nadal et al 2011; Nadal 2014; Silva & Powell, 2016; Levchak, 2018; Tynes, 2019). Para materializar, seguiremos na descrição de alguns tipos comuns identificados na literatura acadêmica:

Suposição de Criminalidade. No caso das populações brasileiras, este é uma das microagressões mais pervasivas. Trata da suposição que uma pessoa racializada tem mais chance de ser "perigosa, criminosa ou desviante baseado em sua raça" (Sue, Capodilupo et al, 2007) e suas manifestações presenciais são bem conhecidas pela população negra. Por exemplo, excessiva vigilância em um estabelecimento comercial é uma queixa frequente, mas devido a fácil negação da intencionalidade só gera repercussão aos perpetradores em casos críticos.

Negação de Realidades Raciais / Democracia Racial. Outro tipo de microagressão comum é a negação de realidades raciais ou, no caso brasileira, a defesa à equivocada – talvez estratégica, do ponto de vista da branquitude – ideia de "democracia racial" que influenciou a sociologia e discurso popular brasileiro no último século e se alastra em outros países da diáspora africana como EUA (Bonilla-Silva, 2006). Essa ideologia é usada para promover tanto a negação de atitudes racistas – pois o perpetrador "não veria cor", quanto para deslegitimar produção de conhecimento – seja científico ou vernacular – por pensadores, pesquisadores e ativistas negros. Ao discutir genocídio epistemológico, Nascimento apontou que o negro brasileiro, embora "seja discriminado exatamente por causa de sua condição racial e da cor, negam a ele, com fundamentos na lei, o direito legal da autodefesa" (Nascimento, 2016 [1977], pos.1546).

Suposição de Inferioridade Intelectual. Este tipo de microagressão é especialmente relevante no contexto educacional, onde a distribuição de oportunidades, reprimendas ou atenção por agentes educacionais não é igualitária. Discursivamente, supor que um indivíduo possui determinada "posição na universidade ou no trabalho por meio de uma política afirmativa" (Guimarães & Silva, 2016, p.51), "surpresa" com a articulação ou ideias de grupos racializados ou, ainda, forçar estereótipos disciplinares, como no caso de descendentes de asiáticos.

Patologização de Valores Culturais. Na história dos estudos da branquitude sobre culturas e religiões africanas e afrobrasileiras esta distorção foi comum. Nascimento revisa as leituras patologizantes do candomblé na ciência social brasileira, percebendo que "as concepções metafísicas da África, seus sistemas filosóficos, a estrutura de seus rituais e liturgias religiosos, nunca merecem o devido respeito e consideração como valores constitutivos da identidade do espírito nacional" (2017[1977], pos. 1536) – chegava-se ao cúmulo de usar referencial psiquiátrico para tratar das manifestações da religião afrobrasileira. No cotidiano, microagressões de fundo patologizante são frequentes na percepção enviesada de julgamentos sobre "agressividade", "timidez" e outras características como se fossem próprias do grupo ao invés de contextual.

Exotização. A patolologização irmana com a exotização das populações racializadas, sobretudo nas opressões interseccionais. A exotização de mulheres racializadas soma-se à misoginia e leva a mensagens e associações à hipersexualização.

Estrangeiro na Própria Terra / Negação de Cidadania. No caso de grupos minorizados quantitativamente, são enquadrados como se não fossem efetivamente do local – como acontece com os povos indígenas em países da América. Essa negação de cidadania é frequente também em ambientes de consumo, onde o grupo hegemônico recebe tratamento preferencial.

Exclusão ou Isolamento. Por fim, podemos citar comportamentos que geram exclusão ou isolamento dos indivíduos racializados, de modo a não se sentirem pertencentes de um determinado grupo nas relações interpessoais, educacionais ou laborais.

Na Figura 2 podemos ver a Taxonomia do Racismo Online proposta por Tynes e colaboradores (2019), que nos permite posicionar e distinguir as práticas do racismo online. Defendemos que as manifestações algorítmicas de racismo são microagressões frequentes de diversos tipos, que podem afetar os usuários de plataformas de forma individual ou vicária.

Figura 2: Taxonomia do Racismo Online (Tynes et al, 2019; tradução nossa)

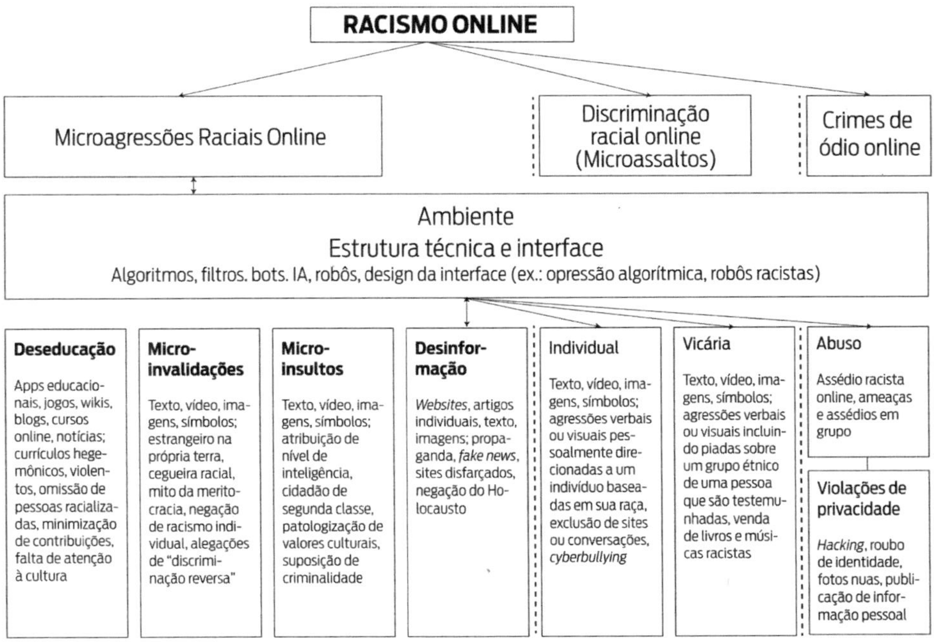

A bibliografia registra outros tipos comuns de microagressões raciais e relacionadas a outros grupos minorizados quanto a gênero, sexualidade, neuroatipicidade e outras variáveis. Para os fins deste trabalho, a descrição dos tipos anteriores nos é útil para seguir na citação de casos de racismo algorítmico observados nos últimos anos por pesquisadoras, desenvolvedoras, ativistas e jornalistas.

Opressões algorítmicas como microagressões

Acreditamos, portanto, que podemos ver boa parte das discriminações raciais algorítmicas como microagressões. Lau e Williams (2010) revisaram aspectos metodológicos da literatura sobre microagressões e identificaram que as formas operacionais de mensuração de microagressões tomaram a forma sobretudo de investigação qualitativa, através de: relatos subjetivos, observações, medições de traços e registros de arquivos.

Os registros de arquivo "podem ser fontes confiáveis se a precisão do relato subjetivo é uma preocupação para pesquisadores futuros" (Lau e Williams, 2010, p. 321) mas são menos usados na pesquisa em microagressões, segundo os autores.

Entretanto, apesar de não abarcarem a temática dos algoritmos, falam do potencial da tecnologia digital como sites de redes sociais por permitirem uma oportunidade única de "aproveitar a pesquisa em dados arquivados pode desvelar interessantes descobertas não tão facilmente reveladas em entrevistas ou métodos estruturados" (Lau e Williams, 2010, p.322).

Podemos enumerar uma dúzia de casos que poderiam ser abordados pela perspectiva das microagressões digitais, a partir de mapeamento em produção. A Tabela 1 cita de forma concisa 12 casos documentados em sistemas de publicação de anúncios, buscadores de imagens, processamento de linguagem natural, visão computacional e *bots* conversacionais[44].

Tabela 1: Lista de Casos de Racismo Algorítmico mapeados pelo autor

Caso de Racismo Algorítmico	Microagressões	Categoria
Sistema do Google permite empresas exibirem anúncios sobre crime especificamente a afroamericanos (Sweeney, 2013)	Suposição de Criminalidade	Microinsultos
Resultados no Google Imagens apresentam hiperssexualização para buscas como "garotas negras" (Noble, 2013, 2018)	Exotização; Negação de Cidadania	Microinsultos
Facebook esconde manifestações contra violência policial racista (Tufekci, 2014)	Negação de Realidades Raciais	Microinvalidações
Google Photos marca fotos de jovens negros com a tag "Gorila" [45]	Negação de Cidadania	Microinsultos
Chatbot da Microsoft torna-se racista em menos de um dia [46]	Diversas	Microinsultos
Robôs conversacionais de startups não encontram face de mulher negra; sistemas de visão computacional erram gênero e idade de mulheres negras (Buolamwini, 2018)	Negação de Cidadania; Exclusão e Isolamento	Microinvalidações

44 Outras dezenas de casos de racismo algorítmico podem ser acessados através da *Linha do Tempo do Racismo Algorítmico e Tecnológico* - https://tarciziosilva.com.br/blog/posts/racismo-algoritmico-linha-do-tempo/

45 https://www.theguardian.com/technology/2015/jul/01/google-sorry-racist-auto-tag-photo-app

46 https://www.theverge.com/2016/3/24/11297050/tay-microsoft-chatbot-racist

Mecanismos de busca de bancos de imagens invisibilizam famílias e pessoas negras [47]	Negação de Realidades Raciais	Microinvalidações; Desinformação
App que transforma selfies equipara beleza à brancura [48]	Exotização; Exclusão e Isolamento	Microinsultos; Microinvalidações
APIs de visão computacional confundem cabelo negro com perucas (Mintz et al, 2019)	Exotização	Microinsultos; Microinvalidações
Ferramentas de processamento de linguagem natural possuem vieses contra linguagem e temas negros [49]	Patologização de Valores Culturais	Deseducação
Análise facial de emoções associa categorias negativas a atletas negros [50]	Suposição de Criminalidade	Microinsultos
Twitter decide não banir discurso de ódio nazista/supremacista branco para não afetar políticos republicanos [51]	Negação de Realidades Raciais; Exclusão	Deseducação; Desinformação

A Tabela 1, portanto, representa um modo de pensar os casos de racismo algorítmico ligados ao conceito de microagressões e seus impactos, intensificados ou transformados pelas características das plataformas digitais.

Podemos citar como relevante a característica de editorialização dos algoritmos e interfaces das plataformas como modo de gerar ou moldar informação e desinformação. Em 2014, parte da população estadunidense, sobretudo a afroamericana, engajou-se em séries de protestos contra a violência policial direcionada a jovens negros, na maioria das vezes com uso excessivo de força ou, ainda, contra totais inocentes (Freelon, McIlwain & Clark, 2016). No período, o Facebook experimentou um recurso chamado "Top Trends" que, assim como o similar recurso no Twitter ("Trending Topics") exibia termos-chave sobre eventos em discussão massiva. Apesar dos protestos em Ferguson estarem em destaque na imprensa e nas mídias sociais, não foi exibido entre os "Top Trends" do Facebook. Agindo através de "agência computacional, o algoritmo do Facebook 'decidiu' que estas histórias não atendiam seus critérios de 'relevância' – uma fórmula proprietária e

47 http://desabafosocial.com.br/blog/2017/06/12/desabafo-social-interfere-no-mecanismo-de-busca-do-maior-banco-de-imagem-do-mundo/

48 https://www.theguardian.com/technology/2017/apr/25/faceapp-apologises-for-racist-filter-which-lightens-users-skintone

49 https://peopleofcolorintech.com/articles/how-automated-tools-discriminate-against-black-language/

50 https://theconversation.com/emotion-reading-tech-fails-the-racial-bias-test-108404

51 https://www.businessinsider.com/twitter-algorithm-crackdown-white-supremacy-gop-politicians-report-2019-4

opaca que muda a cada semana e que pode causar enormes mudanças no tráfego de notícias" (Tufekci, 2014, p.3), influenciando a manutenção de determinados debates na esfera pública expandida. Então podemos falar de uma opacidade algorítmica que, por sua vez, decide visibilidade e invisibilidade de temas, levando ativistas e pesquisadores a uma dificuldade maior de identificar causas e efeitos. O grupo minorizado em questão – afroamericanos – se depara com esta incongruência na cobertura e citação dos temas que os afetam, uma vez que a maioria dos usuários de mídias sociais é plataforma ao mesmo tempo que "uma das principais características das microagressões, em todos seus níveis, é o fato de sua aparente "invisibilidade", principalmente contidas em expressões não intencionais de preconceito" (Silva & Powell, 2016, p.54). Afinal de contas, como o assassinato impune de jovens e manifestações decorrentes poderiam não ser "relevantes" no principal ambiente midiático da internet?

Também elusivo é o modo pelo qual buscadores selecionam resultados para demandas de conteúdo. Ao longo de diversos trabalhos que culminaram em importante livro chamado *Algorithms of Oppression*, Safiya Noble (2018) estudou como plataformas como Google reproduzem representações nocivas de grupos minorizados, tais como a hiperssexualização de garotas negras e latinas em resultados de busca de imagens. Os argumentos tecnoliberais de que os resultados apenas refletiriam a produção efetivamente disponibilizada na internet por sites pornográficos e de mídia têm sido combatidos. Noble aponta que "na internet e nos nossos usos rotineiros da tecnologia, a discriminação está embutida nos códigos computacionais e, cada vez mais, em tecnologias de inteligência artificial das quais dependemos, por escolha ou não" (Noble, 2018, pos. 15).

Buscadores de informação, websites e imagens são uma tecnologia essencial para o uso contemporâneo da internet por pessoas comuns e profissionais. Em grande medida, indicadores mostram que a maior parte das pessoas não navega por muitas páginas, focando nos primeiros resultados. Portanto, a ordem dos resultados – definida algoritmicamente – tem papel relevante na reprodução de representações e acesso a informações consoantes ou dissonantes de olhares hegemônicos ou contra-hegemônicos. O trabalho supracitado de Noble (2013, 2018) argumenta sobre perigos da hipervisibilidade negativa e hipersexualizada enquanto outros trabalhos (Aiello, 2016; Mintz, Silva et al, 2019) tratam também da invisibilidade. É o caso do projeto "Vamos conversar, bancos de imagens?" do coletivo *Desabafo Social.* Através de vídeos mostrando o procedimento de buscas em bancos de imagens como Shutterstock, Getty Images, iStock e DepositPhotos, o coletivo exibe como o resultado para termos simples como "família" ou "bebês" mostra praticamente apenas pessoas brancas. No caso dos bancos de imagens, o seu consumo é feito por milhares de produtores de conteúdo, o que pode gerar um efeito em cascata: publicitários, blogueiros e jornalistas sem recursos para produção própria de imagens tenderão a usar imagens não-representativas da diversidade brasileira, piorando os índices de modo geral. Pierce e colaboradores apontaram a questão das microagressões em análise quantitativa de categorias de representação em mídia, concluindo que os anúncios televisivos se tornam uma "coleção de fontes que vomitam microagressões através de mecanismos ofensivos" (Pierce et al, 1977), como podemos ver também nesta publicação a partir da metodologia interseccional de Carrera (2020).

Se os casos anteriores são exemplares de microagressões algorítmicas análogas a casos de in/visibilidade e representação problemáticas mapeados nos estudos de mídia, as capacidades de transformação algorítmica de material textual e visual trazem uma faceta nova ao problema. Aplicativos como *FaceApp* tem sido denunciados por recursos que transformam *selfies* e fotos de pessoas em "mais jovens", "velhas", "gênero oposto" ou "mais belas" – nesta última categoria foi percebido que características fenotípicas eurocêntricas foram valorizadas e aplicadas indiscriminadamente, chegando ao paroxismo de clarear fotos de usuários de ascendência africana e indiana. Ao ser questionado pelo *The Guardian*, o criador do app alegou que "É um infeliz efeito colateral da rede neural subjacente causada pelos dados de treinamento, não comportamento intencional" ignorando seu papel nas escolhas dos dados de treinamento e design do algoritmo, já amplamente documentados em guias de boas práticas na aplicação de inteligência artificial (WEF, 2018).

É preciso sublinhar que tratamos aqui de casos ligados à algoritmização de plataformas de comunicação como mídias sociais, fornecedores de visão computacional, processamento de linguagem natural e aplicativos *mobile*, onde aspectos do capitalismo de vigilância se engendram em meios onde até recentemente os principais discursos festejavam a descentralização das hierarquias comunicacionais. Estas práticas se aproximam cada vez mais da vigilância estatal e policial desenvolvida a partir de tecnologias de controle de corpos negros (Browne, 2015; Benjamin, 2019) em manifestações problemáticas como policiamento "preditivo" (Osoba & Welser IV, 2017; Silva & Silva, 2019) e análise de reincidência criminal (Angwin et al, 2016).

Portanto, tratando-se da pervasividade de dispositivos tecnológicos de comunicação com recursos e funcionalidades baseadas em inteligência artificial e aprendizado de máquina, acreditamos que a perspectiva de estudos sobre microagressões pode ser útil para o campo dos estudos de comunicação e mídia digital. De forma programática, Levchak (2018) desenvolve reflexão sobre microagressões e racismo moderno levando em conta estratégias de enfrentamento possíveis no que chama dos "3 Ps" - Preparação, Processamento e Proteção. Para a pesquisadora, os benefícios de se discutir racismo em diferentes grupos - tanto os hegemônicos quanto os minorizados - envolve a promoção de conversações construtivas em prol de melhores relações étnicorraciais.

Nomeando, identificando e reagindo

Vemos, à guisa de conclusão e indicação de trabalhos futuros, a importância da discussão e tipologia das microagressões aos estudos de vieses, discriminações e racismo algorítmico, ao nos apontar que as auditorias algorítmicas podem também "medir experiências direcionadas ao indivíduo assim como aquelas vicárias ou testemunhadas por um respondente. Assim como experiências individuais, aqueles que testemunham os casos também podem ser impactados pelos efeitos psicológicos" (Tynes, Rose & Markoe, 2013). A maioria dos casos citados aqui tratam de iniciativas que habilmente exploraram ou casos críticos ou as materialidades, interfaces e APIs dos sistemas para interrogá-los. Mas quais as vozes e percepções dos usuários no dia a dia? Quais instrumentos críticos possuem em seu arsenal para observar e defender-se destes problemas?

Aproximar o referencial metodológico das microagressões e abordagens como a da *Teoria Racial Crítica*, usada por maior parte dos autores citados parece um programa essencial. Ainda mais que, para além dos casos de racismo explícito, "proteções contra microagressões ou racismo encoberto são mais elusivas, uma vez que é frequentemente difícil detectar e abordar as microagressões devido a sua natureza intricada e insidiosa" (Levchak, 2018, p.15). Então acreditamos que a educação sobre microagressões e suas manifestações digitalizadas e automatizadas é importante, uma vez que na medida em que "mais pessoas estão conscientes do termo e do conceito, fica mais provável que serão defensivos quando confrontados sobre seus comportamentos" (Nadal, 2014, p.74) – inclusive desenvolvedores e gerentes de produto, de *startups* à grandes plataformas. Promover competência cultural sobre as diferenças relevantes em um mundo racializado é essencial.

Do ponto de vista de grupos minorizados, as microagressões e suas taxonomias podem ajudar populações racializadas "a 'nomear suas dores', como Paulo Freire descreve, e engajar-se em estratégias anti-opressivas pela libertação" (Huber & Solorzano, 2014, p.18), com especial atenção aos desenvolvedores e ativistas em ambientes comumente hostis. Daniels, Nkonde e Mir (2019) apontam três fundamentos essenciais para a literacia midiática sobre a relação entre raça e tecnologia: compreensão intelectual de como o racismo opera em algoritmos, plataformas e afins; inteligência emocional para agir em situações racialmente problemáticas em organizações; e compromisso de tomada de ações para deduzir o dano a comunidades. Acreditamos que uma perspectiva tanto interdisciplinar quanto interinstitucional de atuação e reflexão sobre os algoritmos é urgente para as sociedades contemporâneas.

Referências

AIELLO, G. **Taking stock**. Ethnography Matters, 2016. Online, disponível em http://eprints.whiterose.ac.uk/103476/

ANGWIN, J.; LARSON, J.; MATTU, S.; KIRCHNER, L. **Machine Bias**. ProPublica, 2016. Disponível em https://www.propublica.org/article/machine-bias-risk-assessments-in-criminal-sentencing

ARAÚJO, R. F.; SILVA JÚNIOR, J. F. **Blackfishing e a transformação transracial monetizada**. In: SILVA, T. (org.). Comunidades, Algoritmos e Ativismos Digitais: olhares afrodiaspóricos. São Paulo, LiteraRUA, 2020.

BENJAMIN, Ruha. **Race after technology: Abolitionist tools for the new jim code**. John Wiley & Sons, 2019.

BENJAMIN, Ruha. **Retomando nosso fôlego**: Estudos de Ciência e Tecnologia, Teoria Racial Crítica e a imaginação carcerária. In: SILVA, T. (org.). Comunidades, Algoritmos e Ativismos Digitais: olhares afrodiaspóricos. São Paulo, LiteraRUA, 2020.

BONILLA-SILVA, E. **Racism without racists**: Color-blind racism and the persistence of racial inequality in the United States. Rowman & Littlefield Publishers, 2006.

BROUSSARD, M. **Artificial unintelligence**: How computers misunderstand the world. Cambridge: MIT Press, 2018.

BROWNE, Simone. **Dark matters: On the surveillance of blackness**. Durham: Duke University Press, 2015.

BUOLAMWINI, Joy; GEBRU, Timnit. Gender shades: Intersectional accuracy disparities in commercial gender classification. In: **Conference on Fairness, Accountability and Transparency.** 2018. p. 77-91.

DANIELS, Jessie. **Cyber racism: White supremacy online and the new attack on civil rights**. Rowman & Littlefield Publishers, 2009.

CARRERA, Fernanda. **Racismo e sexismo em bancos de imagens digitais**: análise de resultados de busca e atribuição de relevância na dimensão financeira/profissional. In: SILVA, T. (org.). Comunidades, Algoritmos e Ativismos Digitais: olhares afrodiaspóricos. São Paulo, Literarua, 2020.

FREELON, Deen; MCILWAIN, Charlton D.; CLARK, Meredith. **Beyond the hashtags**: #Ferguson, #Blacklivesmatter, and the online struggle for offline justice. Center for Media & Social Impact, American University, 2016.

HUBER, Lindsay; SOLORZANO, Daniel G. Racial microaggressions as a tool for critical race research. **Race Ethnicity and Education**, v. 18, n. 3, p. 297-320, 2014.

LAU, M. Y.; WILLIAMS, C. D. **Microaggression Research**: Methodological Review and Recommendations. In: SUE, D. W. (org.), Microaggressions and marginality: Manifestation, dynamics, and impact. New Jersey (EUA): John Wiley & Sons, 2010.

LEVCHAK, C. C. Microaggressions and Modern Racism: Endurance and Evolution. New Britain (USA): Springer, 2018.

MARRES, Noortje. The redistribution of methods: on intervention in digital social research, broadly conceived. **The sociological review**, v. 60, p. 139-165, 2012.

MINTZ, A. *et al.* Interrogating Vision APIs. Relatório do Smart Data Sprint disponível em https://smart.inovamedialab.org/smart-2019/project-reports/interrogating-vision-apis/

NASCIMENTO, Abdias. **O genocídio do negro brasileiro: processo de um racismo mascarado**. São Paulo: Editora Perspectiva SA, 2016.

Nadal, K. L., Wong, Y., Griffin, K., Sriken, J., Vargas, V., Wideman, M., & Kolawole, A. (2011). Microaggressions and the multiracial experience. International Journal of Humanities and Social Sciences, 1(7), 36-44.

NADAL, Kevin L. A guide to responding to microaggressions. **Cuny Forum**, 2:1. 2014. p. 71-6.

NAKAMURA, L. **Digitizing race: Visual cultures of the Internet.** U of Minnesota Press, 2008.

NOBLE, Safiya Umoja. Google search: Hyper-visibility as a means of rendering black women and girls invisible. **InVisible Culture**, n. 19, 2013.

NOBLE, Safiya Umoja. **Algorithms of oppression**: How search engines reinforce racism. NYU Press, 2018.

OSOBA, Osonde A.; WELSER IV, William. **An intelligence in our image:** The risks of bias and errors in artificial intelligence. Rand Corporation, 2017.

PASQUALE, Frank. **The black box society**. Harvard University Press, 2015.

PIERCE C. **Is bigotry the basis of the medical problems of the ghetto**?, 1969.

PIERCE C. **Offensive mechanisms**. In: BARBOUR, Floyd. (org.) The black seventies. Porter Sargent Pub, p. 265-282, 1970.

PIERCE, Chester M. et al. An experiment in racism: TV commercials. **Education and Urban Society**, v. 10, n. 1, p. 61-87, 1977.

RECUERO, Raquel. Discutindo análise de conteúdo como método: o# DiadaConsciênciaNegra no Twitter. **Cadernos de Estudos Lingüísticos**, v. 56, n. 2, p. 289-309, 2014.

SANDVIG, Christian et al. Auditing algorithms: Research methods for detecting discrimination on internet platforms. **Data and discrimination: converting critical concerns into productive inquiry**, p. 1-23, 2014.

SILVA, Guilherme Henrique Gomes; POWELL, Arthur B. Microagressões no ensino superior nas vias da educação matemática. **Revista Latinoamericana de Etnomatemática**, v. 9, n. 3, p. 44-76, 2017.

SILVA, Rosane Leal; SILVA, Fernanda dos Santos Rodrigues**. Reconhecimento Facial e Segurança Pública**: os perigos da tecnologia no sistema penal seletivo brasileiro. Anais do 5º Congresso Internacional de Direito e Contemporaneidade: mídias e direitos da sociedade em rede. Santa Maria, RS, 2019.

SILVEIRA, Sérgio Amadeu da. **Tudo sobre Tod@s**: redes digitais, privacidade e venda de dados pessoais. São Paulo: Edições Sesc, 2017a.

SOBANDE, Francesca; FEARFULL, Anne; BROWNLIE, Douglas. Resisting media marginalisation: Black women's digital content and collectivity. **Consumption Markets & Culture**, p. 1-16, 2019.

SRNICEK, Nick. **Platform capitalism.** John Wiley & Sons, 2017.

SUE, Derald Wing et al. Racial microaggressions in everyday life: implications for clinical practice. **American psychologist**, v. 62, n. 4, p. 271, 2007.

SUE, Derald Wing et al. Racial microaggressions and the Asian American experience. **Cultural diversity and ethnic minority psychology**, v. 13, n. 1, p. 72, 2007.

SUE, D. W. (2010a). **Microaggressions in everyday life**: Race, gender, and sexual orientation. New Jersey (EUA): John Wiley & Sons, 2010a.

SUE, D. W. (org.). **Microaggressions and marginality**: Manifestation, dynamics, and impact. New Jersey (EUA): John Wiley & Sons, 2010b.

SWEENEY, Latanya. Discrimination in online ad delivery. **Commun. ACM**, v. 56, n. 5, p. 44-54, 2013.

TRINDADE, L. V. P. **It is not that funny**. Critical analysis of racial ideologies embedded in racialized humour discourses on social media in Brazil (Tese de Doutorado, University of Southampton), UK, 2018.

TRINDADE, L. V. P. **Mídias sociais e a naturalização de discursos racistas no Brasil**. In: SILVA, T. (org.). Comunidades, Algoritmos e Ativismos Digitais: olhares afrodiaspóricos. São Paulo, Literarua, 2020.

TYNES, Brendesha M.; ROSE, Chad A.; MARKOE, Suzanne L. Extending campus life to the Internet: Social media, discrimination, and perceptions of racial climate. **Journal of Diversity in Higher Education**, v. 6, n. 2, p. 102, 2013.

TYNES, Brendesha M. et al. From racial microaggressions to hate crimes: A model of online racism based on the lived experiences of adolescents of color. **Microaggression Theory: Influence and Implications**, p. 194-212, 2018.

TUFEKCI, Zeynep. Algorithmic harms beyond Facebook and Google: Emergent challenges of computational agency. **Colo. Tech. LJ**, v. 13, p. 203, 2015.

VAN DIJCK, José. Datafication, dataism and dataveillance: Big Data between scientific paradigm and ideology. **Surveillance & Society**, v. 12, n. 2, p. 197-208, 2014.

WEF – World Economic Forum (2018). **How to Prevent Discriminatory Outcomes in Machine Learning**. Guia de boas práticas disponível em https://www.weforum.org/whitepapers/how-to-prevent-discriminatory-outcomes-in-machine-learning

CAPÍTULO 8

Fernanda Carrera

Professora da Escola de Comunicação da Universidade Federal do Rio de Janeiro (UFRJ). Professora do Programa de Pós-graduação em Comunicação da Universidade Federal Fluminense (PPGCOM/UFF) e do Programa de Pós-graduação em Estudos da Mídia da Universidade Federal do Rio Grande do Norte (PPgEM/UFRN). Líder do LIDD - Laboratório de Identidades Digitais e Diversidade (UFRJ). Pesquisa raça, gênero e cultura digital.

RACISMO E SEXISMO EM BANCOS DE IMAGENS DIGITAIS: ANÁLISE DE RESULTADOS DE BUSCA E ATRIBUIÇÃO DE RELEVÂNCIA NA DIMENSÃO FINANCEIRA/PROFISSIONAL

Fernanda Carrera

Introdução

No domínio da comunicação midiática, é acentuada a parcela de estudos científicos que buscam o escrutínio dos seus processos representacionais, sobretudo na publicidade. Pesquisadores denunciam em uníssono as imagens distorcidas da realidade social que compõem as peças midiáticas em geral e, em específico, publicitárias, cuja construção recai quase sempre em carência e sub-representação de indivíduos negros (Martins, 2009; 2015; Corrêa, 2006); hiper-sexualização de mulheres (Mota-Ribeiro, 2003; assim como vieses estereotipados de indígenas (Oliveira, 2015), público LGBT+ (Baggio, 2013; Rodrigues e Carvalho, 2015), idosos (Machado et al, 2014) e pessoas com deficiência (De Oliveira e Silva, 2008).

Sabe-se que estas imagens, que integram o discurso publicitário e ajudam a compor o imaginário sociocultural sobre estes sujeitos, posicionando-os em lugares de discriminação, podem emergir de dois processos comuns no mercado da publicidade: produção fotográfica ou audiovisual exclusiva para a campanha; ou compra em bancos de imagens digitais. Estes últimos, que demandam menor custo e mais praticidade para o processo da criação publicitária, são fontes indispensáveis para a maioria dos anúncios estáticos postos em circulação, sejam em mídia impressa, digital ou exterior[52]. Nesse sentido, se há representação distorcida de determinados indivíduos na publicidade, os bancos de imagens são parte importante desse processo. Ademais, suas fotografias e ilustrações não abastecem somente o mercado publicitário, mas são uma parcela significativa das imagens que compõem a comunicação midiática em geral, conteúdos digitais como blogs e sites, e até mesmo mensagens institucionais, jornalísticas e governamentais.

Circulando, portanto, em diversos espaços e impactando os sujeitos em todos

52 O conceito de Mídia Exterior ou Out of Home (OOH) no mercado publicitário envolve plataformas que impactam as pessoas em espaços públicos, incluindo pilares informativos, outdoors, mobiliário urbano, painéis luminosos em estradas, painéis digitais em parques e praças etc.

os seus dispositivos de comunicação e ambientes de sociabilidade, são estas as imagens que ajudam a definir os desenhos subjetivos da existência do que é ser, por exemplo, negro, ou ser mulher, de forma imediata e, de maneira indireta, quais corpos estão associados a construtos abstratos como gentileza, agressividade, beleza, pobreza, riqueza e sucesso profissional. Sendo assim, reconhecendo as dinâmicas de composição destes bancos – que envolvem o abastecimento do repositório por, muitas vezes, fotógrafos autônomos - e seu caráter de mecanismo de busca, surgem questionamentos relevantes para o contexto dos estudos da comunicação contemporânea e dos desafios da representação midiática, isto é, de forma geral: quais imagens são disponibilizadas por estes bancos na busca por determinadas palavras-chave? De forma específica, aqui neste trabalho, busca-se questionar: quais corpos e sujeitos são encontrados em imagens que são resultado de busca para palavras-chave que definem dimensões financeiras/profissionais?

Com o intuito de refletir sobre esse cenário, discorre-se aqui a respeito das dinâmicas operacionais destes bancos de imagens como mecanismos de busca e, portanto, submetidos a treinamentos algorítmicos, seus processos de atribuição de relevância a determinados resultados em detrimento de outros, assim como são analisados os resultados de busca para a dimensão financeira/profissional em prol da exposição dos vieses discriminatórios sob o recorte de gênero e raça. Ou seja: mulheres e homens brancos compõem as mesmas imagens que mulheres e homens negros? Em quais contextos imagéticos um grupo se sobressai em relação ao outro ou pode ser visto com mais frequência? Entende-se que, ao atribuir conjunturas diferenciadas a estes grupos, os bancos de imagens não somente refletem as desigualdades raciais e de gênero que compõem a vida social contemporânea, como ajudam a reforçar esta dinâmica, em um processo de contínuo fornecimento de subsídios para sua manutenção.

Bancos de Imagens, algoritmos e dinâmicas de produção

Os bancos de imagens digitais, representados aqui pelo *Shutterstock*, *Stockphotos* e *Getty Images*, são repositórios de fotografias, ilustrações e vetores para fins comerciais e de circulação pública ou privada. Uma das principais fontes de imagem do mercado publicitário e editorial, estes bancos são uma ferramenta menos dispendiosa do que a produção independente e exclusiva de imagens para ilustração da peça discursiva. Por meio de busca de palavras-chave e alguns filtros e categorias, é possível encontrar e pagar pelo uso de imagens adequadas a qualquer intencionalidade criativa de produção, uma vez que, em geral, cada busca gera dezenas de páginas e milhares de resultados "relevantes".

No campo produtivo, as imagens que são postas em circulação por estes bancos são oriundas de fotógrafos independentes ou associados à própria empresa, que disponibilizam imagens de acordo com seu acervo ou sob demandas específicas. No processo de fazer *upload* do material, o fotógrafo cria *tags* (etiquetas de demarcação) para cada imagem, direcionando a interpretação do que consta ali e a associação a palavras-chave de busca que seriam apropriadas. No entanto, embora esse primeiro passo de tagueamento seja responsabilidade do fotógrafo, o banco revisa todas as imagens e suas *tags* antes de colocá-las à disposição. O *Shutterstock*, inclusive, dedica uma página das suas normas de submissão para orientação sobre tagueamento, uma vez que *tags* inapropriadas implicam em rejeição do conteúdo (o site deixa claro que não aceita "*title spamming*"[53], "*keyword spamming*"[54], palavras-chave inadequadas e abusivas etc.).

Ainda que esse processo de tagueamento das imagens seja uma pista do funcionamento destes mecanismos de busca, há outros filtros disponíveis que deixam claro um processo algorítmico pouco transparente. É possível coletar resultados a partir de algumas categorias, como "relevância", temporalidade (imagens mais recentes ou antigas) ou popularidade. Há, portanto, instruções programadas para atribuição desses resultados, mas não há certeza se esse processo se baseia apenas em um processo de reconhecimento de padrões ou também é fruto de certos parâmetros de *machine learning*. Há outros construtos operacionais, para além do tagueamento, que atribuem relevância a determinada imagem em detrimento de outras? Os sites não disponibilizam essa informação.

Nesse sentido, os bancos de imagens digitais apresentam funcionamento semelhante aos mecanismos de busca de informação, como o Google. Há um sistema algorítmico em operação que não é facilmente compreensível pelo usuário do conteúdo. Ao contrário, ao ignorar os processos produtivos e tecnológicos destes mecanismos, o usuário tende a atribuir objetividade e racionalidade a resultados de busca que podem estar carregados de subjetividade e vieses discriminatórios. Caracterizadas muitas vezes como "neutras, objetivas e infalíveis" (Osoba e Welser IV, 2017), estas tecnologias são decisões de automação tomadas por pessoas e podem, como comumente acontece, ser ferramentas a serviço da opressão (Noble, 2018).

Essa opacidade tecnológica é, aliás, subsídio para a isenção de responsabilidade destes sites a respeito dos conteúdos que colocam à disposição e em associação a palavras-chave. Assim como o Google já tentou se desvencilhar de acusações sobre racismo e sexismo manifestados em suas páginas de resultado (Noble, 2018), os bancos de imagem tendem a explicitar que não podem ser responsabilizados por

53 Títulos de imagens com palavras repetidas. Ver: https://www.shutterstock.com/contributorsupport/articles/kbat02/000010523

54 Tags associadas a imagens com palavras repetidas. Ver: https://www.shutterstock.com/contributorsupport/articles/kbat02/000011449

qualquer ofensa que seus produtos possam causar, como, por exemplo, a *Getty Images* faz questão de publicar em seus termos de uso:

> A Getty Images oferece um recurso de pesquisa no Site. A Getty Images isenta-se explicitamente de qualquer responsabilidade pelo conteúdo ou pela disponibilidade de informações contidas no seu diretório ou índice de pesquisa. A Getty Images também isenta-se de responsabilidade pela integridade ou exatidão de qualquer diretório ou resultado de pesquisa.

Essa manifestação de isenção de responsabilidade se deve também ao recente crescimento de acusações sobre o potencial discriminatório destes agentes artificiais e seu papel na manutenção das desigualdades sociais. Diversas iniciativas advindas tanto do campo científico (Buolamwini e Gebru, 2018; Flores, Bechtel e Lowenkamp, 2016; Rhue, 2018) quanto de organizações civis (como a Desabafo Social[55]) mostram como dinâmicas de poder existentes são reproduzidas em ferramentas digitais que se propõem "disruptivas" (Adner, 2002), perpetuando antigas ideologias e representações e negligenciando narrativas e demandas sociais contemporâneas, como se fosse possível posicionar o ciberespaço como um lócus para a transcendência da raça, da classe e do gênero (Hobson, 2008, p. 112).

Vê-se iniciativas como o *Nappy*[56] e o Mulheres Invisíveis[57], que buscam questionar estas reproduções de estruturas de poder materializadas tanto em que tipo de imagens são comumente expostas como resultados relevantes de um grupo social quanto na total ausência de alguns grupos nestes espaços. Os dois sites são bancos de imagem criados para dar conta dessa lacuna de representação imagética que é característica dos bancos de imagem tradicionais e mais populares. Enquanto o *Nappy*, portanto, se propõe a apresentar imagens em alta resolução de indivíduos negros em situações cotidianas, o Mulheres Invisíveis oferece imagens de mulheres que geralmente são excluídas dos resultados de busca por imagens profissionais: gordas, transexuais, negras e lésbicas.

Além disso, os próprios bancos de imagem tradicionais, como os que serão analisados aqui, começam a apresentar alguns passos em direção à entrega de resultados imagéticos mais inclusivos, mas todas as iniciativas ou são respostas a demandas e reclamações externas ou são projetos em associação com marcas para construção de acervo de imagens específicas. O *Shutterstock*, por exemplo, após a reivindicação da Desabafo Social em 2017, inseriu filtro de etnias em sua busca, fazendo ser possível

---

55 Em 2017, a organização Desabafo Social produziu um vídeo intitulado "Vamos conversar, Shutterstock?", no qual mostrava como a pesquisa por "família" resultava em maioria de famílias brancas. Para conseguir ter resultados de famílias negras, era preciso expressamente escrever "família negra" na busca. Ver: https://www.youtube.com/watch?v=tA7MllCbq00

56 www.nappy.co/

57 http://www.mulheresinvisiveis.com/

escolher resultados de pessoas "africanas", "afro-americanas", "negras", "brasileiras", "caucasianas", "chinesas", do "leste asiático" ou "hispânicas". No entanto, embora haja a possibilidade agora do filtro, nada foi feito, por exemplo, em relação ao algoritmo que atribui à busca genérica "família" a capacidade de resultar em expressiva maioria de indivíduos brancos (CARRERA e CARVALHO, 2019).

O Getty Images, também, em associação com a Dove e a Girlgaze, lançou o projeto #ShowUs (#NosMostre), construindo uma coleção específica de imagens mais diversas do público feminino e não-binário, deixando claro que se trata de uma biblioteca de fotografias criada para o projeto, tagueada com palavra-chave especial a ele associada. Isto é, não há uma tentativa de transformar todo o desenho político, tecnológico e produtivo do site para que as imagens postas em circulação sejam coerentes e responsáveis em suas dinâmicas de representação, mas cria-se um dispositivo de busca deslocado do todo imagético padronizado, das imagens disponibilizadas como gerais, comuns, "neutras".

> A Getty Images, a Dove e a Girlgaze têm o orgulho de apresentar o Projeto #NosMostre: uma biblioteca inovadora com mais de 5.000 fotografias criadas para desconstruir os estereótipos de beleza ao mostrar mulheres, indivíduos não binários e pessoas que se identificam como mulheres, tal como são e não como os outros acreditam que devem ser. As imagens, criadas por essa comunidade global de 116 fotógrafas de 39 países, apoiarão estas fotógrafas do futuro para que os meios de comunicação e os publicitários possam continuar refletindo as experiências autênticas das mulheres ao redor do mundo. Licencie as fotos do #NosMostre em seu próximo projeto ou campanha pesquisando abaixo ou usando a palavra-chave #ShowUs. Não deixe de acompanhar essa coleção, pois continuaremos adicionando imagens ao Projeto #NosMostre.

Nesse sentido, embora haja a suposta intencionalidade de desafiar os estereótipos de gênero e raça nestes casos, ao disponibilizar imagens com indivíduos mais diversos em contextos específicos, estes bancos criam a percepção de sites inclusivos apenas em uma primeira dimensão. Se estas imagens não compõem o universo da biblioteca, isto é, se não se misturam às outras imagens em pesquisas genéricas, não há, de fato, uma construção igualitária de representação, mas ainda a marcação de indivíduos que compõem o padrão e outros que caracterizam a diferença, o exotismo e a estigmatização (Goffman, 1988). Como transformar os modos midiáticos de representação, seja no campo publicitário, jornalístico, editorial e de entretenimento, se estes bancos de imagem ainda produzem resultados enviesados em seus mecanismos de busca genérica?

Ademais, para além de palavras-chave mais concretas, como mulher, homem, família e casais, por exemplo, o que dizer de resultados de busca para construtos mais abstratos, como felicidade, sucesso, fracasso, prosperidade e inferioridade? Quais são as associações imagéticas atribuídas a estes construtos que podem ajudar na concepção do imaginário sobre os indivíduos? Estas dimensões menos objetivas e materiais, que também são fundamentais para a composição discursiva das mensagens midiáticas - uma vez que representam os valores acionados para a construção dos sentidos -, podem revelar escapes significativos dessa construção de inclusão e diversidade, mostrando que alguns construtos são mais associados a determinados indivíduos que a outros.

Nesse sentido, com o objetivo de apontar para a problemática da representação imagética, sob o recorte de gênero e raça, em bancos de imagens digitais, foram analisadas aqui as três primeiras páginas de resultado de busca no Shutterstock, Getty Images e Stockphotos para as palavras-chave *boss*, *secretary*, *poverty* e *wealth*. Optou-se pela língua inglesa pela falta de marcação de gênero nos substantivos, que poderia direcionar e prejudicar os resultados. A análise, exploratória, estudou cerca de 800 imagens para cada palavra-chave (cerca de 3.200 fotografias[58] no total) e resultou em algumas conclusões a respeito da associação de mulheres e homens, negros e brancos a conceitos comumente acionados pelo discurso midiático, como será visto a seguir.

Racismo e Sexismo nos bancos de imagem: dimensão financeira/ profissional

Em relatório sobre desigualdade de gênero publicado em 2018, o Fórum Econômico Mundial apontou para dados recentes a respeito da diferença salarial entre homens e mulheres em todo o mundo. Intitulado *The Global Gender Gap Report*, o documento revelou um cenário desanimador: mulheres ganham 51% menos que os homens e seriam necessários mais de 200 anos para que houvesse equiparação de salário e de oportunidades de emprego (World Economic Forum, 2018). Nos EUA, como forma de dar visibilidade ao problema, o Comitê Nacional pela Igualdade Salarial instituiu o "Dia Nacional da Conscientização da Desigualdade Salarial" (*Equal Pay Day*) desde 1996, mostrando ano após ano que o quadro pouco se alterou mesmo 23 anos depois. Esse dia, no entanto, é um modo de revelar o cenário para mulheres brancas e asiáticas: instituído em abril, mostra quantos dias a mais essas mulheres têm de trabalhar para ganhar o mesmo que os homens brancos no ano anterior (4 meses a mais). Mulheres negras enfrentam outra realidade: seu dia de igualdade salarial chama-se *Equal Pay Day for Black Women* e é em agosto. Isto é, mulheres negras têm de trabalhar 8 meses a mais.

---

58 Embora estes bancos disponibilizem em seus resultados fotografias, ilustrações e vetores, foi usado aqui o filtro para resultados apenas de fotografias, como forma de otimizar a análise.

Ao inserir a raça como variável, pode-se dizer que o quadro da desigualdade salarial evidencia de forma contundente os modos do racismo e do sexismo no âmbito profissional e financeiro. Aqui no Brasil, o estudo "Retrato das Desigualdades de Gênero e Raça", publicado em 2017 pelo Ipea, mostrou que a escala de remuneração é um mecanismo importante de exibição da realidade social do país: homens brancos ganham mais, seguidos de mulheres brancas, homens negros e, por fim, mulheres negras. Nesse sentido, é evidente que raça se mostra um fator ainda mais potente que o gênero na demarcação da desigualdade de renda. Essa disparidade também se manifesta nos tipos de empregos disponibilizados para essas pessoas: enquanto homens negros ocupam apenas 4,7% dos cargos executivos, mulheres negras ocupam 0,6% (Ethos, 2016). Em um processo de alimentação e retroalimentação, as imagens contemporâneas reproduzem e ajudam a reforçar, portanto, esse cenário de discriminação racial e de gênero. Em 2016, em campanha para o Dia da Consciência Negra, o Governo do Paraná lançou um vídeo sobre racismo em ambientes profissionais que mostrava as dinâmicas racistas de contratação que ajudam a construir esse contexto desigual no país. Ao mostrar imagens (provavelmente advindas de bancos de imagens digitais e editadas para a marcação da raça) de pessoas negras e brancas a especialistas de recursos humanos, o estudo deixou claro que estas pessoas, que são os responsáveis pela escolha de ocupantes de cargos em diversas empresas do país, atribuem a brancos o perfil de cargos de liderança enquanto a negros o perfil da criminalidade e de cargos subalternos[59].

Intitulado "Teste de Imagem", essa pesquisa em grupo de foco divulgada pela campanha evidencia a importância das representações visuais que atribuem a determinados sujeitos o que eles podem ou devem ser. Nesse sentido, as imagens servem ao racismo estrutural (Almeida, 2019), uma vez que ultrapassam a influência na dimensão individual para conduzir todos os processos sociais, institucionais e culturais e gerar piores condições de existência a pessoas negras. A interpretação racista dessas imagens, portanto, é alimentada pela realidade social de desigualdade, mas também pode ser nutrida pelas próprias imagens em circulação, já que são elas também os agentes para a composição do imaginário social a respeito do que significa ser negro ou ser branco.

Os bancos de imagem, portanto, são vetores fundamentais para a manutenção do racismo estrutural, uma vez que, como será visto aqui, associam indivíduos negros a determinados contextos de emprego e renda que não se igualam aos contextos associados a indivíduos brancos. Argumenta-se aqui, também, que essa desigualdade é manifestada para as relações de gênero, mostrando que esses bancos vêm ajudando a construir as percepções dos sujeitos sobre quem

---

59 Ver: https://www.youtube.com/watch?v=JtLaI_jcoDQ

deve ser considerado na conjuntura da ascensão social e quem deve se manter em realidades financeiras e profissionais de subalternidade. Se na campanha do Governo do Paraná, as imagens mostradas eram idênticas (com apenas a diferença racial) como forma de demarcar a interpretação racista, entende-se que na verdade esse contexto de igualdade nem acontece: as imagens profissionais disponíveis em bancos de imagens localizam mulheres e homens negros em lugares completamente diferentes daqueles que atribuem a mulheres e homens brancos.

BOSS é homem branco, *SECRETARY* é mulher

Ao analisar quase 800 imagens, advindas das três primeiras páginas dos resultados de busca do Stockphotos, Getty Images e Shutterstock, percebe-se que a palavra "*boss*" traz imagens de homens brancos em sua grande maioria. A análise partiu da composição da imagem e da linguagem corporal associada àqueles que a constituem: no contexto da chefia, o ato de explicar, ensinar, repreender, conferir o trabalho etc. são modos de comportamento que parecem mais atribuídos a homens brancos (ver imagem 1). Aliás, em quase metade dos resultados, a palavra-chave "*boss*" gera resultado de imagens que sequer têm mulheres (48,41%), nem como chefes nem como funcionárias. Mulheres representando chefes são, em sua totalidade, apenas 28,57%. No contexto racial, homens negros são chefes em apenas 2,78%, seguido das mulheres negras, que representam 2,02%. Assim, as imagens disponibilizadas nestes bancos acompanham o cenário da desigualdade no mercado de trabalho, gerando novamente a escala homem branco - mulher branca - homem negro - mulher negra.

Imagem 1: As fotografias mais comuns em resultado de busca pela palavra-chave "*boss*" nos bancos de imagem GettyImages, Shutterstock e Stockphotos.

Quando a palavra-chave buscada é "*secretary*", embora na língua inglesa não haja marcação de gênero, os resultados de imagens disponíveis são contrários àqueles encontrados no contexto da palavra "*boss*". Não somente há quase totalidade de mulheres como resultado de busca, como há evidente aumento da proporcionalidade de mulheres negras, deixando claro que a quase inexistência de mulheres negras nas fotografias que representam contextos de cargos de chefia não é resultado de falta de modelos, mas da associação da negritude a cargos subalternos (ver imagem 2).

Imagem 2: Nos resultados para "*secretary*", há quase totalidade de mulheres e aumento expressivo de mulheres negras.

Essa constatação é necessária e se fortalece na comparação e interpretação dos tipos de imagens consideradas aqui na análise. Ou seja, muitas imagens, tanto no contexto da pesquisa por "*boss*" quanto em "*secretary*" apresentam sujeitos sozinhos, trabalhando ou olhando para a câmera. Nesse sentido, pode-se dizer que tanto o tagueamento das imagens pelos fotógrafos quanto o treinamento algorítmico que atribui relevância no resultado da busca prioriza esses indivíduos, que poderiam ser considerados chefes ou secretários (já que o contexto do escritório, que predomina, é similar), em realidades raciais bem diferentes. Enquanto homens brancos sozinhos, atrás de uma mesa de escritório, são associados à palavra-chave "*boss*"; mulheres negras sozinhas aparecem mais vezes como resultado da palavra-chave "*secretary*" (ver imagem 3). Além disso, a interpretação do contexto imagético é fundamental: os poucos homens que aparecem como resultado da palavra-chave "*secretary*" representam homens brancos de terno e gravata em contextos de cargo político, em palanques, fóruns ou dando entrevistas, representando, provavelmente, a figura de Secretário de Estado (que difere completamente do sentido de "*secretary*" que se analisa aqui e, na verdade, se configura como um cargo de poder).

Imagem 3: No mesmo contexto de escritório e de postura corporal, mulheres negras são tagueadas para "*secretary*" e homens brancos para "*boss*".

Pobreza é negra, infantil e feminina; Riqueza é masculina e branca

O racismo estrutural, que nega à negritude o acesso ao mercado de trabalho e a postos de comando, é o mesmo que associa a imagem da branquitude ao estereótipo do poder e da riqueza. Ser branco é "uma espécie de aval, um sinal de que se tem dinheiro, mesmo quando não existem outros sinais, é andar com fiador imaginário a tiracolo" (Sovik, 2009, p. 74). No contexto midiático, esta desproporcionalidade é refletida e, também, reforçada, uma vez que ajuda na construção do imaginário sobre as identidades raciais. Em produtos do entretenimento, em geral, atores negros são contratados para personagens estereotipados, como moradores de favela, empregados domésticos, escravos e bandidos (Grijó e Sousa, 2012).

Nesse sentido, o discurso colonizador que delimitou aos negros e indígenas a insígnia dos indivíduos "primitivos a serem civilizados" (Grosfoguel, 2016, p. 39), construiu para a branquitude a ideia de superioridade moral e intelectual, assim como de civilidade e progresso (Schucman, 2014, p. 91). Ou seja, nas imagens que compõem os discursos midiáticos contemporâneos, associa-se a branquitude a uma noção de autoridade que permite colocação em espaços laborais de poder enquanto negros, por exemplo, são muito comumente associados a imagens estereotipadas de pobreza e de cargos subalternos (Martins, 2009).

Dentro desse contexto, optou-se aqui pela análise nos bancos de imagens das palavras-chave genéricas "*poverty*" (pobreza) e "*wealth*" (riqueza), como forma de identificar a quais fotografias é atribuída relevância para contextos tão diferentes. Nos dois casos, pode-se dizer que os resultados demonstram que as imagens disponíveis para serem colocadas em circulação apenas ajudam a reforçar não somente os estereótipos de raça, como inserem nuances discriminatórias de gênero que podem passar despercebidas em primeira análise, mas são microagressões (Silva, 2019) tão potentes quanto nocivas para a manutenção das dinâmicas sociais sexistas.

Na palavra-chave "*poverty*", além da branquitude desaparecer como maioria absoluta de quase todos os resultados de busca e ceder o lugar à maioria de pessoas negras com expressivo aumento de pessoas indígenas, mulheres e crianças são vasta maioria nestas representações fotográficas da pobreza. O estranhamento inicial ao ser detectada a quase ausência de homens sozinhos nas imagens, enquanto a maioria de mulheres sozinhas ou com crianças (ver imagem 4), cede lugar rapidamente ao entendimento de que se atribui à mulher nas imagens contemporâneas, como afirma Goffman (1979) a respeito da publicidade, uma "hiper-ritualização" de infantilização e necessidade de proteção. Em um contexto liberal que considera a pobreza como ausência de esforço e, consequentemente, fracasso (Duarte, 2012), e trabalha apenas com a exposição de masculinidades hegemônicas, é óbvio que "o fracasso é das mulheres" (Connel, 1995, p. 194).

Imagem 4: Mulheres e crianças são maioria em resultados para palavra-chave "*poverty*".

Desperta atenção, ainda, que algumas imagens, embora não apresentem signos que se associam diretamente a uma suposta falta de recursos (como cenário de casas sem acabamento, entulhos, vestimentas sujas ou rasgadas, moradias improvisadas, até mesmo expressão facial de tristeza etc.), mas apenas apresentam a marcação racial da negritude ou da origem indígena, são muito comuns nos resultados de busca pela palavra "*poverty*", mas não nos resultados para "*wealth*". Isto é, não há nestas imagens quaisquer indicadores de que aquelas pessoas seriam uma representação relevante da pobreza para além da sua raça. Em exercício mental simples de troca racial em que estes sujeitos são substituídos por outros brancos, estas imagens provavelmente estariam em outros resultados de busca (ver imagem 5), como foi visto, inclusive, aqui (ver imagem 6). Isto é, em coleta aleatória, as imagens com sujeitos brancos, embora muito semelhantes àquelas com sujeitos negros, não aparecem como resultado relevante para "*poverty*".

Imagem 5: Sujeitos negros e indígenas sem marcação evidente de signos de pobreza são resultados relevantes para palavra-chave "*poverty*".

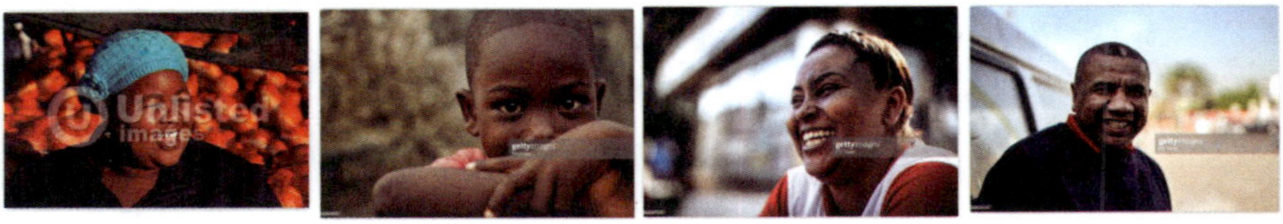

Imagem 6: Imagens semelhantes às anteriores, coletadas aleatoriamente, que não são resultados relevantes para a palavra-chave pobreza. A diferença marcante é a marcação racial.

A palavra-chave "*wealth*", aliás, deixa ainda mais perceptível o contraste nas dimensões de gênero e raça: ao contrário dos resultados para pobreza, a branquitude reina como maioria na riqueza, assim como há aumento expressivo da presença de homens, sobretudo sozinhos. Nesse sentido, fica claro nas imagens disponíveis que há tanto hiper-ritualização da dependência financeira feminina, como hiper-ritualização do sucesso financeiro como ganho pessoal e intransferível dos homens. Isto é: se na pobreza, a predominância de mulheres sozinhas significa que o fracasso é só delas, no contexto da riqueza o sucesso financeiro poucas vezes é somente delas (há minoria de mulheres sozinhas), mas da sua associação com homens.

Imagem 7: Nos resultados para a palavra-chave "*wealth*", a branquitude impera, assim como há maioria de homens brancos sozinhos e mulheres acompanhadas.

Vê-se aqui, portanto, que os modos de tagueamento das imagens, assim como os processos de treinamento algorítmico destes bancos de imagens para atribuição de relevância, obedecem a regimes enviesados de raça e gênero que devem ser considerados como desenho político e tecnológico. Isto é, assim como estes espaços, por serem produzidos por mentes humanas inseridas em contextos socioculturais de desigualdades, não são imunes a lógicas de discriminação, é preciso afirmar que, também, não são inocentes a respeito das suas escolhas. Inserir uma etapa de revisão de *tags* (que já faz parte do processo de *upload* de fotografias) na qual avalia-se estas associações e não somente as técnicas de *black hat*[60], é um dos primeiros passos para a disponibilização de acervo mais responsável.

Considerações finais

Esse trabalho é parte de projeto de pesquisa ampliado sobre bancos de imagens digitais e representação de gênero e raça, desenvolvido no LIDD - Laboratório de Identidades Digitais e Diversidade, alocado na Universidade Federal do Rio de Janeiro (UFRJ). O objetivo fundamental da pesquisa é investigar padrões de representação de mulheres negras nestes mecanismos de busca, compreendendo os papeis humanos na construção de *tags*, o treinamento algorítmico que atribui relevância a determinados resultados em detrimento de outros, assim como os processos e rotinas produtivas que ajudam a manter estruturas racistas e sexistas em tecnologias contemporâneas.

Nesse sentido, o projeto busca analisar, além de construtos objetivos e palavras-chave comuns para o mercado midiático e editorial (como mulher, mãe, família etc.), outros construtos abstratos também fundamentais para a dinâmica criativa das mensagens e dos materiais imagéticos que são colocados em circulação pública. Se palavras-chave que representam estados subjetivos e condições de vida

60 Técnicas antiéticas para aumentar ranqueamento de sites em resultados de busca ou fazer algum conteúdo ser reconhecido pelos mecanismos como mais relevante (como o uso repetido de palavras-chave). Ver: https://blog.hubspot.com/marketing/black-hat-seo

(como felicidade, riqueza, pobreza, beleza etc.) são conectadas a imagens de raças, gêneros e corporalidades específicas, pode-se dizer que esta conexão é tanto uma produção espelhada da realidade social quanto ajuda a reforçá-la. Se a alguns indivíduos é negada a representação da vivência da felicidade, da beleza e da opulência, enquanto a outros não se considera existência fora destes parâmetros, não são deixadas saídas para representações e experimentações de vida mais justas.

Se a pesquisa pretende expor esta problemática nas dimensões financeiro/profissional, afetiva e estética, aqui priorizou-se a primeira. Percebeu-se, em análise de quase 3200 fotografias, que homens brancos são de modo expressivo mais comumente associados à palavra-chave riqueza ("*wealth*") que pobreza ("*poverty*"); são principais resultados para palavras que representam cargos de gestão ("*boss*"), seguidos de mulheres brancas, homens negros e mulheres negras; mulheres em geral aparecem em riqueza mais associadas a homens que sozinhas; homens aparecem fortemente mais sozinhos em riqueza que em pobreza; mulheres negras são muito mais frequentes em resultados de busca para cargos de secretariado ("*secretary*") do que para cargos de chefia ("*boss*"), assim como são resultado majoritário, junto a crianças negras, para o construto da pobreza.

É importante salientar que esse trabalho, de cunho exploratório, reconhece a necessária comprovação empírica dos seus resultados, sendo considerada uma etapa importante para validação dos frutos da análise aqui produzida. No entanto, mesmo sem propor caráter quantitativo, a intenção aqui é apontar para as desigualdades representacionais em bancos de imagens digitais, deixando claro que, embora mulheres e negros, sobretudo mulheres negras, sejam minoria na maioria dos resultados de busca, em outros (específicos) esse padrão se inverte. Ou seja, mesmo em cenário de quase anulação de existência, pessoas negras são mais atuantes e acionadas para representar determinados contextos e outros não. Assim, até mesmo o crescimento da escolha por modelos negras (os) em alguns contextos em detrimento de outros, já revela que houve um movimento de escolha por esses indivíduos nesses contextos (pobreza, por ex.), o que reflete um modo potente de opressão de raça. Até mesmo porque, em contextos de poder e riqueza, sua falta não é sentida nem marcada, uma vez que é a norma.

Referências

ADNER, Ron. When are technologies disruptive? A demand based view of the emergence of competition. **Strategic Management Journal**, v. 23, n. 8, p. 667-688, 2002.

ALMEIDA, Silvio. **Racismo estrutural**. Pólen: São Paulo, 2019.

BAGGIO, Adriana Tulio. A temática homossexual na publicidade de massa para público gay e não-gay: conflito entre representação e estereótipos. **Revista uninter de Comunicação**, 2013, 1.1: 100-117.

BUOLAMWINI, Joy; GEBRU, Timnit. Gender shades: Intersectional accuracy disparities in commercial gender classification. In: **Conference on fairness, accountability and transparency.** 2018. p. 77-91.

CARRERA, Fernanda; CARVALHO, Denise. Algoritmos racistas: uma análise da hiper-ritualização da solidão da mulher negra em bancos de imagens digitais. **Anais** do XXVIII Encontro Anual da Compós, Pontifícia Universidade Católica do Rio Grande do Sul, Porto Alegre - RS, 11 a 14 de junho de 2019.

CONNEL, R. W. Políticas de masculinidade. **Educação & Realidade**, 20 (2), 185-206, 1995.

CORRÊA, Laura Guimarães. De corpo presente: o negro na publicidade. **Dissertação** (Mestrado em Comunicação Social), Universidade Federal de Minas Gerais, 2006.

DE OLIVEIRA, J. S., & SILVA, A. C. S. Caracterização do deficiente físico em peças publicitárias. **Pensamento**, 77, 2008.

DUARTE, Natalia de Souza. Política Social: um estudo sobre educação e pobreza. **Tese de doutorado** apresentada ao Programa de Pós-Graduação em Política Social da Universidade de Brasília, 2012.

ETHOS. **Perfil social, racial e de gênero das 500 maiores empresas do Brasil e suas ações afirmativas**. Instituto Ethos, São Paulo, 2016.

FLORES, Anthony W.; BECHTEL, Kristin; LOWENKAMP, Christopher T. False Positives, False Negatives, and False Analyses: A Rejoinder to Machine Bias: There's Software Used across the Country to Predict Future Criminals. And It's Biased against Blacks. **Fed. Probation**, 2016, 80: 38.

GOFFMAN, Erving. **Estigma: notas sobre a manipulação da identidade.** Tradução: Mathias Lambert, v. 4, 1988.

_______________. **Gender Advertisements**. Cambridge, Mass.: Harvard University Press, 1979. 84 pp.

GRIJÓ, Wesley Pereira; SOUSA, Adam Henrique Freire. O negro na telenovela brasileira: a atualidade das representações. **Estudos em Comunicação**, v. 11, p. 185-204, 2012.

GROSFOGUEL, Ramón. A estrutura do conhecimento nas universidades ocidentalizadas: racismo/sexismo epistêmico e os quatro genocídios/epistemicídios do longo século XVI. **Sociedade e Estado**, v. 31, n. 1, p. 25-49, 2016.

HOBSON, Janell. Digital Whiteness, primitive Blackness: Racializing the "digital divide" in film and new media. **Feminist Media Studies**, v. 8, n. 2, p. 111-126, 2008.

INSTITUTO DE PESQUISA ECONÔMICA APLICADA (Ipea). **Retrato das desigualdades de gênero e raça**-1995-2015). Brasília: IPEA, 2017.

MACHADO, M. G. F., BIANCHI, M., MENEGÓCIO, A. M., & ZAGO, G. M. (2014). Desconstruindo a imagem do idoso nos meios midiáticos. **Revista Kairós: Gerontologia**, 17(4), 211-223.

MARTINS, Carlos Augusto de M. O Silêncio Como Forma De Racismo: A Ausência de Negros na Publicidade Brasileira. **InterSciencePlace**, v. 1, n. 2, 2015

________________________________. Racismo anunciado: o negro e a publicidade no Brasil (1985-2005). 2009. **Tese** de Doutorado. Universidade de São Paulo.

MOTA-RIBEIRO, S. Corpos Visuais – imagens do feminino na publicidade. In: Macedo, A. & Grossegesse, O. (eds.) (2003) **Re-presentações do Corpo, Colecção Hispérides** – Literatura, Braga: Centro de Estudos Humanísticos da Universidade do Minho, pp. 115-132.

NOBLE, Safiya Umoja. **Algorithms of Oppression: How search engines reinforce racism**. NYU Press, 2018.

OLIVEIRA, Otoniel. Grafismo e Espetáculo: o grafismo indígena como espetáculo da propaganda1. **Anais** do INTERCOM, 2015.

OSOBA, Osonde A.; WELSER IV, William. **An intelligence in our image: The risks of bias and errors in artificial intelligence**. Rand Corporation, 2017.

RHUE, Lauren. **Racial influence on automated perceptions of emotions**. *Available at SSRN 3281765*, 2018.

RODRIGUES, André Iribure; CARVALHO, Amanda de. Desde a década de setenta, em setenta comerciais: as representações LGBT na publicidade e propaganda veiculadas na televisão brasileira. **Encontro Nacional de História da M**ídia (10.: 2015 jun. 3-5: Porto Alegre, RS). Anais.[Porto Alegre, RS: Alcar, 2015]., 2015.

SCHUCMAN, Lia Vainer. Sim, nós somos racistas: estudo psicossocial da branquitude paulistana. **Psicologia & Sociedade**, v. 26, n. 1, p. 11, 2014.

SILVA, Tarcízio. Racismo Algorítmico em Plataformas Digitais: microagressões e discriminação em código. In: **VI Simpósio Internacional Lavits**, Salvador, 2019.

SOVIK, Liv Rebecca. **Aqui ninguém** é branco. Aeroplano, 2009.

WORLD ECONOMIC FORUM. **The global gender gap report**. Geneva: World Economic Forum, 2018.

CAPÍTULO 9

Abeba Birhane

Abeba Birhane é atualmente doutoranda em Ciência Cognitiva na Escola de Ciência da Computação na University College Dublin, Irlanda. Ela estuda os relacionamentos dinâmicos e recíprocos entre tecnologias, humanidade e sociedade através das lentes da ciência cognitiva corporificada, ciência da complexidade e estudos críticos raciais. Ela explora especificamente como tecnologias ubíquas que são entrelaçadas em nossas esferas pessoais, sociais, políticas e econômicas moldam o que significa ser uma pessoa. Website: **https://abebabirhane.wordpress.com/**

COLONIZAÇÃO ALGORÍTMICA DA ÁFRICA

Abeba Birhane

Introdução

O poder colonial tradicional busca poder unilateral e dominação sobre as pessoas colonizadas. Declara o controle das esferas social, econômica e política, reordenando e reinventando a ordem social de uma maneira que o beneficie. Na era dos algoritmos, essa dominação ocorre não por força física bruta, mas por mecanismos invisíveis e diferenciados de controle do ecossistema digital e da infraestrutura digital. O colonialismo tradicional e o colonialismo algorítmico compartilham o desejo comum de dominar, monitorar e influenciar o discurso social, político e cultural através do controle dos principais meios de comunicação e infraestrutura. O limite entre corporações governamentais e tecnológicas está se tornando cada vez mais obscuro à medida que elas se entrelaçam e dependem umas das outras, no entanto, esse é um ponto importante que diferencia o colonialismo tradicional e o colonialismo tecnológico. Enquanto o primeiro é geralmente liderado por forças políticas e governamentais, o segundo é frequentemente conduzido por empresas comerciais em busca de acúmulo de riqueza. A dominação política, econômica e ideológica na era da Inteligência Artificial (IA) assume a forma de 'inovação' tecnológica, 'algoritmos de ponta' e 'soluções orientadas pela IA' para problemas sociais. Essa forma de colonialismo tecnológico voltado para o lucro pressupõe que a alma, o comportamento e a ação humanos sejam matéria-prima livre para serem capturados. Conhecimento, autoridade e poder para classificar, categorizar e ordenar seres humanos recaem sobre os tecnólogos, para os quais somos meramente "recursos naturais humanos" (Zuboff, 2019).

Em *Surveillance Capitalism*, Zuboff (2019) observa que os "padrões de conquista" se desdobram em três fases. Primeiro, o poder colonial inventa medidas legais para justificar a invasão. Em seguida, são reafirmadas declarações de reivindicações territoriais. Essas declarações são então legitimadas e institucionalizadas, pois são conquistadas pela imposição de uma nova realidade. Zuboff explica que esses invasores não pedem permissão, pois constroem ecossistemas de comércio, política e cultura e afirmam legitimidade e inevitabilidade. As conquistas por declaração são invasivas e às vezes servem como uma maneira sutil de impor novos fatos ao mundo social, enquanto para os declarantes são uma maneira de fazer com que outras pessoas concordem com esses fatos. Para gigantes da tecnologia, esses processos permitem que eles tomem coisas que vivem fora da esfera do mercado e as declarem como novas mercadorias do mercado. Em 2016, o Facebook declarou que está criando um mapa de densidade populacional da maior parte da África usando técnicas de visão computacional, dados populacionais e imagens de satélite de alta resolução (Greenwood, 2019). O Facebook, no processo, designou-se como a única autoridade responsável por mapear, controlar e criar conhecimento da população do continente. Ao fazer isso, não apenas o Facebook está assumindo que o continente (seu povo, movimento e atividades) está disponível para fins de extração, manipulação e previsão de dados, através da criação do mapa da população, o Facebook assume autoridade sobre o que é percebido como conhecimento legítimo da população do continente. Declarações como "criar conhecimento sobre a distribuição da população da África", "conectar os não conectados" e "fornecer ajuda humanitária" serviram como justificativa para o projeto do Facebook.

Atualmente, grande parte do ecossistema e da infraestrutura digital da África é controlada e gerenciada por potências e monopólios ocidentais, como Facebook, Google, Uber e Netflix (Kwet, 2019a). Esses monopólios de tecnologia apresentam tais explorações como esforços para libertar milhões de pessoas - fornecer serviços bancários às pessoas que careciam destes serviços ou conectando os "desconectados" - uma antiga retórica colonial que é familiar demais para muitos africanos que apenas usam tecnologia. Nesse sentido, Kimani (2019) escreve:

> Acho difícil conciliar um grupo de corporações americanas, muito distantes das realidades dos africanos, elaborando um grande plano de ccomo prover às mulheres acesso aos serviços bancários na África. Especialmente quando você considera o histórico recente de violações de privacidade de dados (Facebook) e exploração de trabalhadores (Uber).

Tais esforços são, no entanto, aplaudidos e enfrentam pouca resistência e escrutínio.

Uma das questões centrais que precisam de atenção a esse respeito é a relevância e a adequação do software de IA, que é desenvolvido com valores e contexto dos usuários da sociedade ocidental ao dos usuários em todo o continente africano. A importação de ferramentas de IA feitas no Ocidente pode não só ser irrelevante, mas também um obstáculo que dificulta o desenvolvimento de produtos locais.

> A Nigéria, um dos países mais tecnicamente desenvolvidos da África, importa 90% de todo o software usado no país. A produção local de software é reduzida à criação de complementos ou extensões para o software empacotado convencional. (Knowledge Commons Brasil, 2019).

A invasão algorítmica do Ocidente empobrece o desenvolvimento de produtos locais e, ao mesmo tempo, deixa o continente dependente de seu software e infraestrutura.

Vários desenvolvimentos tecnológicos e de Inteligência Artificial (IA) de fato têm potencial para benefícios para o continente africano e o sul global, em geral. O uso de dados pode ajudar a melhorar o setor de saúde e educação, na Etiópia, por exemplo. As desigualdades de gênero que assolam todas as esferas sociais, políticas e econômicas da Etiópia ainda precisam ser expostas por meio de dados. Esses dados são inestimáveis para informar a tomada de decisão equilibrada em gênero a longo prazo, que é um primeiro passo importante para as mudanças sociais e estruturais. Esses dados também auxiliam na conscientização geral da sociedade sobre as disparidades de gênero, que são fundamentais para a mudança de base. Questões cruciais em todo o continente em torno da saúde e da agricultura, por exemplo, podem ser melhor compreendidas e melhores soluções podem ser buscadas com a ajuda da tecnologia. Um exemplo principal é um modelo de aprendizado de máquina que pode diagnosticar estágios iniciais da doença na planta da mandioca, criado pela pesquisadora queniana Wayua e sua equipe (Hao, 2019).

Dito isto, a maravilha da tecnologia e seus benefícios para o continente não é o que esta peça se propõe a discutir. Já existem incontáveis tecno-entusiastas, dentro e fora do continente, alguns dos quais estão muito dispostos a adotar cegamente qualquer coisa "orientada a dados" e "IA" sem pensar duas vezes em possíveis consequências negativas.

Menções a 'tecnologia', 'inovação' e 'IA' continuamente e consistentemente trazem consigo uma advocacia quase religiosa, confiança cega e muito pouco ou nenhum envolvimento crítico. Como 'tecnologia', 'IA' e 'inovação' ocupam o centro do palco, também estão engajados atores que buscam monetizar, quantificar e capitalizar todos os aspectos da vida, geralmente a qualquer custo. A atmosfera durante uma das conferências que participei em 2019 em Tânger, Marrocos, incorpora esse evangelismo tecnológico. *CyFyAfrica* 2019, A Conferência de Tecnologia, Inovação e Sociedade (CyFy Africa[61]), é uma das maiores conferências anuais na África, com a participação de vários formuladores de políticas públicas, delegados da ONU, ministros, governos, diplomatas, mídia, empresas de tecnologia e acadêmicos de mais de 65 países, principalmente países africanos e asiáticos. A atmosfera era uma que pode ser resumida como uma corrida para acelerar o continente. Esforços para implementar a mais recente ferramenta de aprendizado de máquina de ponta ou a próxima aplicação de ponta são aplaudidos e admirados, enquanto as poucas vozes que tentam trazer discussões sobre os perigos que

---

61 CyFy Africa - www.orfonline.org/cyfy-africa

podem surgir com essa tecnologia foram enterradas sob a empolgação. Dado que o futuro tecnológico do continente é predominantemente impulsionado e dominado por entusiastas do techno, é crucial prestar atenção às precauções que precisam ser tomadas e às lições que precisam ser aprendidas de outras partes do mundo.

Pessoas por trás dos pontos de dados

Equivalente africanos das novas empresas de tecnologia do Vale do Silício pode ser encontrado em todas as esferas possíveis da vida, em qualquer canto do continente - no "Vale do Sheba" em Addis Abeba, no "Vale de Yabacon" em Lagos e na "Savana do Silício" em Nairobi, para citar alguns - buscam "inovações de ponta" em setores como bancos, finanças, assistência à saúde e educação. Estes são dirigidos por tecnólogos e setores financeiros, dentro e fora do continente. Esses tecnólogos e setores financeiros aparentemente querem "resolver" os problemas da sociedade e os dados e a IA aparentemente fornece soluções ótimas. Como resultado, a demanda para "resolver" problemas sociais com a tecnologia é promissora e é exatamente aí que surgem os problemas. Problemas culturais, morais e políticos complexos, inerentemente embutidos na história e no contexto, são reduzidos a problemas que seriam uma questão de tecnologia. Como atividades e processos humanos dinâmicos e interativos são automatizados, eles são inerentemente simplificados para a caricatura dos engenheiros e das empresas de tecnologia do que eles significam. A redução de problemas sociais complexos a um assunto que pode ser "resolvido" pela tecnologia também trata as pessoas como objetos passivos para manipulação. Os seres humanos, no entanto, longe de serem objetos passivos, buscam ativamente o significado embutidos em contextos sociais, culturais e históricos dinâmicos (Birhane, 2017).

Na corrida para criar o próximo aplicativo bancário móvel de ponta, perdemos de vista as pessoas por trás de cada ponto de dados. A ênfase em "dados" como algo livremente disponível, algo que incontestavelmente pertence a empresas de tecnologia, governos e o setor industrial silencia o indivíduo por trás de cada ponto de dados como um objeto passivo. Na corrida para criar o próximo novo mecanismo de "nudge" (McCrudden e King, 2016) que poderia ser usado por seguros ou bancos, a competição pela mineração de mais dados parece a agenda central. Essas empresas pressupõem que esses "dados", que estariam disponíveis livremente para coleta, pertencem automaticamente a eles. O discurso sobre "mineração de dados" e "continente rico em dados" mostra até que ponto o indivíduo por trás de cada ponto de dados permanece esquecido. Essa remoção do indivíduo, uma pessoa com medos, emoções, sonhos e esperanças, por trás de cada ponto de dados, é sintomática de quão pouca atenção é dada às preocupações com a privacidade. Esse discurso de "minar" pessoas para obter dados é uma reminiscência da atitude do colonizador que declara os seres humanos como matéria-prima livre para a apropriação.

Os dados são necessariamente sempre sobre algo e nunca sobre uma entidade abstrata. A coleta, análise e manipulação de dados possivelmente envolve monitoramento, rastreamento e levantamento de pessoas. Isso necessariamente afeta as pessoas direta ou indiretamente, seja na mudança de suas condições de seguro ou na recusa de serviços. O apagamento da pessoa por trás de cada ponto de dados facilita a "manipulação do comportamento" ou a "empurrar" os usuários, geralmente em direção a resultados lucrativos para as empresas. Considerações sobre o bem-estar e o bem-estar do usuário individual, os impactos sociais a longo prazo e as consequências não intencionais desses sistemas nos mais vulneráveis da sociedade são deixados de lado, se eles sequer entrarem na equação. Seja pequenas empresas iniciantes ou empresas mais estabelecidas que desenvolvem e implantam a IA, no topo da agenda está a coleta de mais dados e o desenvolvimento de sistemas de IA rentáveis e eficientes, e não o bem-estar de pessoas ou comunidades individuais.

As tecnologias de IA que auxiliam na tomada de decisões na esfera social são, na maioria das vezes, desenvolvidas e implementadas pelo setor privado, incluindo várias *start-ups*, cujo objetivo principal é maximizar o lucro. Proteger os direitos de privacidade individuais e cultivar uma sociedade justa é, portanto, o menos importante da agenda deles, especialmente se essa prática atrapalhar a "mineração", manipular livremente o comportamento e empurrar produtos para os clientes. Isso significa que, ao entregarmos a tomada de decisões sobre questões sociais a sistemas automatizados desenvolvidos por empresas com fins lucrativos, não apenas estamos permitindo que nossas preocupações sociais sejam ditadas por incentivos corporativos (lucro), mas também estamos entregando questões morais para o mundo corporativo. "Nudges digitais", modificações de comportamento desenvolvidas para atender a interesses comerciais, são um excelente exemplo. À medida que os mecanismos de "empurrão" se tornam a norma para "corrigir" o comportamento, hábitos alimentares ou rotinas de exercício de indivíduos, essas empresas, entidades do setor privado e engenheiros que desenvolvem sistemas automatizados têm o poder de decidir qual hábito de comportamento, alimentação ou exercício é "correto" hábito de exercício é. Perguntas como quem está decidindo qual é o comportamento "correto" e com que finalidade geralmente são intocadas. No processo, indivíduos que não se encaixam em nossa imagem estereotipada do que é um "corpo em forma", uma "boa saúde" e "bons hábitos alimentares" acabam sendo punidos, excluídos e empurrados para a margem. Valores e ideais eurocêntricos, muitas vezes indiretamente e às vezes deliberadamente, são aplicados no processo.

O uso da tecnologia na esfera social frequentemente, intencionalmente ou acidentalmente, concentra-se em práticas punitivas, seja para prever quem cometerá o próximo crime ou quem deixará de pagar suas hipotecas. Perguntas construtivas e de reabilitação, como por que as pessoas cometem crimes em primeiro lugar ou o que pode ser feito para reabilitar e apoiar aqueles que saíram da prisão quase nunca são feitas. Os desenvolvimentos tecnológicos construídos e aplicados com o objetivo de oferecer segurança e ordem, necessariamente trazem práticas cruéis, discriminatórias e desumanas para alguns. O tratamento cruel dos uigures na China (Mozur, 2019) e o injusto reforço de desvantagem dos pobres (Madden, 2019) são exemplos a esse respeito. Da mesma forma, quando cidades como Kampala e Johannesburg (Swart, 2018) introduzem o uso da tecnologia de reconhecimento facial, a discriminação injusta e o policiamento excessivo de grupos minoritários são inevitáveis.

Viés de máquina, discriminação e injustiça são questões que estão se tornando preocupações centrais em todo o mundo. À medida que as soluções tecnológicas são cada vez mais desenvolvidas e integradas nas esferas social, econômica e política, o mesmo ocorre com os problemas que surgem com a digitalização e automação da vida cotidiana. As atuais tentativas em andamento de integrar a ética nos programas de ciência da computação (Fiesler, Garrett e Beard, 2020) no meio acadêmico, vários "conselhos de ética" na indústria, bem como várias diretrizes políticas propostas (Jobin, Ienca & Vayena, 2019), ilustram a conscientização sobre esses problemas e tentam mitigá-los.

Essas abordagens para desenvolver, implementar e ensinar a IA responsável e ética assumem várias formas, perspectivas, orientações e enfatizam vários aspectos. Essa multiplicidade de visões e perspectivas não é uma fraqueza, mas uma força desejável necessária para acomodar remediação saudável e dependente do contexto. Insistir em uma única estrutura para várias questões éticas, sociais e econômicas que surgem em vários contextos e culturas com a integração da IA não é apenas inatingível, mas também impõe uma ditadura de visão de mundo única e de tamanho único. Empresas como o Facebook, que entram nos "mercados" africanos ou iniciam projetos como "criar mapas de densidade populacional", com pouca ou nenhuma consideração pelas normas ou culturas locais, correm o risco de impor um imperativo de tamanho único. Da mesma forma, para desenvolvedores, startups e formuladores de políticas africanos que trabalham para resolver problemas locais com soluções domésticas, o que pode ser considerado ético e responsável está inerentemente ligado aos contextos locais.

A Inteligência Artificial superestimada

A IA, como o Big Data, é uma palavra da moda que é adotada de maneira descuidada; o que se refere é notoriamente contestado em várias disciplinas, e é impossível definir conclusivamente o termo. Pode se referir a qualquer coisa, de robôs enganosos altamente superestimados (Sharkey, 2018) a algoritmos de aprendizado de máquina do Facebook que ditam o que você vê no seu Feed de notícias, até a sua geladeira "inteligente". Tanto pesquisadores no campo quanto repórteres da mídia contribuem para superestimar e exagerar as capacidades da IA, geralmente atribuindo-a um poder quase divino. Alguém pode ser levado a acreditar que a "superinteligência" ou a "singularidade" (Kurzweil, 2005) são as ameaças tecnológicas reais que estamos enfrentando. Da mesma forma, relatos incorretos, por exemplo, sobre algoritmos do Facebook 'que criaram seu próprio idioma forçando o Facebook a encerrar seu projeto' (McKay, 2017) circulam facilmente, espalhando informações incorretas. No entanto, os principais estudiosos da área, como Mitchell (2018), enfatizam que estamos longe da "superinteligência". O estado atual da IA é marcado por limitações cruciais, como a falta de entendimento do senso comum, que é um elemento crucial da compreensão humana. Da mesma forma, Bigham (2019) enfatiza que na maioria das discussões sobre sistemas "autônomos" (sejam robôs ou algoritmos de reconhecimento de fala), uma grande carga de trabalho é feita por seres humanos, geralmente mão-de-obra barata - fato que é deixado de lado como não é um bom presságio com a narrativa exagerada da IA.

Retratos incorretos e enganosos do estado da IA têm consequências negativas não apenas para o campo, mas também para as pessoas reais. O robô conhecido como Sophia, que pode ser melhor descrito como uma máquina com alguns recursos de reconhecimento facial e um mecanismo de chatbot rudimentar, é falsamente descrito como semiconsciente pelo fabricante (Gershgorn, 2017). O exagero [*over-hype*] não é apenas um problema que retrata uma imagem irreal do campo, mas também um que distrai a atenção do perigo real da IA, que é muito mais invisível, matizado e gradual do que a "super-inteligência". A simplificação e extração da experiência humana para fins capitalistas (Zuboff, 2019), que é então apresentada como "personalização" baseada no comportamento, é uma prática aparentemente banal na superfície, mas que requer mais atenção e escrutínio. Da mesma forma, modelos algorítmicos preditivos de comportamento que inferem hábitos, comportamentos e emoções precisam ser analisados, porque na maioria das vezes, essas inferências refletem vieses e injustiças fortemente mantidos, em vez de obterem causas ou explicações profundas.

O continente faria bem em adotar uma dose de avaliação crítica ao apresentar, desenvolver e relatar a IA. Isso requer desafiar a mentalidade que retrata a IA com um poder quase divino e, em vez disso, vê a IA como uma ferramenta pela qual criamos, controlamos e somos responsáveis. Não como algo que existe e se desenvolve independentemente daqueles que o criam. Como qualquer outra ferramenta, a IA é uma que incorpora e reflete nossas inconsistências, limitações, preconceitos, desejos políticos e emocionais. Assim como um espelho que reflete como a sociedade opera - injusta e preconceituosa contra alguns indivíduos e grupos.

A Inteligência Artificial nunca é neutra

As ferramentas de IA são implantadas em várias esferas e as decisões tomadas usando essas ferramentas são frequentemente apresentadas como objetivas e sem valores. Na verdade, alguns sistemas automatizados usados em domínios como contratação[62] e policiamento[63] são apresentados com a alegação explícita de que essas ferramentas eliminam o viés humano. Afinal, os sistemas automatizados aplicam as mesmas regras a todos. Tal alegação é de fato um dos equívocos conceituais mais errôneos e prejudiciais no que diz respeito aos sistemas automatizados. Como O'Neil (2016) explica, "algoritmos são opiniões incorporadas no código". Esse equívoco generalizado impede ainda mais as pessoas de fazer perguntas e exigir explicações. Como vemos o mundo e como escolhemos representá-lo se reflete nos modelos algorítmicos do mundo que construímos. As ferramentas que construímos necessariamente incorporam, refletem e perpetuam estereótipos sociais e culturais e suposições inquestionáveis. Por exemplo, durante a Conferência *CyFyAfrica* 2019, o Chefe de Missão da Diretoria Executiva do Comitê de Contraterrorismo do Conselho de Segurança da ONU abordou o trabalho que está sendo desenvolvido para combater o contraterrorismo online. Infelizmente, a Diretoria se concentrou explicitamente nos grupos islâmicos, retratando uma imagem irreal e prejudicial do terrorismo online. Ao contrário desse retrato, mais de 60% dos tiroteios em massa nos EUA em 2017 foram, por exemplo, realizados por extremistas nacionalistas brancos (FBI e DHS, 2017). De fato, terroristas supremacistas brancos realizaram mais ataques do que qualquer outro tipo de grupo nos últimos anos nos EUA. As visões estereotipadas conduzem o que é percebido como um problema e os tipos de tecnologia que desenvolvemos para "resolvê-los". No processo, amplificamos e perpetuamos esses estereótipos prejudiciais. Em seguida, interpretamos as descobertas pelo espelho da tecnologia

62 HireVue - https://www.hirevue.com
63 PredPol - https://www.predpol.com

como evidência que confirma nossas intuições tendenciosas e reforça ainda mais os estereótipos. Qualquer classificação, agrupamento ou discriminação de comportamentos e características humanas que nossos sistemas de IA produzam refletem estereótipos sociais e culturais, não uma verdade objetiva.

Um corpo robusto de pesquisa no crescente campo da "injustiça algorítmica" (O'Neil, 2016; Noble, 2018) ilustra que várias aplicações de tomadas de decisão algorítmica resultam em resultados tendenciosos e discriminatórios. Esses resultados discriminatórios geralmente afetam indivíduos e grupos que já estão à margem da sociedade, aqueles que são vistos como desviantes e discrepantes - pessoas que se recusam a obedecer ao status quo. Dado que os mais vulneráveis são afetados desproporcionalmente pela tecnologia, é importante que suas vozes sejam centrais em qualquer projeto e implementação de qualquer tecnologia que seja usada neles ou ao seu redor. No entanto, contrariamente a isso, muitos dos princípios éticos aplicados à IA são firmemente utilitários, o que significa que o princípio subjacente é "a maior felicidade para o maior número de pessoas". Isso, por definição, significa que soluções que centralizam minorias nunca são buscadas. Mesmo quando a injustiça e a discriminação nos processos algorítmicos de tomada de decisão são trazidas à tona - por exemplo, sabendo que as mulheres foram sistematicamente excluídas de entrar no ramo da tecnologia (Lambrecht & Tucker, 2019), as minorias são submetidas a um tratamento desumano (Buckley, Mozur e Ramzy, 2019; Mozur, 2019) e vieses sistemáticos foram incorporados nos sistemas de policiamento preditivo (Richardson, Schultz e Crawford, 2019), para mencionar alguns casos - as "soluções" procuradas dificilmente centralizam aqueles na margem que são desproporcionalmente afetadas. As propostas atenuantes elaboradas pelos conselhos de ética corporativa e acadêmica geralmente são desenvolvidas sem a consulta e o envolvimento das pessoas afetadas. Priorizar a voz das pessoas desproporcionalmente impactadas a cada passo do caminho, inclusive no design, desenvolvimento e implementação de qualquer tecnologia, bem como na formulação de políticas, requer realmente consultar e envolver grupos vulneráveis da sociedade. Isso pode (pelo menos no que diz respeito ao Vale do Silício do Ocidente) parecer fora do alcance engenheiros "sabe-tudo" que procuram fornecer unilateralmente uma "correção técnica" para qualquer problema social complexo.

À medida que a África luta entre digitalizar e automatizar vários serviços e atividades e proteger os danos consequentes que a tecnologia causa, os formuladores de políticas públicas, governos e empresas que desenvolvem e aplicam várias tecnologias à esfera social precisam pensar muito sobre que tipo de sociedade queremos e que tipo de sociedade a tecnologia impulsiona. A proteção e o respeito aos direitos, liberdades e privacidade dos jovens que os líderes desejam colocar na frente e no centro devem ser priorizados. Isso só pode acontecer com diretrizes e salvaguardas para os direitos e a liberdade individuais em vigor, continuamente mantidos, revisados e aplicados.

A questão da tecnologização e digitalização do continente também é uma questão de que tipo de sociedade queremos viver. O continente possui muitos tecno-utópicos, mas poucos que parariam e fariam as perguntas difíceis e críticas. A juventude africana resolver seus próprios problemas significa decidir o que queremos ampliar e mostrar ao resto do mundo. Isso também significa não importar os sistemas mais avançados de aprendizado de máquina ou algumas outras ferramentas de IA sem questionar o objetivo subjacente, quem se beneficia dele e quem pode ser prejudicado pela aplicação de tais ferramentas. Além disso, a juventude africana que atua no campo da IA busca criar programas e bancos de dados que atendem a várias comunidades locais e não importar cegamente os sistemas ocidentais de IA, baseados em ações individualistas e capitalistas. Em um continente em que grande parte da narrativa é dificultada por imagens negativas, como migração, seca e pobreza; usar a IA para resolver nossos problemas significa usar a IA da maneira que queremos entender quem somos e como queremos ser entendidos e percebidos; um continente onde a comunidade valoriza o triunfo e ninguém fica para trás.

Referências

BIGHAM, Jeffrey. **The-coming-ai-autumn**. 2019. Disponível em http://jeffreybigham.com/blog/2019/the-coming-ai-autumnn.html

BIRHANE, Abeba. **Descartes was wrong: 'A person is a person through other persons.'**. Aeon Magazine, 2017. Disponível em https://aeon.co/ideas/descartes-was-wrong-a-person-is-a-person-through-other-persons

BUCKLEY, Chris; MOZUR, Paul; RAMZY, Austin. **How China Turned a City Into a Prison**. The New York Times, 2019. Disponível em https://www.nytimes.com/interactive/2019/04/04/world/asia/xinjiang-china-surveillance-prison.html?smid=tw-share

FBI and DHS. **White Supremacist Extremism JIB report from FBI and DHS**. 2017. Disponível em https://www.scribd.com/document/356288299/White-Supremacist-Extremism-JIB

FIESLER, C.; GARRETT, N.; BEARD, N. **What Do We Teach When We Teach Tech Ethics**? A Syllabi Analysis. In *Symposium on Computer Science Education (SIGCSE'20)*, 2020.

GERSHGORN, D. **Inside the mechanical brain of the world's first robot citizen.** Qz, 2017. Disponível em https://qz.com/1121547/how-smart-is-the-first-robot-citizen/

GREENWOOD, F. **Facebook Is Putting Us All on the Map Whether we like it or not**. OneZero, 2019. Retrieved November 3, 2019 https://onezero.medium.com/facebook-is-putting-us-all-on-the-map-whether-we-like-it-or-not-c3f178a8b430

HAO, K. **The future of AI research is in Africa**. MIT Technology Review, 2019. Disponível em https://www.technologyreview.com/s/613848/ai-africa-machine-learning-ibm-google/

JOBIN, A.; IENCA, M.; & VAYENA, E. The global landscape of AI ethics guidelines. **Nature Machine Intelligence**, *1*(9), 389-399, 2019.

KIMANI, M. **5 Reasons Why Facebook's New Cryptocurrency 'Libra' is Bad News for Africa**. Kioneki, 2019. https://kioneki.com/2019/06/28/5-reasons-why-facebooks-new-cryptocurrency-libra-is-bad-news-for-africa/

KNOWLEDGE COMMONS BRASIL. "**Digital Colonialism & the Internet as a Tool of Cultural Hegemony**", 2019. Disponível em https://web.archive.org/web/20190731000456/http://www.knowledgecommons.in/brasil/en/whats-wrong-with-current-internet-governance/digital-colonialism-the-internet-as-a-tool-of-cultural-hegemony/

KURZWEIL, R. **The singularity is near: When humans transcend biology**. Londres: Penguin, 2005.

KWET, M. **Digital colonialism is threatening the Global South**. 2019a. Disponível em https://www.aljazeera.com/indepth/opinion/digital-colonialism-threatening-global-south-190129140828809.html

KWET, M. Digital colonialism: US empire and the new imperialism in the Global South. **Race & Class**, *60*(4), 3-26, 2019b.

LAMBRECHT, A.; & TUCKER, C. **Algorithmic Bias? An Empirical Study of Apparent Gender-Based Discrimination in the Display of STEM Career Ads**. Management Science, 2019.

MADDEN, M. **The Devastating Consequences of Being Poor in the Digital Age**. The New York Times, 2019. Disponível em https://www.nytimes.com/2019/04/25/opinion/privacy-poverty.html

MCCRUDDEN,C.; KING, J. **The Dark Side of Nudging**: The Ethics, Political Economy, and Law of Libertarian Paternalism. In *Choice Architecture in Democracies* (pp. 75-140). Nomos Verlagsgesellschaft mbH & Co. KG, 2016.

MCKAY, T. **No, Facebook Did Not Panic and Shut Down an AI Program That Was Getting Dangerously Smart**. Gizmodo, 2017. Disponível em: https://gizmodo.com/no-facebook-did-not-panic-and-shut-down-an-ai-program-1797414922?utm_campaign=socialflow_gizmodo_twitter&utm_source=gizmodo_twitter&utm_medium=socialflow

MITCHELL, M. **Artificial Intelligence Hits the Barrier of Meaning**. The New York Times, 2018. Disponível em https://www.nytimes.com/2018/11/05/opinion/artificial-intelligence-machine-learning.html

MOZUR, P. **One Month, 500,000 Face Scans: How China Is Using A.I. to Profile a Minority**. The New York Times, 2019. Disponível em: https://www.nytimes.com/2019/04/14/technology/china-surveillance-artificial-intelligence-racial-profiling.html

NOBLE, S. U. **Algorithms of oppression: How search engines reinforce racism**. NYU Press, 2018.

O'NEIL, C. **Weapons of Math Destruction:** How Big Data Increases Inequality and Threatens Democracy. New York: Broadway Books, 2016.

RICHARDSON, R.; SCHULTZ, J.; CRAWFORD, K. **Dirty Data, Bad Predictions: How Civil Rights Violations Impact Police Data, Predictive Policing Systems, and Justice**. New York University Law Review Online, Forthcoming, 2019.

SCHARRE, P. Killer Apps: The Real Dangers of an AI Arms Race. **Foreign Aff.**, *98*, 135, 2019.

SHARKEY, N. **Mama Mia It's Sophia**: A Show Robot Or Dangerous Platform To Mislead?. Forbes, 2018. Disponível em https://www.forbes.com/sites/noelsharkey/2018/11/17/mama-mia-its-sophia-a-show-robot-or-dangerous-platform-to-mislead/#534179977ac9

SWART, H. **Joburg's new hi-tech surveillance cameras**: A threat to minorities that could see the law targeting thousands of innocents. Daily Maverick, 2018. Disponível em: https://www.dailymaverick.co.za/article/2018-09-28-joburgs-new-hi-tech-surveillance-cameras-a-threat-to-minorities-that-could-see-the-law-targeting-thousands-of-innocents/

ZUBOFF, S. **The age of surveillance capitalism**: The fight for a human future at the new frontier of power. Londres: Profile Books, 2019.

CAPÍTULO 10

Serge Katembera

Serge Katembera possui graduação em Ciências Sociais e mestrado em sociologia pela Universidade Federal da Paraíba. Doutorando em Sociologia pelo PPGS (UFPB). Pesquisa a influência das Novas Tecnologias da Informação na democratização da África francófona. É coautor de *"Outsourced Information: identity and unpaid work in the age of digital journalism"*.
Email: **skatembera@gmail.com**

ATIVISMO DIGITAL NA ÁFRICA: DEMANDAS, AGENDAS E PERSPECTIVAS

Serge Katembera

De acordo com Frédéric Martel, autor de *Smart*, "*as internets* são territorializadas, suas experiências enraizadas" (2015, p. 11). Essa premissa é amplamente compartilhada pelos pesquisadores que se interessam pela influência das Novas Tecnologias da Informação e da Comunicação. Um fato chama particularmente a atenção quando se pergunta aos web-ativistas dos países francófonos[64] acerca de suas motivações, suas demandas e reivindicações: é o sentido que eles dão à noção de cidadania. Em suas reivindicações aparecem constantemente a necessidade de formar o cidadão comum a ser um indivíduo valioso e útil para a sociedade. Apenas raramente se ouve uma reivindicação por mais direitos sociais, por exemplo, como é mais comum de se ver em países como o Brasil onde a tradição política reforçou a ideia de cidadania como direito. Além de incentivarem a necessidade de formar bons cidadãos e pessoas educadas que aportem suas qualidades em prol à nação, eles também militam por mais acesso aos direitos políticos, embora este último aspecto não seja elaborado por eles como cidadania.

Contudo, é esse entendimento da cidadania que constitui um fato realmente intrigante. Por que os web-ativistas preferem falar em dever dos cidadãos do que em seus direitos sociais? De onde vem essa compreensão da cidadania e o que ela implica para o contexto dos países em questão? Há outros exemplos históricos onde essa interpretação da cidadania predominou? São algumas perguntas às quais respondo neste trabalho. Do ponto de vista da sociologia digital, trata-se de um recorte teórico que privilegia o sentido que os atores dão aos fenômenos que os cercam bem como às suas próprias ações, muito mais que às infraestruturas tecnológicas que permitem sua atuação em rede. Minha intenção é traçar a origem histórica da noção de cidadania presente no discurso dos web-ativistas contemporâneos. Como esse sentido, que se enraizou através de experiências de colonização e conflitou com formas tradicionais de "cidadania" existentes nas colônias.

Observa-se também que enquanto ativistas digitais, eles colocam como prioridade o acesso a uma boa conexão e num preço acessível. É o caso de uma famosa

---

64 Foram entrevistados ativistas da Costa de Marfim, Congo, Guiné Conacri, Camarões, Gabão, Haiti, Niger, Chade, entre outros.

campanha de mobilização online, *#Mali100Mega*[65], que existe há vários anos e que podemos acompanhar no Twitter. Outros ativistas de diferentes países têm preocupações similares, embora com certas especificidades:

> Temos muitas reivindicações, mas vou citar três delas. Primeira coisa: a liberdade de expressão, que as pessoas possam ter a liberdade de dizer o que pensam sem ter medo de represálias. Isso não existe no Congo e tem sua influência sobre a democracia. Os sites internet são fechados quando você critica. Estou falando apenas do web-ativismo. Em segundo lugar, um melhor acesso à internet. A internet no Congo é um luxo. O custo da internet aqui é a mais cara da África e a pior em qualidade. A terceira reivindicação é a liberdade de associação. Nós não temos a liberdade de nos encontrar "On and Off line" para debater questões importantes do país; os serviços de inteligência criaram uma lista negra e temos eco dela.

Embora observemos nesse trecho a presença de conceitos clássicos de cidadania (direitos civis e direitos políticos), eles não possuem a mesma importância que a noção de civismo ocupa em suas falas. Para eles, a internet é um meio para atingir a plenitude democrática.

Diferentes acepções da cidadania

O significado do conceito de cidadania tem variado muito desde que as ciências humanas e históricas têm se interessado a ele. Porém algumas definições se destacam mais que outras e são adotadas quase que unanimemente pelos especialistas. A definição hoje aceita pelos estudiosos é que a cidadania consiste *num "status conferido aos indivíduos dentro de uma comunidade (...)"*, implicando direitos e responsabilidades para os mesmos (Giddens & Sutton, 2016, p. 306). Ainda de acordo com Giddens e Sutton, o conceito de cidadania moderna é indissociável da entidade política Estado-nação (idem, p. 306). Para eles, a cidadania se refere sempre a um status no âmbito do Estado-nação. No mundo tradicional especialmente, o status de cidadão funciona graças à valorização de noções como a idade, os anos vividos (a experiência, a sabedoria, o conhecimento acumulado, etc.), a longevidade no seio de uma comunidade (idem, p. 179).

O texto clássico de T. H. Marshall definiu a cidadania em três etapas de aquisição de direitos por parte dos cidadãos no contexto inglês; primeiro os direitos civis, depois os direitos políticos e por fim os direitos sociais. Não é necessário tardar demasiadamente nesse aspecto, sendo suficiente mencionar que tanto a sequência quanto a passagem necessária de um para outro já foram criticados por

65 Esta hashtag ou palavra-chave simboliza nas redes sociais a campanha dos ativistas do Mali em favor de uma internet mais barata e de melhor qualidade.

diversos autores[66] que observaram sequências diferentes em diferentes contextos, um deles o Brasil. José Murilo de Carvalho observou uma grande diferença com o "modelo" de Marshall; no Brasil prevaleceram os direitos sociais. Além disso, a sequência inglesa não se verificou. O social precedeu os demais direitos no Brasil (Carvalho, 2008, p. 11-12).

A cidadania no Brasil é marcada por inúmeras patologias que muitos autores trataram de maneira convincente, entre os quais Vera Teles ocupa um lugar de destaque. Ela se interessou de perto pela perversão que sofre a cidadania no Brasil onde a pobreza e a miséria parecem compor o quadro natural da sociedade: *"O paradoxo está neste modelo de cidadania que proclama a justiça como dever do Estado, mas desfaz os efeitos igualitários dos direitos e repõe na esfera social desigualdade, hierarquia e exclusão"* (Teles, 1993, p. 4). O que chama a atenção no trabalho de Teles é essa junção dos efeitos práticos da desigualdade no Brasil.

Isso indica que as privações de direitos e o modelo de cidadania parcial encontra um eco no corpo social; de modo que ele consegue ser reproduzido quase naturalmente sem outras formas de contestações sejam elas políticas ou violentas. Tal quadro se reflete no sentido que o conceito reveste entre os ativistas africanos interrogados: entre eles, a cidadania é antes de tudo um "negócio individual", responsabilidade do sujeito. De certa forma a experiência colonial[67] parece produzir formas de cidadania diferentes nos quais os cidadãos parecem assumir seus deveres antes que o Estado assuma os seus como seria o caso no âmbito normal de "contrato social":

> Singular percepção dos direitos essa que não traduz uma consciência cidadã, mas que é formulada nos termos do dever e da prescrição moral, no que se explicita uma experiência histórica de cidadania que foi inscrita em negativo, que define o cidadão pela ordem de obrigações e que contém na própria enunciação dos direitos, o princípio da criminalização (TELES, idem, p. 7).

Este trecho é significativo para ilustrar o sentido que os ativistas entrevistados dão à noção de cidadania. O fato de que uma autora brasileira, estudando as implicações históricas da cidadania no Brasil, sirva para descrever o que é ressentido por ativistas africanos, cujas experiências foram diferentes mostra as similitudes de experiência que prosperam em sociedade pós-coloniais. Esse tipo de compreensão da cidadania pode ser observado na fala de uma ativista guineense residente em França que costuma retornar para a Guiné no âmbito de suas atividades de militância:

---

66 Ver, por exemplo, em Sérgio Tavolaro (2005).

67 Ver Balandier, Georges. *A situação colonial: abordagem teórica.*

> A luta pelos direitos das mulheres não esbarra apenas nas políticas, mas inclusive nas próprias mulheres. Encontrei muitas mulheres jovens que me criticavam por trazer um feminismo ocidental. Elas defendiam a prática da excisão. Você não pode se colocar hoje no meio da rua na Guiné e pedir o fim das mutilações dos órgãos genitais das mulheres, corre risco de ser agredido.

Na França a tradição é outra: *"o Estado francês obrigou as crianças em idade escolar a aprender exclusivamente o francês"* (Giddens & Sutton, idem, p. 322). Ele teve um papel fundamental na propagação de uma acepção peculiar da cidadania acentuando a ideia de responsabilidade, a ideia de civismo, portanto. E, sobretudo, a assimilação, como modelo de integração no Estado pretendia eliminar qualquer germe de pequenas comunidades dentro da grande comunidade nacional[68].

Desde 1971, a escola republicana francesa tem a missão de transmitir aos cidadãos os valores da República, através das disciplinas de educação cívica e moral (Bouguerra, 1999, p. 69). Neveu define a cidadania em dois termos: status e capacidade (2004, p. 89). Ela advoga por uma tematização do conceito de cidadania no âmbito da antropologia, focalizando-se, fundamentalmente na análise empírica. Teles sugere acertadamente considerar a cidadania como uma identidade.

Como ideal, a cidadania sempre se valeu de um sentido universalista, mas na prática ela nunca concretizou esse ideal. Marques-Pereira lembra que as mulheres esperaram muito para ter seus direitos igualmente reconhecidos através de *"um longo processo de individuação das mulheres"* (2003, p. 215). Ela problematiza a suposta neutralidade da cidadania sob a perspectiva do gênero (p. 216): *"A exclusão das mulheres em virtude do caráter cívico das tarefas domésticas, e na pior das hipóteses, sua exclusão em virtude de sua subordinação no contexto da família patriarcal"* (Marques-Pereira, idem, p. 216). De acordo com a autora, *"a no*ção de igualdade está no centro das representações da cidadania das mulheres" (1998, p. 4), pois é ela que permite que a mulher reivindique um tratamento similar ao do homem perante as leis e eventualmente a erradicação das discriminações ligadas ao seu sexo.

Nas últimas décadas, outras mutações da cidadania chamaram a atenção. As transformações da noção de cidadania ocasionadas pelas políticas liberais de desregulamentação do mercado, onde a relação "deveres/alocações sociais/Estado/território" não parecem mais como natural (ONG, 2010, pp. 109-112). Segundo Ong, essa abertura dos mercados, a concorrência que implica e as Novas Tecnologias propiciam novos espaços de reivindicação política e cada vez mais demandas democráticas e transparência pública (p. 113). Assim, na China, a internet é tida como "uma escola da cidadania", mas também como um espaço de vigilância governamental. É tudo o paradoxo das mutações da cidadania no século XXI (ONG, idem, p. 114).

68 Ver Holston, 2013.

Diante dessas mutações, olhando o contexto da sociedade francesa, Genevois se preocupa em saber "*como a escola pode acompanhar a emergência de uma nova sociedade civil e as formas de cidadania que se desenvolvem através das redes digitais*" (2013, p. 4).

Cidadanias pré-coloniais na África

Existe vasta bibliografia em língua francesa acerca das formas de cidadanias pré-coloniais no continente africanos, sobretudo, na área da antropologia política. Se não é possível mencionar todas elas neste trabalho, faz-se necessário citar algumas referências que abordam experiências de cidadania recorrentes em diversas regiões do continente. De certa forma, essas tradições reverberam na concepção atual da cidadania por parte dos ativistas digitais entrevistados.

Gilles Holder faz uma exposição detalhada das cidades antigas no território do atual Mali e, portanto, das práticas cidadãs naqueles contextos. A cidade é vista como um processo [vivência] e como um lugar [que possui um nome]. A cidadania é tida como local porque se refere a um lugar (2004, p. 57), as vivências ocorrem nas praças públicas que têm aqui uma importância primordial na qualificação da cidadania. A praça pública não é um lugar de expressão do poder. É o lugar da fala como status político. Falar na praça pública é a manifestação radical do status de cidadão nas antigas cidades do Mali (Holder, idem, p. 64). Neste caso, "falar é político", "falar diante da massa" carrega o sentido da efetividade do indivíduo cidadão.

Existem duas noções de cidadania, como status e como "agir" [fala] (idem, p. 76). Contudo, esse agir não se aplica às mulheres nem aos escravos. A expressão pública não se aplica a eles. Percebe-se que a Democracia ocidental enterrou as formas tradicionais de cidadania que manifestavam um grau de igualitarismo - no caso do Mali - e repousavam na autorepresentação e na participação às assembleias em praças públicas (idem, p. 78). Entretanto, em suas diversas formas, as cidadanias pré-coloniais na África, salve algumas exceções, limitavam drasticamente os direitos das mulheres. Em conclusão de seu artigo, Holder revela que a cidadania no Mali se realiza também sem um Estado. São as assembleias cívicas de cidadãos iguais que a realizam, em definitivo.

Outra pesquisa que se destaca é aquela que Anne-Marie Peatrik realizou no Kenya e que informa de maneira instigante acerca das práticas cidadãos em toda a região da África oriental tendo até hoje alguns efeitos remanescentes. Trata-se de um sistema de divisão dos cidadãos em faixa etária e gerações de modo que cada um corresponde a um status. Os Meru Tigania-Igembe se organizam politicamente em um sistema de faixa etária e de gerações (Peatrik, 2004, p. 317). De acordo com a autora, "*esse sistema pol*ítico organizado em faixa etária e em gerações carrega um princípio de soberania e uma forma de cidadania" (idem, p. 317). Peatrik observa que essas práticas permanecem presentes no período pré-colonial (1908) até pelo menos 1930.

Toda a problemática, explica Peatrik, repousa numa trilogia, "iniciação/faixa etária/soberania", que por seu lado está no centro da organização das cidades em sua maneira de organizarem os princípios de cidadania: "*Toda a população masculina era distribuí*da em classes de gerações que possuíam cada qual por sua vez o poder e a autoridade, e enfim os transmitiam à classe seguinte no momento oportuno" (idem, p. 318). Em que consistiam essas iniciações e quais funções preenchiam nessas comunidades políticas? Segue uma demonstração da autora:

Cada filho estava incluído numa classe de geração apropriada na hora de sua iniciação, realizada coletivamente em praça pública, a cada quatro ou cinco anos em média, durante um ritual que mobilizava a sociedade ao longo de vários meses. [...]. Os níveis, contamos quatro relativos a homens, consistiam em guerreiros, jovens pais, pais do país, realizados. Dois níveis, de natureza diretamente política, os guerreiros e os pais do país, estruturavam o todo. Uma classe de pais do país tendo sob seu comando a classe de guerreiros, ocupava a autoridade por quinze a vinte anos, em média, depois relutantemente a transmitia para a próxima turma" (Peatrik, 2004, p. 321).

Vale ressaltar que os pais representam o princípio de soberania que se refere especificamente ao território onde essa autoridade é exercida. Os pais decidem sobre a guerra e os "ritos de chuva", uma metáfora para a paz (idem, p. 321).

As iniciações estão na origem das instituições políticas dos Meru (idem, p. 323). A mais importante consistia numa circuncisão de um modo peculiar que os mais velhos executavam publicamente nos jovens adultos. São, portanto, cidades constituídas pela co-iniciação (idem, p. 322). A autora afirma que "*a pol*ítica de geração dos Meru constitui uma forma de democracia e um tipo pouco conhecido de cidadania" (idem, p. 324). O tempo é constitutivo da cidadania; os mais velhos (e as mais velhas) ocupam os lugares mais altos da hierarquia social pois possuem o conhecimento dos ritos de passagem.

Evergetismo cívico

É no conceito histórico do evergetismo apresentado por Paul Veyne que encontro a ideia original de cidadania que orienta meu argumento: isto é, cidadania enquanto práticas e condutas cívicas. Definido pelo historiador francês como um conjunto de "*liberalidades privadas a favor do público*" (2015, p. 14), o evergetismo contém duas significações simbólicas e representativas da noção mais aceita de cidadania: simboliza o dever do cidadão[69] rico em relação a seus pais, e ao mesmo tempo, cumpre a função patriótica de garantir a perenidade do povo: *"o paradoxo do evergetismo é que ele se impôs a toda uma classe quando não era obrigatório; (...) é cívico, e não religioso (...)"* (idem, p. 24).

O evergetismo não é uma liberalidade fortuita. Há motivos para essas extravagâncias, reforça o autor. O evergetismo é indissociável da existência da cidade, afirma Veyne: *"a cidade é a principal esfera de manifestação do evergetismo livre; como cidade, ela é a razão* inicial do evergetismo polí*tico*" (idem, p. 103). Assim como o evergetismo tem um papel político, a cidade cumpre uma função social (idem, p. 105), ela promove a vida em comum.

Contudo, o evergetismo não é feito apenas de altruísmo; nem unicamente pela motivação patriótica. Como signo de status, ele possui:

> (...) duas caraterísticas permanentes: é cívico, feito em benefício da cidade ou do conjunto de cidadãos, e é atribuído a uma classe, a dos notáveis, que doam porque se consideram superiores ao povo, isso é essencial: o evergetismo é a expressão de uma superioridade política (Veyne, 2015, p. 233).

O evergeta é um patriota, um nacionalista, deseja independência e autonomia para seu país. Antes de tudo, o evergetismo remete a uma simbologia (p. 263, 264). Um exemplo representativo do evergetismo é dado pela prática imperial dos *alimenta*, que são alocações dadas às famílias mais pobres da Itália. A discussão de Veyne pretende elucidar se o pagamento dos *alimenta* constituíam uma caridade ou uma obra política (idem, p. 662).

Segundo Veyne, o imperador de Roma[70], Trajano, agiu de acordo com o que permitia a racionalidade da época: *"seu outro objetivo era o assistencialismo"* (idem, p. 666). Mas como é mostrado em seguida, tratava-se de um assistencialismo cívico:

> Os *alimenta* de Trajano são a última manifestação da política hegemónica que prolongava, na escala de um império, a ótica ultrapassada da cidade. Mas, por isso mesmo, essa obra de política de natalidade era objetivamente a mesma coisa que uma obra de assistencialismo cívico, que uma evergesia a favor de crianças carentes (Veyne, 2015, p. 672).

---

69 Ser cidadão em Roma implica possuir um património (Veyne, 2015, p. 51). Pierre Racine também concorda com essa asserção ao definir os civis como aqueles que participavam das assembleias populares, as eleições dos cônsules e à política estrangeira" (2009, p. 97). Ser civis implica morar permanentemente na cidade; possuir uma casa (como também aponto Paul Veyne) ou ser locatário, pagar imposto, cumprir seu dever militar (idem, p. 98).

70 Roma não se define por um território, mas pelos cidadãos (Veyne, 2015, p. 364).

A instituição dos *alimenta* responde também a um objetivo patriótico; é uma instituição cívica (p. 670) porque para Trajano ela se dá como seu dever de monarca:

> Trajano estabelece seus alimenta por toda a Itália, ele persegue um objetivo político não "simbólico"; ele quer fortificar a raça italiana, esse suporte do poder. Antes de agradar seus súditos esforçando-se para ser rei, um rei deve sustentar o Estado e seu aparelho; ele deve garantir algumas subsistências, (...), ter uma população abundante (Veyne, idem, p. 671).

Embora o exemplo tratado se refira à evergesia do imperador, ele cumpre as mesmas funções que as outras formas de evergesias privadas. E o mais importante, ele carrega o significado chave de cidadania como civismo que eu pretendo ressaltar neste trabalho. Esse sentido original de cidadania navegou através da história do continente europeu até chegar à França onde a escola da República se encarregou de desenvolvê-lo e propagá-lo com aspectos mais modernos; e que, por fim, a obra colonial exportou nos países africanos. Dois exemplos práticos de ativistas que afirmam essa postura cívica merecem ser citados. Uma ativista digital camaronesa explica:

Nós damos formações sobre liberdades na internet. Nós organizamos as formações essencialmente para os jornalistas, os ativistas políticos. Político no sentido de ação para a cidade, não no sentido da militância[71]. E evidentemente para os defensores dos direitos humanos.

Esse enfoque específico em ativistas políticos que atuam em favor da cidade interpela. O que é isso senão uma definição do civismo? Em seguida o testemunho da autora da campanha *#SelfieDechets* que teve uma repercussão continental e em jornais como *El País*:

Eu consigo atingir muita gente. A mensagem passa graças às redes sociais. Minhas campanhas chegaram até outros países e eles lá se inspiraram do que fizemos na Guiné para fazer o mesmo nos seus países, sobretudo, para mobilizar os jovens, as mulheres e até sensibilizar as autoridades. É preciso fazer uma vigilância cidadã para mudar as coisas. A questão do meio ambiente me interessa por ser primeiramente uma pauta de interesse público. Como jovem informada, tenho o dever de transmitir essa informação.

Nota-se que ela incentiva a ideia de dever de transmissão, de educar a população e também o papel do cidadão de ser um instrumento de *accountability*, exercendo a "vigilância cidadã". Ela se coloca na postura de alguém que exerce uma função que, em outros contextos, cabe às instituições públicas[72].

---

71 É curiosa a intenção presente na fala da ativista, que consiste em negação a dimensão do ativismo.

72 Cabe ressaltar que na maioria desses países, instituições como Ministério Público ou Polícia Federal, Tribunal de Contas, quando existem, sequer possuem a autonomia necessária para exercer suas funções.

Cosmopolitismo, soberania e pan-africanismo em mutação

De que maneira as NTICs e o ativismo digital estão transformando o continente africano, especialmente, nos países francófonos? Quais teorias podem sustentar uma visão reformada da sociedade civil africana? Antes de responder a essas perguntas, gostaria de fazer algumas considerações gerais acerca da internet na África.

De acordo com a União Internacional de Telecomunicações, a África apresenta a maior progressão de usuários de telefones mobile no mundo (Affagnon, 2017, p. 192). Muitas vezes, os países africanos enquanto Estados não conseguem acompanhar o ritmo de inovações bem como suas exigências em termos de segurança. Poucos países africanos apresentam um quadro jurídico adequado que contemplem essa nova realidade tecnológica favorecendo a emergência da cyber-criminalidade em países como o Benin (Affagnon, idem, p. 193). Affagnon lembra que o primeiro país onde se verificou ocorrências de cyber-crimes foi a Nigéria com a famosa "fraude 419". Essa dominação se deve ao artigo do código penal nigeriano que se refere a esse tipo de crimes. A "fraude 419" é uma prática que consiste em mandar e-mails enganosos aos usuários solicitando uma "pequena" ajuda para desbloquear uma suposta herança em contas bancárias no exterior, geralmente na Europa. Contra eles, os Estados africanos adotam medidas de controle comuns.

Essa articulação não se aplica a todos os casos. Os países autoritários não aceitam ainda a ideia de uma sociedade civil realmente participativa e questionadora das práticas de governança e por isso costuma reprimir as ações dos ativistas. Os ativistas digitais não escapam a essa repressão. Nesses países, ativismo digital e blogging costumam ser sinônimos enquanto práticas de resistência e contestação política.

Esses exemplos revelam um quadro preocupante que já se ressente em diversos países, e até mesmo em algumas democracias. Se a internet aumenta as chances de transparência, ela também é uma dádiva para os Estados quanto às políticas de repressão. A cultura global promovida pela internet favorece tanto o ativismo global quanto a globalização das formas de repressão: *"a criação de redes sociais dos manifestantes e ativistas e, em seguida, a resposta das autoridades são as etapas finais cruciais e podem muitas vezes ser fatores determinantes para a eclosão ou dissipação dos movimentos"* (Giddens & Sutton, 2016, p. 327).

A ideia de uma sociedade civil pan-africana encontra uma ressonância na teoria cosmopolita de Beck, embora Giddens e Sutton manifestem seu ceticismo quanto às possibilidades reais de existir uma sociedade civil global. De acordo com eles, essa tese "*não* se respalda pelas provas", isto é, há uma lacuna de pesquisa de campo que sustente a dita tese (idem, p. 339). Minha opinião é que a nível do continente africano, já é possível verificar as premissas de um movimento em direção à formação de uma sociedade civil de alcance político continental, e não apenas nacionais.

Umas das web-ativistas mais importantes do continente africano é a advogada Julie Owono, de nacionalidade camaronesa e residente na França. Ela acompanha de perto todos os movimentos cidadãos que nascem na África graças notadamente a sua ONG, *Internet Sans Frontières*:

Eu não coloco limites como cidadã e como africana. Quando vejo uma violação de direitos, eu tenho que me posicionar. Nós vivemos mais ou menos os mesmos esquemas de repressão e violações de liberdades e direitos fundamentais. Apesar das especificidades, eu estou a favor de uma visão continental. Acredito no projeto pan-africano. O pan-africanismo político tal como idealizado por Kwame Nkrumah entre outros e outros não deu certo porque nasceu numa época em que a África estava constituída de países fechados. Um camaronês não se preocupava e não sabia o que ocorria na Argélia e vice-versa. A internet mudou minha visão do pan-africanismo. Vendo o que acontece no país vizinho e vendo que eles têm os mesmos problemas que eu, me permite imaginar um ponto de vista global das coisas que acontecem na África.

A rede de ativistas *Africtivistes* se configura como uma plataforma de articulação de reportórios de ações dos membros da sociedade civil pan-africana. Um dos membros explica seus modos de operar:

> *Africtivistes* é um coletivo de ativistas engajados na luta não-violenta a favor da democracia no nível continental. Se um membro tem um problema, *Africtivistes* consegue extraditá-lo para outro país onde estará mais seguro. É uma rede de solidariedade de web-ativistas africanos.

Outro ativista relata a planificação de certas atividades através de grupos de trabalho online:

> Criamos grupos de WhatsApp com ativistas de outros países onde debatemos os temas da governança local e da sub-região. Faço parte de um grupo de ativistas internacional que cuida das questões de mudança climática. É um fórum regional, planejamos juntos planos de ação. Ele se tornou um fórum de trabalho e de discussão que permite aos jovens de estar conectados e ao mesmo tempo de trabalhar.

A ideia de Beck de pensar uma Europa além das soberanias nacionais serve para pensar o caso africano, não como uma federação de nações, mas enquanto espaço de articulações das sociedades civis. Para Beck, essa nova experiência da Europa (e em outras medidas, global) é teórica, mas também empírica (2005, p. 110).

Nos contextos dos países africanos e sul-americanos, a questão da violação da soberania estaria automaticamente posta pelas autoridades. Portanto, é necessário perceber a emergência das novas formas de autoridades políticas (Beck, idem, p. 115). Mais ainda, a própria autoridade política precisa olhar a si mesmo de uma nova maneira reinventando sua forma de atuar.

De acordo com Beck, esse tipo de cosmopolitismo supõe uma competência cosmopolita (2009, p. 4). O autor fala de *"um convite para o cosmopolitismo transfronteiriço"* (p. 5) ao indicar a importância de aderir a um projeto que vá além das fronteiras nacionais. Entretanto, os contextos historicamente menos democráticos dificultam a realização desse horizonte político e ético. O próprio Beck admite navegar, aqui, em terrenos da normatividade.

As formas comuns de repressões políticas aos quais os ativistas estão submetidos costumam desenvolver neles esse sentimento comum de risco compartilhado. Como uma "condição" comum. A percepção dessa nova condição, ainda que "imposta" pela conjuntura política convoca uma nova ética cosmopolita, no sentido em que supera as limitações das fronteiras geográficas. Por certo, é angustiante pensar que somente a percepção comum do risco (Beck, 2009) é capaz de unificar o mundo do ponto de vista cosmopolita.

Se o novo realismo político sugere que *"uma nação não pode mais resolver seus problemas sozinha"* (Beck, 2009, p. 18); o mesmo poderia ser dito da sociedade civil. Pensar a sociedade civil apenas nos limites de um Estado ou de uma nação parece, da mesma maneira, ser uma visão carente de realismo político. As Novas Tecnologias da Informação, por seu lado, criam as condições práticas que realizam essa antiga utopia, de modo que *"a condi*ção humana se torna ela mesma cosmopolita" (2006, p. 2).

Em conclusão, eu gostaria de sublinhar a necessidade de perceber os limites e as possibilidades que o ativismo digital oferece aos cidadãos no mundo inteiro. No livro *Big Tech, a ascensão dos dados e a morte da política*, Evgeny Morozov (2018) expõe a perda da soberania sobre os dados por parte dos Estados e a consequente monopolização desse "petróleo do século XXI" pelas corporações privadas. Podemos pensar, por exemplo, o que adviria do ativismo digital se a internet parasse de funcionar ou se as plataformas fossem fechadas. Na África e Ásia, não é uma realidade distante. Precisamos pensar em soluções mais autônomas. Em contraste, o ativismo digital também oferece inúmeras oportunidades. Primeiro, a ideia de integrar ativismo africano com ativismo na América Central como já ocorre com o Haiti[73], e por que não com a América do

73 A questão da proximidade dos ativistas digitais haitianos e sua colaboração com ativistas africanos é abordada com mais pormenores na minha tese de doutorado.

Sul. Segundo, as manifestações no Chile em 2019 e o interesse que suscitaram no Brasil, o engajamento nas redes sociais, mostram a importância de pensar em formas de articulações dos ativistas digitais no continente sul-americano, criando plataformas como *Africtivistes* com uma visão para além das fronteiras. Uma perspectiva continental do ativismo digital é uma excelente maneira de se preservar e resistir diante da repressão de governos autoritários.

Referências

AFFAGNON, QUEMAL. Cybercriminalité au Bénin. Menaces, lacunes juridiques et pouvoir. **Geste et Voix**, n. 24, p. 190-206.

BALANDIER, Georges. **A situação colonial**: abordagem teórica. Trad. Bruno Anselmi Matangrano, Cadernos Ceru. V. 25, n. 1, 2014.

BARD, Christine. **Les féministes de la première vague**. Presses Universitaires de Rennes, 2015.

BECK, Ulrich. **Re-inventing Europe**. A cosmopolitan vision. Quaderna de la Mediterania, 2005.

_______. **The Cosmopolitan Vision**. Polity Press, translated by Ciaran Cronin, Cambridge, 2006.

_______. **Critical theory of world risk society**. A cosmopolitan vision. Constellations, vol. 6, n. 1, 2009.

BOUGUERRA, Tayeb. **La citoyenneté**. Sa définition, ses lieux et conditions d'exercice. Tréma, octobre 1999, pp. 15-16. Consultado no dia 20 de abril de 2016. URL: http:// trema.revues.org/1712; DOI: 10.4000/trema.1712.

CARVALHO, José Murilo. **Cidadania no Brasil**. O longo caminho. 10ª ed. Civilização Brasileira, Rio de Janeiro, 2008.

GENEVOIS, Sylvain. Culture numérique et citoyenneté mondiale. Quels enjeux pour l'École? **Tréma**, n° 40, 2013. Consultado no dia 10 avril 2016. URL: http://trema.revues.org/3036.

GIDDENS, Anthony & SUTTON, Philip. **Conceitos essenciais da sociologia**. Editora Unesp, 1ª ed. Trad. Claudia Freire, São Paulo, 2016.

HASSID, Jonathan. **Safety valve or pressure cooker?** Blogs in Chinese political life. Journal of Communication, vol. 62, n. 2, Apr. 2012, p. 212-230.

HOLDER, Gilles. La cité comme statut politique. **Journal des africanistes**, 74-1/2, 2004.

HOLSTON, James. **Cidadania insurgente**. Disjunções da democracia e da modernidade no Brasil. Trad. Claudio Carina, Revisão Luísa Valentini, 1. Ed. Companhia das Letras, São Paulo, 2013.

MARQUES-PEREIRA, Bérangère. **La citoyenneté politique des femmes**. Armand Colin, Paris, 2003.

________. La citoyenneté politique des femmes. **Courrier hebdomadaire du CRISP**, n. 1597, 1998/12, p. 1-30. DOI 10.3917/cris.1597.0001

MARTEL, Frédéric. **Smart**. O que você não sabe sobre a internet. Civilização Brasileira, 1ª ed., Trad. Clóvis Marques, Rio de Janeiro, 2015.

MARSHALL, Thomas H. **Cidadania, Classe social e Status**. Zahar Editores, Rio de Janeiro, 1967.

MOROZOV, Evgeny. **Big Tech**. A ascensão dos dados e a morte da política. Editora Ubu, Trad. Claudio Marcondes, São Paulo, 2018

NEVEU, Catherine. Les enjeux d'une approche anthropologique de la citoyenneté. **Revue européenne des migrations internationales**. Vol. 20, n. 3, 2004.

ONG, Aihwa. Les mutations de la citoyenneté. Périphéries, **Rue Descartes**, n° 67, 2010/1, pp. 109-117. DOI 10.3917/rdes.067.0109.

PEATRIK, Anne-Marie. Une Sparte africaine. **Journal des africanistes**, 74-1/2, 2004, consultado no dia 06 de maio de 2016. URL: http://africanistes.revues.org/228

RACINE, Pierre. La citoyenneté en Italie au Moyen-âge. **Le Moyen Âge**, 2009/1 (Tome CXV), pp. 87-109).

TAVOLARO, Sergio B. F. **Existe uma modernidade brasileira?** Reflexões em torno de um dilema sociológico brasileiro. RBCS, Vol. 20, nº. 59 outubros/2005.

TELLES, Vera**.** Pobreza e Cidadania. Dilemas do Brasil contemporâneo. **Caderno CRH 19,** Salvador, 1993.

VEYNE, Paul. **Pão e Circo**. Sociologia histórica de um pluralismo político. Unesp, 1ª ed., Trad. Lineimar Perreira Martins, São Paulo, 2015.

CAPÍTULO 11

Thiane Neves Barros

Intelectual negra visível das escrevivências afro-latinas. Amazônida da fronteira Belém-Marabá-Maranhão que vive em Salvador. Publicitária, mestra em comunicação, cultura e Amazônia pela Universidade Federal do Pará, professora e estudante, pesquisadora, cientista das humanidades transfeministas, crê na perspectiva racial como fundamento e não como recorte. Junto às demais companheiras, construiu a Marcha das Mulheres Negras a partir do Pará, integra a Coletiva Periféricas e o Grupo De Pesquisa em Gênero, Tecnologias Digitais e Cultura da Universidade Federal da Bahia.

ESTAMOS EM MARCHA! ESCREVIVENDO, AGINDO E QUEBRANDO CÓDIGOS

Thiane Neves Barros

Uma autobiografia de milhares de vozes

> *Um pouco antes de nós virmos para cá, eu estava comentando com Alice que provavelmente fiz uma loucura quando aceitei juntar algumas reflexões sobre uma coisa muito geral que seria "Mulher Negra e o Feminismo". Quer dizer, a gente fica achando que já avançou muito na forma de pensar essas coisas, quando pára e tenta sistematizar um pouco mais essa relação, percebe-se que na verdade está faltando ainda muita coisa.*

A citação acima é o início de um artigo escrito pela ex-ministra Luiza Bairros e publicado em 1990 em um relatório sobre o feminismo no Brasil. Peço agô para dizer que tive uma conversa muito semelhante com algumas pessoas amigas sobre a dificuldade, por medos e inseguranças diversas, de sistematizar algo que se vive/viveu. O quanto a gente pensa que avançou e o quanto sempre parece faltar.

Este capítulo não é para dizer sobre o quanto de racismo-translesbofobia-classismo existe nos movimentos feministas brancos, nem do quanto de cissexismo--misoginia-transfobia ainda existe nos movimentos negros. Isso vem sendo dito e escrito há mais de 40 anos por mulheres negras no Brasil. Parece ser incoerente afirmar que movimentos que buscam por bem-viver, bem-estar, garantia de direitos, ainda estejam também imersos em valores brancos-cisgêneros-heterossexuais-patriarcais. Mas nós somos o que somos.

O que se busca é contribuir com nossas histórias por meio de alguns registros desse denso encontro de águas com as intensas pororocas[74] que são os movimentos de mulheres negras no Brasil e que nos furos[75] se encontram, crescem, movem barreiras, (retro)alimentam, recriam espaços e diminuem distâncias por meio da comunicação. Antes, essa circularidade acontecia nos jornalecos, boletins, rádios piratas, assembleias, congressos, artigos e livros. Nos recentes 15/20 anos, com a

74 Pororoca é um fenômeno natural que ocorre no encontro do rio com o mar. É/foi muito comum em determinadas regiões da Amazônia.

75 Furo é um canal de comunicação entre dois rios, geralmente entre um afluente e sua foz. São caminhos usados pela navegação ribeirinha para circular entre os espaços amazônicos.

potencialização da internet, essa comunicação ficou mais robusta e entre as várias frentes de construção e reconstrução dessas narrativas, o movimento de mulheres negras feministas também ficou mais visível.

O feminismo negro tem sido uma das principais estratégias de comunicação lançadas pelo ativismo de mulheres negras na internet há alguns anos no Brasil no combate ao racismo e no fortalecimento de seus protagonismos. A pesquisadora e antropóloga baiana Zelinda Barros é uma das primeiras referências na discussão dessa trajetória em *Feminismo Negro na Internet* e em suas palestras propõe a reflexão sobre as diferenças entre o ciberfeminismo branco e ciberativismo de feministas negras[76].

Nessa polifonia, houve um movimento de retomada daquilo que teria ficado para trás, um movimento de Sankofa em prol da valorização da intelectualidade afro diaspórica: mulheres negras jovens lendo, interpretando, discutindo, referenciando as mulheres negras mais velhas, começaram a se reunir em grupos na internet e então fomentar debates, trocas, compreensões e forçar fraturas no sistema racista brasileiro em diversos âmbitos, como na própria internet, na mídia audiovisual, na comunicação e todos os campos científicos e aplicados; encontros on-line foram fortalecidos por meio desses grupos e, como em um grande redemoinho, mulheres negras feministas ocuparam o discutido ciberespaço a partir de inúmeros lugares e demandas.

Os ciberativismos do feminismo negro geraram centenas de trabalhos de conclusão de curso, dissertações de mestrado, teses de doutorado[77] e artigos em periódicos e congressos que buscam compreender o que este fenômeno causou em nossas histórias. É como se Lélia Gonzales estivesse em pé nestas cabeças assoprando que o *lixo ia falar*[78]. Para além do registro acadêmico, a quantidade de textos publicados em blogs, sites, páginas de coletivos como a Bibliopreta[79] e o Quilombo Intelectual[80] que se dedicam a sistematizar leituras e referências para formações que são, sem sombra de dúvida, políticas, exemplificam como a segunda década dos anos 2000 foi de extrema importância para a história da população negra no Brasil.

---

76 Barros explica que "o termo cyberfeminismo foi criado em 1991, por um grupo de feministas australianas chamado VNS Matrix", mas defende que ciberativismo é o que fazem as feministas negras.

77 Em uma breve busca no Catálogo de Teses & Dissertações da CAPES e no Google Acadêmico, com os termos "feminismo negro", "feminismo negro na internet" e "feminismo negro digital". Naquele estão registradas uma centena de teses e dissertações, enquanto neste apareceram mais de 5 mil ocorrências. (Buscas feitas em dezembro de 2019).

78 Em *Racismo e Sexismo na Cultura Brasileira* (1980) Lélia Gonzales compara a condição na qual a população negra é tratada no Brasil ao lixo, "assim o determina a lógica da dominação" e propõe a subversão a esta lógica quando "assumimos nossa própria fala" e conclui com ironia "o lixo vai falar, e numa boa".

79 Projeto de educação de base coordenado pelas pesquisadoras Sueli Feliziani e Isabela Sena, existente desde 2015 e cujo propósito é a divulgação de textos, livros, resenhas e material acadêmico. Para encontrar digite: @bibliopreta nas redes sociais.

80 Criado e coordenado por Franciéle Carneiro Garcês da Silva, o QI surgiu em 2018 e publica materiais sobre a população negra, indígena, LGBTQI+ e demais minorias sociais. Para encontrar digite: @quilombointelectual nas redes sociais.

As pororocas do pensamento feminista negro

É incontornável falar de ativismo político de mulheres negras nas Américas sem citar o clássico discurso de Sojourner Truth "*Eu não* sou uma mulher?", que do alto de um potente refinamento intelectual, silenciou uma plateia racista nos Estados Unidos em 1851 quando evocou um coletivo constrangimento às pessoas brancas presentes na Convenção Nacional pelos Direitos das Mulheres (Davis, 2016, p. 70).

> Sei vocês sentem comichões e vontade de vaiar quando veem uma mulher de cor se levantar e falar a respeito de coisas e dos direitos das mulheres. Nós fomos tão rebaixadas que ninguém pensou que iríamos nos levantar novamente, mas já fomos pisadas tempos demais, vamos nos reerguer e agora eu estou aqui (Truth *apud* Davis, 2016, p. 73).

Saudar Truth é saudar a intelectualidade de mulheres negras que foram pioneiras por toda a América que já naquele período estavam tecendo o pensamento feminista negro promovendo rupturas nas conformadas sociedades de suas épocas. E para lutar contra a invisibilidade dessa intelectualidade é preciso reler e reescrever as histórias dos movimentos negros que, por um impositivo cultural, trouxeram para primeiro plano os homens negros em sua maioria (o que é muito valioso, lógico). Presenças como de Maria W. Stewart (ou Maria Miller) que nos anos 1831 já ministrava palestras para públicos compostos por mulheres e homens (Davis, 2016, p. 68) foram sombreadas ou colocadas em notas de rodapé.

A pesquisadora Dulcilei C. Lima (2011) lembra que os anos 1980 foram o marco do 1º centenário da abolição da escravatura no Brasil, configurando-se como uma década na qual os movimentos negros por todo o Brasil lançaram estratégias de positivação da história, memória e identidade negra no país e então muitos nomes de mulheres foram fortalecidos ou destacados. Entre eles, Maria Felipa de Oliveira, Tereza de Benguela, Felipa Maria Aranha, ou mesmo da mítica Luíza Mahin, cuja criação foi uma estratégia do feminismo negro para "positivar a imagem das afrobrasileiras" (Lima, 2011, p. 7). Em 1988 aconteceu o I Encontro Nacional de Mulheres Negras (1988) em Valença/Rio de Janeiro.

A intelectualidade construída por mulheres negras é a somatória das vivências e dos seus estudos. Como muito bem escreveu Sandra Helena Torres Bello, são/foram mulheres "que estavam praticando tese (não formulando apenas)" (*apud* Joselina da Silva, 2014, p. 210)[81], são as nossas escrevivências como diz Conceição Evaristo,

81 As escritas feministas no Brasil buscam evidenciar quando mulheres são as referências citadas, sempre que seus nomes apareceram a primeira vez na redação, usamos o primeiro nome junto com o sobrenome, nas próximas aparições, passamos a usar apenas o sobrenome.

um conhecimento que não se apoia em uma falsa neutralidade e destrincha os sistemas de opressão. O legado do feminismo negro é pensar a sociedade para além das fronteiras de raça, classe e gênero de formas isoladas e auto excludentes, porque desde os primórdios das participações de mulheres negras na esfera pública, a busca é para compreender como o ocidente formou nossas humanidades na diáspora. O racismo não atua de uma única maneira. Ele age com muito refinamento, por vezes chega a nos confundir dadas suas muitas arestas, inclusive a cordialidade. É preciso ir além das categorias estabelecidas pela branquitude.

Tensionar a supressão da intelectualidade de mulheres negras e o ativismo intelectual diante dessa supressão, constitui a política do pensamento feminista negro. É o que Patricia Hill Collins apresenta em *Black feminist thought: knowledge, consciousness, and the politics of empowerment* (2002, p.03)[82]. E esse tem sido um dos principais encontros promovidos por mulheres negras feministas, seja no Brasil, na Colômbia, nos Estados Unidos e em outros países afrodiaspóricos.

Lélia Gonzales, em *Por um feminismo Afro-latino-americano* (1988), reflete sobre a tripla invisibilidade que atravessa a intelectualidade de mulheres negras e que, mesmo onde já eram maioria, as negras eram "descoloridas ou desracializadas, e colocadas na categoria popular (os poucos textos que incluem a dimensão racial só confirmam a regra geral)" (p.18). Em *Racismo e Sexismo na Cultura Brasileira* (1980) relembra que "incapacidade intelectual" também está entre as "qualidades" dadas às pessoas negras no Brasil (p.225).

Ao elaborar uma proposta de *pensamento afrolatinoamericano,* Gonzales buscou aterrar uma perspectiva brasileira para esses vieses feministas. Criou categorias importantes que nos alimentam e nos dão embasamento para os ciberativismos como a *amefricanidade* e o *pretuguês*, confrontando o viés colonial e chamando os movimentos brasileiros para dialogarem com as ameríndias, e cita como exemplo a criação da rede *Taller de Mulheres das Américas* "que prioriza a luta contra o racismo e o patriarcalismo numa perspectiva anti-imperialista" (p. 19), mulheres negras e indígenas estavam nas lentes de Gonzales, a autora considerava que as condições de mulheres de etnias subordinadas deveriam estar nas atenções da luta antirracista e antipatriarcalista.

> Entretanto, Zelinda Barros lembra que "a ideia de um feminismo negro ainda permanece controversa, pois segmentos dos movimentos sociais negros resistem fortemente à possibilidade de uma organização feminista que não resulte em divisão na luta antirracista. Para eles, negritude e feminismo permaneceriam como categorias mutuamente exclusivas" (Barros, p. 3).

---

82 Para este trabalho foi usado o original em inglês, mas o livro foi traduzido em 2019 no Brasil como *Pensamento Feminista Negro. Conhecimento, Consciência e a Política do Empoderamento.*

Dualidade questionada por Audre Lorde em *Não existe hierarquia de opressão*, no qual a escritora reflete a partir de si mesma e sobre como ela não pode ser "fatiada" em opressões visto que todas as opressões que a atravessam estão articuladas em consonância:

> Eu não posso me dar ao luxo de lutar por uma forma de opressão apenas. Não posso me permitir acreditar que ser livre de intolerância é um direito de um grupo particular. E eu não posso tomar a liberdade de escolher entre as frentes nas quais devo batalhar contra essas forças de discriminação, onde quer que elas apareçam para me destruir (Lorde, 1983).

No mesmo fluxo de compreendermos que as opressões não se hierarquizam, Lorde escreve que as opressões sobre as mulheres "não conhecem limites étnicos ou raciais", no entanto as semelhanças e diferenças precisam ser consideradas (Lorde, 1984, p.70).

Por toda sua condição de *outsider* como ela se definia, uma das principais contribuições de Lorde é o combate "à tirania do silêncio". Em *The Transformation of Silence into Language and Action* (1984)[83], a escritora afirma que o silêncio não protegerá nenhuma de nós e "a transformação do silêncio em linguagem e em ação é um ato de autorrevelação" (p.42). Na mesma coletânea, em *As ferramentas do mestre nunca irão destruir a Casa Grande*, Lorde escreve que

> é particularmente uma arrogância da academia assumir qualquer discussão sobre teoria feminista sem examinar nossas várias diferenças, sem uma contribuição significativa de mulheres pobres, mulheres negras e do Terceiro Mundo e lésbicas (p.110).

Sobre opressão, Collins explica se tratar de "qualquer situação injusta em que, sistematicamente e por um longo período de tempo, um grupo nega a outro grupo acesso aos recursos da sociedade" (Collins, 2002, p.299). E aponta que é nessa estrutura que raça, classe, gênero, sexo, origem, idade e etnia, constituem as principais formas de opressão e modulam todas as relações subsequentes, como das *outsiders within* (forasteiras de dentro) com a branquitude.

No livro *Mulheres, Raça e Classe* (1981), Angela Davis retrata como as relações de opressão sobre mulheres negras tem acontecido na história dos Estados Unidos. É possível que ao publicar esta obra, Davis não previsse o que viria em termos de alargamento do conhecimento sobre sua obra ou sobre seu ativismo pelos direitos civis da população negra e pelo combate ao encarceramento em massa. Nessa

---

83 Para este trabalho foi usada a versão original em inglês, mas a tradução em português já pode ser encontrada com o título *A Transformação do Silêncio em Linguagem e Ação*.

obra, Davis materializa a intelectualidade de mulheres negras ao apresentar como a imagem da mulheridade negra foi construída e controlada naquele país mediante conceitos de trabalho, maternidade/reprodução, liberdade sexual, propriedade, ideal de feminilidade.

Collins enumera três dimensões interdependentes que pesam na opressão sobre mulheres negras: 1) a exploração do trabalho das mulheres negras e os altos níveis de pobreza; 2) a subordinação política às quais mulheres negras têm sido submetidas e 3) o controle de imagens das identidades de mulheres negras desde o período escravocrata. É um conjunto que atua para que a intelectualidade de mulheres negras seja suprimida e ao mesmo tempo protege os interesses e as visões de mundo dos homens brancos de elite (2002, p. 4-5). Gonzales (1984) também sinaliza o controle de imagens ao destacar as três imagens que são estruturalmente associados às mulheres negras desde o começo da escravidão no Brasil: 1) Mulata; 2) Doméstica/Mucama e 3) Mãe Preta e que, junto com os homens negros, foram desumanizadas por todos esses séculos de racismo estrutural no Brasil. Merece negrito a simultaneidade com a qual os papéis são/eram desempenhados: Mucama e Mãe Preta poderiam ser tarefas da mesma mulher; Mulata e Mucama idem. Ou seja, nem no período escravocrata as opressões se davam por hierarquia.

Desde as lutas pela abolição da escravidão, a intelectualidade de mulheres negras molda aquilo que Kimberle Crenshaw chamou de *discriminação* interseccional. Assim, a epistemologia feminista negra estabelece que ser mulher está para além de um ideal único de feminilidade, é uma busca por superar o "fatalismo genético" (Sueli Carneiro, 2005, p.261) de que mulheres e pessoas negras tem condições estabelecidas por suas genéticas.

Interseccionalidade é um conceito que Crenshaw moldou teoricamente ao longo nos artigos *Demarginalizing the Intersection of Race and Sex: A Black Feminist Critique of Antidiscrimination Doctrine, Feminist Theory and Antiracist Politics* (1989), *Mapping the Margins: Intersectionality, Identity Politics, and Violence against Women of Color* (1990-91)[84] e que se tornou um dos conceitos mais caros para os estudos feministas negros e um marco para o ativismo intelectual de mulheres negras. Como proposição analítica, apresentou três possibilidades: 1) Estrutural - para a intersecção entre racismo e patriarcado que incide nas práticas de violências contra mulheres (como o estupro); 2) Política - para a interseção entre organizações antirracistas e/ou feministas; 3) Representacional - para a intersecção entre estereótipos raciais e/ou de gênero. No pensamento feminista

84 Em português está traduzido como Mapeando as margens: interseccionalidade, políticas de identidade e violência contra mulheres não-brancas.

negro, raça é fundamento[85], mas não atua sozinha. Ou como afirma a pesquisadora baiana Carla Akotirene, autora de *O que é Interseccionalidade*, "o feminismo negro dialoga concomitantemente entre/com as encruzilhadas" (2018, p. 18).

Entretanto, a epistemologia feminista negra padece também do risco do epistemicídio. Em *A construção do outro como não-ser como fundamento do ser*[86], Sueli Carneiro (2005) nos apresenta uma das mais tradicionais marcas do pensamento racista no Brasil: o epistemicídio. Ao longo da leitura, a pesquisadora nos mostra como o

> dispositivo de racialidade/biopoder operando na sociedade brasileira como instrumento articulador de uma rede de elementos bem definida pelo Contrato Racial que define as funções (atividades no sistema produtivo) e papéis sociais, este recorte interpretativo localiza neste cenário o epistemicídio como um elemento constitutivo do dispositivo de racialidade/biopoder (p.96).

O saber, o conhecimento, a filosofia, as metodologias escritas por pessoas negras são ignoradas na Academia, nas instituições, nos movimentos feministas. Todos passam a estudar "o outro", as diferenças, mas como forma de tutelar "esse outro" e no caso das pessoas negras, "a passagem da escravidão para a libertação representou a passagem de objeto de trabalho para objeto de pesquisa" (p.57), desqualificando também o ativismo negro como fonte de autoridade do saber sobre pessoas negras. E isso se desdobra nos estudos feministas negros com a popularização do conceito de interseccionalidade. Algumas críticas beiram a desqualificação da proposta teórica apresentada por Crenshaw (e que inclusive não é unanimidade entre muitas feministas negras por todo o continente americano).

Assim como no livro *Saúde das Mulheres Negras: nossos passos vêm de longe* (2000) Jurema Werneck saúda o nosso sagrado ancestral, quero aqui ainda registrar escritoras e pesquisadoras que sedimentaram a luta contra o epistemicídio e pela visibilização e circulação da intelectualidade de mulheres negras no Brasil como Beatriz Nascimento, Nilma Bentes, Cidinha da Silva, Virginia Bicudo, Neuza Santos, Mãe Stella de Oxóssi, Vilma Reis, Zélia Amador de Deus, Carolina Maria de Jesus, Angela Figueiredo, Rosane Borges que surgem como alguns nomes desta - adupé ancestralidade - longa e valorosa lista de mulheres negras que marcham contra o racismo, a violência e pelo bem viver há muitas décadas.

Quero abrir um destaque especial à Marcha das Mulheres Negras 2015 que

---

85 Em julho de 2017, no décimo ano do Festival Latinidades, Érica Malunguinho criticou a noção de "recorte" usada nas análises dos estudos feministas de gênero. A fundadora do Aparelha Luzia e primeira deputada estadual negra transsexual eleita em São Paulo (Eleições 2018) afirmou de forma certeira que "raça não é recorte, é fundamento", é desta palestra que me inspiro para o título deste tópico do capítulo.

86 Esta é a tese de doutorado de Sueli Carneiro, defendida na Faculdade de Educação da Universidade de São Paulo no ano de 2005.

reuniu 50 mil mulheres negras nas ruas de Brasília no dia 18 de novembro daquele ano. Possivelmente é o primeiro grande levante de mulheres negras no Brasil que articulou estratégias de comunicação e mobilização "sustentada nos ensinamentos antigos do correio nagô" e as tecnologias digitais de comunicação (Marcha das Mulheres Negras, 2016). E da mesma forma que o discurso de Sojourner Truth constrangeu lá no século 19, a Marcha de 2015 incomodou uma plateia de homens brancos que violentamente atacou as mulheres que marchavam, em pleno século 21. Mas a Marcha precisa de uma coletânea própria.

Raça e gênero: as brechas na cultura digital

Eis que as brechas descritas nas relações racistas-cissexistas também alcançaram a tecnologia e a cultura digital. Primeiro porque tecnologia passou a ser reduzida ao aparato da informática, então quem domina computador, celular e televisão de alto desempenho passou a ser quem tem legitimidade para falar de tecnologia. E nessa perspectiva, quem são os entendedores de tecnologia, então? Pela lógica do *status quo*, certamente não seriam pessoas de cor.

Quantas e quais mulheres negras, quantos homens negros, dos altos escalões das tecnologias, você saberia mencionar neste exato momento? Vá. Faça esse exercício. A não ser que você seja Nanda Monteiro, Maria Rita Casagrande, Alessandra Gomes, Lobinho, Biamichele ou Brenda Costa[87], muito provavelmente iremos titubear nos nomes. E esse problema não foi causado por você, por nós, mas é chegada a hora de nos atentarmos para as brechas racistas-cissexistas existentes na cultura digital.

Os estudos do campo do ciberfeminismo apontam questões sobre brecha digital de gênero e fratura tecnológica de gênero como conceitos-argumentos fundantes por pesquisadoras latinas. As discussões sobre os acessos, os usos e os sistemas de produção geraram muita produção intelectual e no campo do ativismo fez despertar para a qualificação das mulheres para disputarem esse poder na esperança de que, estando as mulheres sendo formadas para atuarem na internet, muito do cissexismo digital diminuiria. Acontece que, se a ciência não é para todas as pessoas, consequentemente a tecnologia também não será. Se a ciência hierarquiza sujeitos para seus estudos, a tecnologia não será horizontal. Portanto, se pessoas negras são tratadas pela ciência como sub-humanidade, a tecnologia não estará à nossa disposição, e nós seremos meros usuários/produtores de informação privada ao capitalismo de vigilância (um aprimoramento dos controles já exercidos pelo capital).

87 Pesquisadoras, ativistas, intelectuais e profissionais das tecnologias que enegrecem e qualificam os espaços onde estes debates estão acontecendo. Além delas, centenas de outras companheiras - é impossível citar todas - estão trabalhando com afinco em ciência e tecnologia, quebrando os códigos racistas e cissexistas.

Os debates pela democratização da comunicação incorporaram a internet, por isso compreendemos que para discutir democracia e cidadania é preciso ter negritado a quem pertence o direito de ser cidadã(o). Então grupos subalternizados começaram a criar e operar suas tecnologias do possível, afinal as tecnologias digitais chegaram bem depois das tecnologias ancestrais.

Nesse sentido, o grande levante na internet de feministas negras jovens no Brasil ficou robusto nesta segunda década dos anos 2000. Existem muitas narrativas em separado de mulheres negras que já estavam atuando na internet pautando raça e gênero por meio de blogs, fotologs, sites, grupos no Orkut, nos IRCs, e demais espaços on-line.

O portal do Geledés - Instituto da Mulher Preta, organização criada por Sueli Carneiro em 30 de abril de 1988 - é um exemplo de interação dos ativismos na internet e fora dela. E o pensamento feminista negro é/foi o alimento para a formação intelectual de ciberativistas negras que alastraram pela internet os conceitos fundamentais da epistemologia negra e levaram ao campo da cultura digital as problemáticas racistas-cissexistas sinalizadas em décadas anteriores. E mesmo sem qualquer tentativa de romantizar a internet, sua ampliação no Brasil sem sombra de dúvida tem permitido que livros, artigos, vídeos e demais conteúdos, cheguem a mais pessoas, mesmo com delays de 20-30 anos.

A primeira grande marcha de mulheres negras on-line foi a Blogagem Coletiva Mulher Negra[88]. A primeira @bcmulhernegra / #bcmulhernegra / #bcmulheresnegras aconteceu de 20 a 25 de novembro de 2012 e cujo objetivo foi trazer à tona "duas datas significativas para o debate feminista a partir de uma perspectiva étnicorracial: o Dia da Consciência Negra (20 de novembro) e o Dia Internacional de Combate À Violência Contra a Mulher (25 de novembro)" (Lúcia Freitas, 2012). A blogagem foi o pontapé que faltava para a criação do coletivo Blogueiras Negras[89].

Entretanto um fenômeno nunca é um fato isolado. Para diminuir as brechas digitais de raça e gênero, outros levantes igualmente importantes acontecem simultaneamente, como por exemplo o grupo Feminismo Negro Interseccional (2012), o Coletivo Baré[90] (2012), site Mundo Negro (2012), o blog Gorda e Sapatão (2013), o Central das Divas (2013), blog Transfeminismo (2014), o Não Me Khalo (2014), o coletivo Preta e Acadêmica (2015), o Dicionário Subversivo (2015), as Redes de Mulheres Negras espalhadas por todo o país - no Pará, na Bahia, em Pernambuco, no Paraná e Rio de Janeiro - o coletivo Pretas Hacker (2016), PretaLab (2016), a

---

88 "A Blogagem Coletiva Mulher Negra" aproximou duas datas significativas para o debate feminista a partir de uma perspectiva étnico-racial: o Dia da Consciência Negra (20 de novembro) e o Dia Internacional de Combate À Violência Contra a Mulher (25 de novembro).

89 Fundado por Charô Nunes e Larissa Santiago, um dos mais significativos projetos do ciberativismo de mulheres negras no Brasil.

90 Que em 2018 passou se chamar Banzeiro Feminista. Fundado por Aline Ribeiro, Raescla Ribeiro e Jéssica Vasconcelos.

Rede de Ciberativistas Negras (2017), e a crescente quantidade de *YouTubers* e *Digital Influencers*.

Muitas blogagens coletivas de mulheres negras feministas foram chamadas nos anos seguintes, muitos twitaços, centenas de hashtags, sempre compostas com um grande volume de conteúdo escrito e imagético sobre determinado "tema" ou data importante, como revigorar campanhas como Reaja ou será morto, Reaja ou será morta, realizadas pelo Movimento Negro Unificado (Lima, 2019), a visibilidade lésbica, o dia da mulher afrolatina e caribenha, visibilidade trans, combate à violência contra a mulher, entre outras importantes ações que viralizavam por meio de hashtags no Facebook, Twitter, YouTube e Instagram. Marcos como a Primavera Feminista de 2015 e a Virada Feminista Online que aconteceu pela primeira vez em 28 de setembro de 2016 com o mote "Precisamos Falar Sobre Aborto 24h".

O significado de todo esse movimento é brilhantemente escrito pela pesquisadora e companheira Dulcilei Lima no artigo *Interseccionalidade e ciberativismo: raça, gênero e TIC´S*, no qual, além de fazer uma potente revisão bibliográfica, também traz uma reflexão sobre o que significa esse movimento de escrevivências feito pelas feministas negras e que desaguou em um grande fenômeno de exposição-denúncia do racismo-cisseximo, a autora afirma que

> Ao mobilizar reflexões acerca de assuntos como racismo, machismo, classismo, lesbofobia, transfobia, gordofobia, a partir de experiências pessoais, situações cotidianas, casos midiáticos e tendo por base a produção de acadêmicas negras, as mulheres negras em atuação na web tem desenvolvido uma produção que confronta as bases epistemológicas de orientação etnocêntrica (Lima, 2017, p. 6-7).

O feminismo negro digital potencializou as redes, as tecnologias de comunicação e a busca por autonomia de mulheres negras, criou as possibilidades do fazer, de usar a internet para fortalecer trabalhos, mostrar-se, apresentar-se como profissional, artista, intelectual em espaços on-line já que empresas não contratavam estas mulheres para seus staffs. Entretanto, longe de ser utopia ou limbo, a internet como qualquer âmbito da esfera pública é *locus* de controvérsias, de desalinhos, de disputas e lutas. Nenhum direito está assegurado na internet apenas porque ela pareceu ser o ápice da democratização da comunicação em seus anos iniciais. Ela só pareceu, nunca foi.

Das brechas às seguranças

Era noite de 14 de março de 2018. A vereadora Marielle Franco participava da roda de conversa "Jovens Negras Movendo as Estruturas" e o evento estava sendo filmado e transmitido pela internet na página da vereadora. Era público o seu trânsito com os movimentos sociais e como parlamentar sua agenda era pública e divulgada, qualquer pessoa poderia ter acesso. Quando saiu do evento, sabemos, Marielle foi assassinada. Dias depois acompanhamos pelos telejornais que ela estava sendo vigiada e perseguida. Só ainda não sabemos a mando de quem, esse sim tem sua privacidade mantida e segue em total segurança.

Pessoas negras sempre foram vigiadas e controladas. No Brasil, somos vistas como suspeitas, promotoras da desordem e ameaças à segurança da sociedade, que sempre esteve em condição de tensão diante de um conglomerado de gente preta, cuja cidadania nunca foi plena. Em *Dark matters: on the surveillance of blackness* a pesquisadora estadunidense Simone Browne, ao escrever sobre as tecnologias de biometria, que criam padrões de rosto, por exemplo, afirma que existe uma "falsa ideia de que certas tecnologias de vigilância e sua aplicação é neutra em relação à raça, gênero, deficiência e outras categorias de determinação e suas interseções" (p. 128) e que os corpos de mulheres negras são 9 vezes mais vigiados em câmeras de aeroportos.

Diante da compreensão de que o racismo é determinante nas tecnologias, os movimentos feitos por ciberativistas negras a partir do pensamento feminista negro têm sido de não silenciar, de criar espaços seguros, ir à ação. Ao passo que no primeiro momento as ações ciberativistas eram de exposição de si como forma de visibilidade e protagonismo, com o passar do tempo os movimentos foram redirecionados para a valorização da privacidade como forma de segurança, já que os algoritmos controlam nossos passos na internet. Como estarmos seguras na internet se não estamos seguras nas ruas? Se derrubamos o invisível muro entre vida real x vida virtual, como evidenciar projetos, como combater racismos-cisseximos de forma mais assertiva contra a vigilância controladora?

Pensar sobre (ciber)segurança é uma especialidade das pessoas negras do Candomblé, que precisaram hackear um sistema para seguir viva sua tradição. Se a tecnologia do tambor é comunicação, como estabelecer uma comunicação segura com as históricas perseguições aos terreiros? Essa é mais uma especificidade da intelectualidade de mulheres negras, Yalorixás ou Mametos. Como quebrar o código que mantém as castas do biopoder?

Atentas a isso, inclusive, é que em entrevista ao site do Grupo de Pesquisa em Gênero, Comunicação e Tecnologias Digitais, Larissa Santiago[91] ressalta a necessidade de mulheres negras buscarem "ferramentas, ações e táticas para se proteger, prevenir ou mitigar possíveis ataques ou ameaças on e offline" (2019). Para essa orientação, um conjunto de coletivos feministas criou *A Guia Prática de Estratégias e Táticas para a Segurança Digital Feminista* (2017) com o "objetivo de

---

91 Ativista, publicitária e intelectual baiana co-fundadora das Blogueiras Negras, integrante da Rede Ciberativistas Negras, da Articulação Negras Jovens Feministas (que em 2018 realizou o I Encontro de Negras Jovens Feministas no Brasil e uma das realizadoras do II Encontro Nacional de Mulheres Negras, ambos eventos que precisam ser cada vez mais visibilizados), facilitadora na Escola de Ativismo e de outros espaços de debate e de trabalho em prol da qualidade de vida para pessoas negras na internet e fora dela.

proporcionar às mulheres maior autonomia e segurança na internet" (p. 10), dicas de cuidados digitais para mulheres de toda a América Latina.

Uma matéria publicada em 2014 no Portal Geledés destacou 10 mulheres negras que atuavam naquele momento no mundo da tecnologia nos Estados Unidos: apenas 10. Por isso, a pesquisadora Sil Bahia defende a importância do investimento na formação de mulheres negras nas tecnologias enquanto técnicas, educadoras e pesquisadoras, uma vez que essa é uma das formas de quebrar esse código que ainda é racista-cissexista. É preciso investir tanto no acesso quanto na permanência, afirma Bahia (2019). No intuito de saber quem são as mulheres negras e indígenas que trabalham com tecnologia, o Olabi[92] realizou em 2017 o PretaLab um levantamento sobre mulheres negras que produzem tecnologia no Brasil com um total de 693 perfis cadastrados.

Não obstante toda movimentação, no 9º Fórum de Internet do Brasil que aconteceu em 2019 na cidade de Manaus, o Comitê Gestor da Internet (CGI) recusou uma proposta de mesa temática composta por mulheres negras com a justificativa de "falta de diversidade". A prática, nas mesas do evento a predominância era de homens brancos não nortistas. Por isso, é preciso quebrar o código, com segurança e cuidado.

Seguindo em outras direções

Concluo esse trabalho com outra provocação: "Mas afinal, em meio a tantos afetos e encruzilhadas, o que é ser e estar visível?", questiona a historiadora Giovana Xavier, idealizadora e realizadora do *Catálogo Intelectuais Negras Visíveis (2017)*. A pesquisadora propõe refletirmos sobre como "visibilidade" também não pode ser um conceito ou uma categoria totalizante, pois existem muitas formas de ser visível e algumas delas custam muita violência para as mulheres negras. E pondera questionando também *e seguíssemos outras direções?* (Xavier, 2017, p. 11).

A linguagem e a ação transformadora dessa intelectualidade traz na prática aquilo que Sueli Carneiro sinalizou em sua tese: a importância do protagonismo intelectual de pessoas negras. Essa é a direção.

O pensamento feminista negro não é, nem precisa ser, uma unanimidade entre ativistas negras no Brasil, nem o seria também entre as ciberativistas negras. E isso não é uma justificativa, mas um dado. Mesmo entre feministas negras, os discursos e as percepções de ação são variadas dependendo de onde falam estas redes. Os ativismos de mulheres negras na internet têm uma dimensão que quase perdemos

---

92 O Olabi se define como "um lugar, um conjunto de ferramentas e um sistema para democratizar a produção de tecnologia em busca de um mundo socialmente mais justo" (https://www.olabi.org.br/).

de vista seus desdobramentos, apesar do projeto político de execução nas calçadas e nos algoritmos.

Esse trabalho foi uma travessia e tanto. Espero que outras revisões surjam e completem as narrativas que estão sendo contadas. Quero agradecer as primordiais contribuições de Gabriela Porfírio, cuja irmandade é tão encorajadora que só assim foi possível seguir nessa escrita. À Sueli Feliziani pela lindeza de também buscar a memória daquilo que foi seminal. E reiterar minha admiração e meu enorme agradecimento ao Tarcízio pelo convite, pela confiança, pelo incentivo, pela generosidade de me empurrar rumo ao branco do papel. E vencê-lo.

Referências

"**Incluir mais mulheres negras na tecnologia, tanto na educação quanto no trabalho, pode ser transformador**." Disponível em http://www.futura.org.br/mulheres-negras-tecnologia. Acesso em 23 de dezembro 2019.

10 Mulheres Negras no mundo da tecnologia. Disponível em https://www.geledes.org.br/10-mulheres-negras-mundo-da-tecnologia/. Acesso em 23 de dezembro 2019.

A Guia Prática de Estratégias e Táticas para a Segurança Digital Feminista. CFEMEA - Centro Feminista de Estudos e Assessoria, Brasília, 2017. Disponível em https://www.cfemea.org.br/images/stories/publicacoes/guia_pratica_estrategias_taticas_seguranca_digital_feminista.pdf. Acesso em 23 de dezembro 2019.

AKOTIRENE, Carla. **O que interseccionalidade**. Coleção Feminismos Plurais. Belo Horizonte: Letramento-Justificando, 2018.

BARROS, Zelinda. **Feminismo Negro e Internet**. Disponível em https://www.academia.edu/1497162/Feminismo_negro_na_Internet. Acesso em 23 de dezembro 2019.

BAIRROS, Luiza. A mulher negra e o feminismo. In: Costa, Ana Alice Alcantara. Sardenberg. Cecilia Maria B.(orgs). **O Feminismo do Brasil**: reflexões teóricas e perspectivas. Salvador: UFBA / Núcleo de Estudos Interdisciplinares sobre a Mulher, 2008.

BROWNE, Simone. **Dark matters: on the surveillance of blackness**. Duke University Press, London, 2015.

CARNEIRO, Sueli. **A construção do outro como não-ser como fundamento do ser**. Universidade de São Paulo: São Paulo, 2005. Disponível em https://negrasoulblog.files.wordpress.com/2016/04/a-construc3a7c3a3o-do-outro-como-nc3a3o-ser-como-fundamento-do-ser-sueli-carneiro-tese1.pdf. Acesso em 23 de dezembro 2019.

COLLINS, Patricia Hill. **Black feminist thought:** knowledge, consciousness, and the politics of empowerment. Second Edition. Routledge: New York and London, 2002.

CRENSHAW, Kimberle. **Demarginalizing the Intersection of Race and Sex: A Black Feminist Critique of Antidiscrimination Doctrine, Feminist Theory and Antiracist Politics**. University of Chicago Legal Forum: Vol. 1989: Iss. 1, Article 8. Disponível em http://chicagounbound.uchicago.edu/uclf/vol1989/iss1/8. Acesso em 23 de dezembro 2019.

CRENSHAW, Kimberle. **Mapping the Margins: Intersectionality, Identity Politics, and Violence against Women of Color**. Disponível em https://www.jstor.org/stable/1229039?seq=1. Acesso em 23 de dezembro 2019.

DAVIS, Angela. **Mulheres, Raça e Classe**. Boitempo: São Paulo, 2016.

GONZALES, Lélia. Por um feminismo afro-latino-americano. Paper escrito em 1988. *In*: **Caderno de Formação Política do Círculo Palmarino** n.1 - Batalha de Ideias. Afrolatinoamérica, Brasil, 2011. Disponível em https://edisciplinas.usp.br/pluginfile.php/271077/mod_resource/content/1/Por%20um%20feminismo%20Afro-latino-americano.pdf. Acesso em 23 de dezembro 2019.

GONZALES, Lélia. Racismo e Sexismo na cultura brasileira. Paper apresentado na Reunião do Grupo de Trabalho "Temas e Problemas da População Negra no Brasil", IV Encontro Anual da Associação Brasileira de Pós-graduação e Pesquisa nas Ciências Sociais, Rio de Janeiro, 31 de outubro de 1980. In: **Revista Ciências Sociais Hoje**, Anpocs, 1984, p. 223-244. Disponível em https://edisciplinas.usp.br/pluginfile.php/4584956/mod_resource/content/1/06%20-%20GONZALES%2C%20L%C3%A9lia%20-%20Racismo_e_Sexismo_na_Cultura_Brasileira%20%281%29.pdf. Acesso em 23 de dezembro 2019.

LIMA, Dulcilei. **Desvendando Luiza Mahin**: um mito liberto no cerne do Feminismo Negro. Universidade Presbieriana Mackenzie: São Paulo, 2011. Disponível em http://tede.mackenzie.br/jspui/handle/tede/1821#preview-link0. Acesso em 23 de dezembro 2019.

LIMA, Dulcilei. INTERSECCIONALIDADE E CIBERATIVISMO: RAÇA, GÊNERO E TIC´S. 2017. **13º Mundos de Mulheres & Fazendo Gênero 11** - Simpósios. Disponível em http://www.en.wwc2017.eventos.dype.com.br/resources/anais/1491323274_ARQUIVO_Dulcilei-C-Lima_Interseccionalidade-genero-raca-e-TIC_revisado(2).pdf. Acesso em 23 de dezembro 2019.

LIMA, Dulci. FEMINISMO NEGRO E CIBERATIVISMO NO BRASIL. *In*: **Revista Entropia**, Rio de Janeiro. Vol. 3. N°6. Julho/Dezembro/2019. Págs. 05/21.

LORDE, Audre. **N**ão existe hierarquia de opressã**o**. 1983. Disponível em https://www.geledes.org.br/nao-existe-hierarquia-de-opressao/. Acesso em 23 de dezembro 2019

LORDE, Audre. The Transformation of Silence into Language and Action. In: **Sister Outsider**. New York: Crossing Press Berkeley, 1984.

Marcha das Mulheres Negras (e-book). São Paulo: AMNB, 2016. Disponível em https://www.geledes.org.br/wp-content/uploads/2016/09/E-book-Marcha-das-Mulheres-Negras-comprimido-20.09.16.pdf. Acesso em 23 de dezembro 2019

Mulheres Negras na Tecnologia em Marcha. Disponível em http://revistadr.com.br/posts/mulheres-negras-na-tecnologia-em-marcha/. Acesso em 23 de dezembro 2019

PretaLab: Mulheres negras na tecnologia. Disponível em https://projetocolabora.com.br/ods5/pretalab-mulheres-negras-na-tecnologia/. Acesso em 23 de dezembro 2019

SILVA, Joselina. I Encontro Nacional de Mulheres Negras: o pensamento das feministas negras na década de 1980. In: Silva, Joselina. Pereira, Amauri Mendes. **O Movimento de Mulheres Negras: escritos sobre os sentidos de democracia e justiça social no Brasil**. Belo Horizonte: Nandyala, 2014.

TRUTH, Sojourner. Eu não sou uma mulher? In. Davis, Angela. **Mulheres, Raça e Classe**. São Paulo: Boitempo, 2016.

WERNECK, Jurema. **Saúde das Mulheres Negras**: nossos passos vêm de longe. 1ed. Rio de Janeiro: Pallas/Criola, 2000.

XAVIER, Giovana. **Catálogo Intelectuais Negras Visíveis** [livro eletrônico] / Rio de Janeiro: Malê, 2017. Disponível em https://www.intelectuaisnegras.com/copia-vista-nossa-palavra-flip-2016. Acesso em 23 de dezembro 2019.

CAPÍTULO 12

Taís Oliveira

Taís Oliveira é relações-públicas, Mestre e doutoranda em Ciências Humanas e Sociais pela UFABC. Em sua dissertação estudou as Redes Sociais na Internet e Economia Étnica a partir do Afroempreendedorismo no Brasil. É professora universitária, pesquisadora membra do NEAB-UFABC (Núcleo de Estudos Africanos e Afro-brasileiros), do grupo de pesquisa Desigualdades Sociais no Brasil e do Grupo PARES (Pesquisa em Análise de Redes Sociais), também da UFABC. Referências e materiais de aulas podem ser encontrados em: **http://taisoliveira.me/**

Dulcilei C Lima

Dulcilei C Lima é bacharel em História pela FFLCH-USP, mestra em Educação, Arte e História da Cultura pelo Mackenzie e doutoranda em Ciências Humanas e Sociais pela UFABC. Atualmente é Pesquisadora em Ciências Sociais e Humanas no Centro de Pesquisa e Formação do SESC SP. Membra do NEAB-UFABC (Núcleo de Estudos Africanos e Afro-brasileiros). Pesquisa relações raciais, de gênero e feminismo negro. Perfil no lattes: **http://lattes.cnpq.br/9211366923645368**

MULHERES E TECNOLOGIAS DE SOBREVIVÊNCIA: ECONOMIA ÉTNICA E AFROEMPREENDEDORISMO

Taís Oliveira
Dulcilei C. Lima

As mulheres negras ocuparam lugar de destaque no comércio e prestação de serviço no pós-abolição brasileiro. Obviamente isso não se dá por vias meritocráticas, até porque, tal como o mito do homem cordial, a meritocracia nunca existiu para a população negra, mas isto se dá em decorrência do contexto político de desamparo estatal para com os negros supostamente libertos.

Poucos homens negros livres nas cidades, a necessidade de sobrevivência e uma herança do matriacarlismo tão presente na cultura das sociedades africanas foram os principais atributos para que as mulheres negras tivessem ocupação na confecção de alimentos, lavadeiras, quitandeiras, babás, empregadas domésticas, entre outras atividades (Jacino, 2019).

Podemos observar, entretanto, que a maioria desses "cargos de pessoas livres" são tarefas ainda de servidão e sem o prestígio de profissões elitizadas. Como bem ressaltou Lélia Gonzalez em artigo publicado em 1982, "O 13 de maio de 1888 trouxe benefícios para todo mundo, menos para a massa trabalhadora negra" (Gonzalez, 2018, p. 128). A intelectual pensa, especificamente neste seu artigo, sobre a condição da mulher negra trabalhadora, sobretudo, afirma Gonzalez, pois "para a cabeça desse 'público', a trabalhadora negra tem de ficar no 'seu lugar', ocultada, invisível, 'na cozinha'" (Gonzalez, 2018, p. 129).

Embora tenha se passado mais de 130 anos desde o pós-abolição, a condição da mulher negra no campo do trabalho ainda é uma preocupação que deveria, em um mundo ideal, ter atenção de qualquer governo que pretenda compreender no detalhe as mazelas das precariedades sociais. Ou seja, aquelas que carregam os estigmas do machismo, preconceito de classe e do racismo são importantes fontes de colaboração para o desenvolvimento de melhorias coletivas.

No atual contexto observamos uma tímida melhora no acesso ao trabalho pela mulher negra, principalmente em decorrência de políticas educacionais, que foram por anos a fio bandeira dos movimentos negros no Brasil. Esse acesso, bem como outras variáveis, nos deixa a par do movimento denominado Afroempreendedorismo pelo qual, bem como as ancestrais, as mulheres negras seguem ocupando espaços de grande responsabilidade e provocando discussões a respeito do trabalho e renda enquanto direito fundamental.

Como veremos mais adiante, a quantidade de mulheres negras empreendedoras é um fator curioso que pode nos trazer reflexões de cunho histórico em relação ao trabalho das mulheres negras no pós-abolição. Talvez o que se muda, em certa medida, é a variável do motivo: ora por necessidade e assim a perpetuação de um ciclo que não foi quebrado desde 1888; ora porque foi lhe dada a opção de desenvolver determinada atividade diante de seu domínio da técnica; ora porque ainda que com o pleno domínio da técnica ela não se inseriu no mercado de trabalho formal.

Isso significa que atualmente, não só as mulheres negras, mas a sociedade como um todo precisa se adaptar e dominar os meios tecnológicos que remodelam as nossas relações sociais e de trabalho. A partir dessa premissa, discutiremos as condições da mulher negra atual no Afroempreendedorismo com os dados da pesquisa *Redes Sociais na Internet e a Economia Étnica: Um estudo sobre o Afroempreendedorismo no Brasil* (Oliveira, 2019) com recorte de gênero, visto que as mulheres negras se destacam em grande parte dos resultados. Pretende-se ainda pontuar as problemáticas observadas no que tange trabalho e renda da mulher negra.

Antes, vale ressaltar a partir de quais critérios o estudo foi realizado. Como metodologias aplicou-se revisões sistemáticas sobre Economia Étnica e Afroempreendedorismo no Brasil (Haddad, 2002; Ferreira, 2002; Sampaio & Mancini, 2007), análise de redes sociais na internet como ponto de partida para a observação do fenômeno (Recuero, 2009; Barabási, 2009; Recuero; Bastos & Zago, 2015; Silva & Stabile, 2016; Recuero, 2018), questionário online direcionado aos Afroempreendedores, que dentre os 141 respondentes 69,5% são mulheres, e entrevista semiestruturada com os atores que se destacaram na rede (Flick, 2004; Boni, 2005).

Para se estabelecer um diálogo teórico apresentamos na próxima sessão uma reflexão sobre a mulher negra em torno do trabalho, renda e educação e seu papel na estrutura familiar.

Apontamentos sobre o perfil de trabalho, renda e educação de mulheres negras

As mulheres negras correspondem a aproximadamente um quarto da população brasileira e seguem em última posição nos indicadores sociais que medem desigualdade. É a principal figura que emerge das estatísticas como grupo que mais agrega indicadores de baixa qualidade de vida, especialmente se considerarmos que a pobreza é multifatorial e não medida apenas pela renda que corresponde a um dos componentes dentre um conjunto de indicadores que mensuram as condições de vida da população (outros indicadores são, por exemplo, acesso a bens e serviços e participação política).

De acordo com o *Dossiê Mulheres Negras: retrato das condições de vida das mulheres negras do Brasil*, publicado pelo IPEA em 2013, entre 1995 e 2009 as famílias chefiadas por mulheres negras mantiveram-se continuamente nas posições de piores rendimentos (Silva, 2013). A mesma pesquisa demonstra que a chefia de família por mulheres negras teve aumento significativo entre arranjos familiares compostos por casal com e sem filhos (26% em 2009), além de ser significativa nos lares monoparentais - mulher com filhos (49% em 2009). Embora não haja grande disparidade entre o percentual de famílias chefiadas por mulheres negras e brancas, 52,4% e 55,2% respectivamente, o dossiê alerta para grandes distinções quando observada a renda *per capita* entre ambos os grupos.

Historicamente as mulheres negras sempre exerceram um papel importante nos rendimentos familiares. Florestan Fernandes (2008) ao discutir a transição para o trabalho livre na cidade de São Paulo menciona que foi mais difícil para os homens negros do que para as mulheres encontrar trabalho remunerado. Empregadas em sua maioria em trabalho doméstico, ocupação em que a concorrência com o elemento estrangeiro não se fez sentir com a mesma força que em outros setores, as mulheres negras se ajustaram melhor ao trabalho livre urbano.

> Por causa de sua integração à rede de serviços urbanos, é a mulher (e não o homem) que vai contar como agente de trabalho privilegiado não no sentido de achar um aproveitamento ideal ou decididamente compensador, mas por ser a única a contar com ocupações persistentes e, enfim, com um meio de vida (Fernandes, 2008, pp. 103 - 104).

A afirmação de Florestan é corroborada pelo depoimento de Francisco Lucrécio a Marcio Barbosa no livro *Frente Negra Brasileira: depoimentos:*

> Lá na Bela Vista, por exemplo, se você chegasse à tarde, num dia de semana, encontrava os homens negros nos bares, desempregados, enquanto as mulheres é que trabalhavam. [...] A maior parte das mulheres era que arcava com as despesas da família, porque eram importantes na época as empregadas domésticas, principalmente as negras, pois elas sabiam lidar com a cozinha, com a limpeza. Elas encontravam emprego mais facilmente que os homens (Barbosa, 1998, p. 33; 38).

Como vimos no depoimento acima, o trabalho doméstico tem sido historicamente o campo que mais absorveu a mão de obra negra e feminina, mantendo, no entanto, essas trabalhadoras em situação de informalidade, sem acesso aos direitos trabalhistas garantidos para outras categorias, em uma espécie de prolongamento de aspectos do trabalho escravo[93]. A despeito da longa trajetória de organização de trabalhadoras domésticas para aquisição de direitos trabalhistas que data de meados da década de 1930[94], a ampliação da regulamentação do trabalho doméstico só veio a acontecer em 2013 por meio da PEC das domésticas[95].

Conforme Lima e Prates (2019, s.p.), a categoria de trabalhadoras domésticas é "marcada pela baixa escolaridade, com predominância negra e majoritariamente feminina". Embora esse perfil se mantenha, os pesquisadores registram uma mudança significativa nas faixas etárias envolvidas no trabalho doméstico entre os anos de 2002 e 2012 (período estudado) com declínio acentuado das faixas mais jovens, entre 10 e 19 anos e 20 a 29 anos. Lima e Prates (2019) atribuem essa mudança à manutenção dessas jovens na escola e o consequente adiamento da entrada no mercado de trabalho. Ainda segundo os autores, "transformações sociais ocorridas na base da pirâmide social brasileira [...] podem ter contribuído para novas possibilidades e mudanças ocupacionais das mulheres que compõem o perfil das empregadas domésticas no Brasil" (Lima e Prates, 2019, s.p.).

Simultaneamente vimos a ampliação no país o acesso de pessoas negras ao ensino superior, a partir de 2005, como consequência de políticas públicas como o ProUni (Programa Universidade para Todos) e a implementação de cotas raciais em universidades públicas federais (Almeida, 2017). Ainda que não seja possível estabelecer uma correlação direta entre o declínio de jovens mulheres negras empregadas no trabalho doméstico e o acesso ao ensino superior, não é possível negar que se trata de um contexto de mudanças sociais que vai reverberar na adesão de mulheres negras à prática do Afroempreendedorismo.

Há ainda um outro fator de mudança estrutural no período que nos interessa na compreensão do assunto em perspectiva, a expansão do uso da internet por meio de computadores pessoais e *smartphones*. A expansão do acesso da população de baixa renda à internet teria se dado a partir de meados dos anos 2000, período de relativo aquecimento econômico que aumentou o poder de consumo e o acesso ao crédito pelos setores mais pobres. No mesmo período ocorreu a ampliação e diversificação da conectividade comercial e a popularização do Orkut[96] no Brasil. Com essas possibilidades em mãos, muitas famílias adquiriram seus próprios computadores (substituindo aos poucos o uso das *Lan Houses*) e encontraram formas alternativas de conexão como a banda larga transmitida por sinais de

---

93 O relatório da OIT publicado em 2010, Trabalho doméstico no Brasil: rumo ao reconhecimento institucional, destaca que esta ocupação é marcada por relações precárias de trabalho, com pouco reconhecimento governamental e baixíssima regulamentação (LIMA; PRATES, 2019, s.p.).

94 Laudelina de Campos Mello fundou a primeira organização de trabalhadoras domésticas na cidade de Santos no ano de 1936 (PINTO, 1993).

95 Proposta de Emenda Constitucional n. 72 de 2 de abril de 2013 (LIMA; PRATES, 2019).

96 Rede social do Google que foi muito popular no Brasil na segunda metade da década 2000.

rádio. O barateamento dos *smartphones* combinado com a popularização de ferramentas como o Facebook e o WhatsApp, oferecidos gratuitamente nos planos de dados das operadoras, ampliaram consideravelmente o acesso das camadas mais pobres da população à internet (Spyer, 2017). A ampliação da escolarização, anteriormente mencionada, se relaciona diretamente com a utilização da internet e suas ferramentas. Segundo o IBGE (2016), entre a população com 15 anos ou mais de estudo, o que equivale ao ensino superior, o percentual de uso da internet é de aproximadamente 90%.

Ainda não existem informações detalhadas sobre o acesso da população negra às tecnologias e às ferramentas fornecidas pela internet ou sobre seus hábitos de uso. Há dados mais gerais sobre exclusão digital como a pesquisa *Síntese de indicadores Sociais: uma análise das condições de vida da população brasileira* (SIS) de 2016, produzida pelo IBGE, que revela que 60,8% da população classificada como preta e parda não tinha acesso à internet em seu domicílio no ano de 2013.

A SIS publicada em 2017 fez a divisão por sexo e raça onde se constatou que 37,3% das mulheres pretas e pardas e 39,1% dos homens pretos e pardos não tinham acesso à internet contra 24,5% das mulheres brancas e 24,7% dos homens brancos. A SIS de 2018 apresentou recuo nesses índices tanto entre brancos quanto entre negros. Nessa última aferição 29,3% das mulheres pretas e pardas e 30,9% de homens pretos e pardos não tinham acesso à internet contra 19% de mulheres brancas e 19,1% de homens brancos. Pesquisas como a *PNAD - Acesso à Internet e à Televisão e Posse de Telefone M*óvel Celular para Uso Pessoal ou a *TIC domicílios* não fazem recorte de raça.

No que diz respeito às mulheres negras especificamente, o *Dossiê Mulheres Negras: retrato das condições de vida das mulheres negras no Brasil* (2013) do IPEA avaliou a exclusão digital desse segmento populacional a partir da posse de computadores em domicílio e do acesso à internet, e concluiu que os domicílios chefiados por mulheres negras são os que mais carecem desses recursos em comparação com domicílios chefiados por homens negros, mulheres brancas e homens brancos. Esses dados vão de encontro às informações fornecidas pela *Síntese de Indicadores Sociais de 2018 do IBGE* na sessão que discute restrições de acesso em múltiplas dimensões, que apontam os domicílios chefiados por mulheres negras como os que apresentam maiores restrições de acesso à moradia adequada, educação, proteção social, serviços de saneamento básico e comunicação.

Ao analisar a apropriação de tecnologias por mulheres negras brasileiras, Santos (2018) afirma que a despeito

> [...] deste contexto onde se observam marcadas distâncias sócio-econômicas e educacionais, as mulheres negras têm recorrido a esta ferramenta, internet, para

> expandir seus discursos e criar redes sociais, de maneira que se tem incluído em um contexto também adverso, e não obstante necessário. As mulheres negras vivem em um mundo real em que seus discursos são refutados pelos grandes meios de comunicação, e paralelamente em um mundo digital em que, ao mesmo tempo que se reproduzem valores de exclusão e estereótipos, se facilita às mulheres negras um alcance discursivo incalculável (Santos, 2018, p. 125).

A ampliação da população negra no ensino superior, de acordo com Malta e Oliveira (2016), fortaleceu o desejo dessa camada populacional em se ver representada positivamente em narrativas e espaços onde ainda hoje são invisíveis, como a história oficial, a grande mídia, os lugares legitimados de produção do conhecimento etc. A internet e suas ferramentas de produção de conteúdo, portanto, se tornaram um meio acessível para que negros e negras atuassem na reivindicação do protagonismo de suas próprias histórias. Esse aspecto está também presente entre Afroempreendedores e podem ser observados nos produtos comercializados, nas lógicas de trabalho e nas redes estabelecidas por esses profissionais.

> [...] milhares de mulheres negras, principalmente jovens, têm utilizado as plataformas digitais para narrar histórias sobre a presença do racismo e do machismo em suas vidas: são blogs, sites, Twitter, canais de Youtube e páginas de Facebook que têm ganhado um alcance imensurável e formado uma rede de informações e compartilhamentos sobre tais histórias (Malta; Oliveira, 2016, p. 57).

Silvana Bahia, diretora de projetos do Olabi e coordenadora do PretaLab aborda a relevância da questão tecnológica para a população negra, especialmente mulheres.

> [...] as tecnologias estão carregadas com as visões políticas, econômicas e culturais de quem as cria – e esse poder hoje está centrado nas mãos de homens, brancos, heterossexuais, classe média/ricos. Isso já potencializa uma grande desigualdade, em um mundo cada vez mais digital. Se as mulheres negras não estiverem nesse processo, se não existirem ações para que elas estejam nesse processo, vamos perder totalmente nosso poder de integração no mundo[97].

Nesta seção nos dedicamos a discorrer brevemente sobre mudanças recentes na forma de obtenção de renda das mulheres negras e que passa pela diminuição do trabalho doméstico nas faixas etárias mais jovens, bem como pela ampliação da escolarização que ocorre em simultâneo com a ampliação do uso da internet.

Corroboram as estatísticas e estudos acerca dessas mudanças, a percepção de 99 mulheres negras que responderam a um questionário *online* sobre feminismo

---

97 Trecho extraído do vídeo Silvana Bahia – Levantamento PretaLab. Ver em: https://www.pretalab.com/.

negro[98] entre os períodos compreendidos entre 20 de fevereiro e 08 de março de 2019 e 23 a 26 de abril de 2019. As respondentes tinham entre 14 e 59 anos, eram provenientes de 10 estados brasileiros e apenas 7 delas ainda não tinham acessado o ensino superior.

Questionadas sobre como avaliam a condição da mulher negra na contemporaneidade, tais mulheres reconheceram avanços ocorridos em anos recentes, como resultado de políticas públicas e maior acesso à educação, no entanto, acreditam que esses avanços beneficiaram uma parte pequena da população negra feminina, enquanto a maior parte desse contingente populacional segue na precariedade devido à manutenção de desigualdades históricas. Na percepção das mulheres que responderam ao questionário, o acesso ao mercado de trabalho formal ainda apresenta grandes obstáculos mesmo quando se consideram portadoras de qualificação profissional e acadêmica. As dificuldades também se manifestam na obtenção de promoções e no acesso e ampliação de clientela no caso das profissionais liberais. As respondentes manifestaram preocupação com a ampliação da fragilização das relações de trabalho devido às recentes reformas trabalhista, da previdência e o avanço do neoliberalismo.

Lá onde a Economia Étnica e a tecnologia se encontram

O Afroempreendedorismo é a atividade desenvolvida por profissionais e empresários negros que, para além do objetivo de obter renda, dedicam-se também a suprir demandas ocasionalmente demarcadas por problemas sociais, políticos e estruturais, como a problemática da educação acessível, desenvolvimento técnico, subjetividades relacionadas aos aspectos estéticos, o próprio racismo ou desigualdade social. Os afroempreendedores também empregam emoções e identidade étnica nos negócios, possuem indignações e acreditam na capacidade de alterar cenários sociais a partir de suas redes afroempreendedoras.

A ideia do Afroempreendedorismo enquanto prática de trabalho e obtenção de renda nos fez observar certas proximidades empíricas com a Economia Étnica que, por sua vez, é a formação de grupos étnicos em determinadas ocupações de serviços ou comércios e que fazem a economia circular prioritariamente dentro de seu grupo, tornando-os fortes (Bonacich, 1973). Ou seja, as movimentações econômicas de imigrantes e minorias étnicas desenvolvem uma rede estratégica para circular negócios, oportunidades de emprego, capacitação técnica e suporte para fontes de capital. Além de elementos que solidifiquem a comunidade, como

---

98 O questionário mencionado é parte integrante da coleta de dados para a tese de doutorado em andamento de Dulcilei C. Lima sobre feminismo negro na internet (Programa de Pós-graduação em Ciências Humanas e Sociais na UFABC).

a integração, solidariedade e informações compartilhadas entre os membros do grupo co-étnico (Light, 2005, 2013; Gold, 1989).

Todavia, é importante ressaltar que a constituição da população negra no Brasil não se dá por migração, e sim por sequestro e escravização de milhares de africanos. Logo, ao tratar do Afroempreendedorismo no Brasil enquanto prática que se relaciona com os aspectos da Economia Étnica, falamos das trocas comerciais de uma maioria considerada "*minoria*".

Uma "*minoria*" pouco estudada em trabalhos publicados sobre a Economia Étnica, como demonstra revisão sistemática sobre o tema. Dentre 59 trabalhos sobre a Teoria da Economia Étnica nos últimos 20 anos, apenas dois abordam populações negras, o *The organization of an ethnic economy: Urban black communities in the early twentieth century* (Boyd, 2012) e *Urban locations and Black Metropolis resilience in the Great Depression* (Boyd, 2017), ambos do mesmo autor, o professor Robert L. Boyd, do Departamento de Sociologia da Universidade do Estado do Mississipi. Ao todo são 27 grupos diferentes abordados nos estudos da revisão sistemática, dos quais o mais estudado é o grupo de chineses, com 11 trabalhos encontrados.

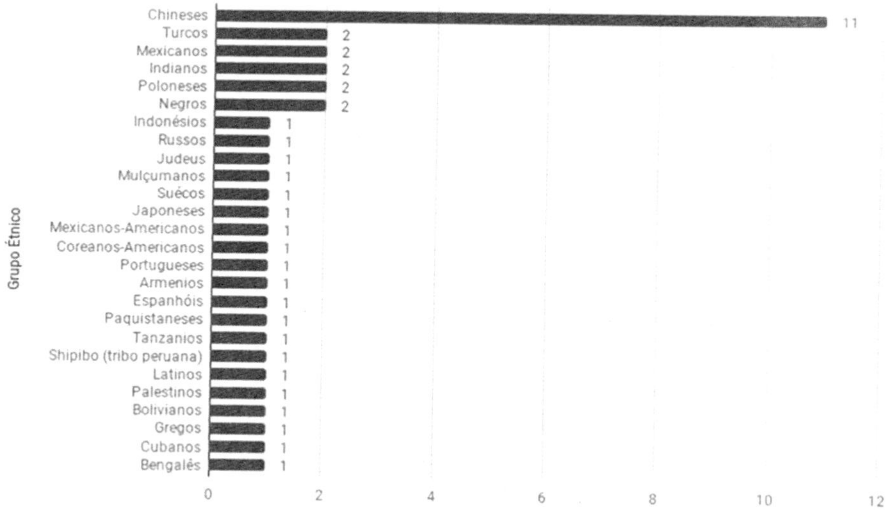

Grupos étnicos abordados nos trabalhos sobre Economia Étnica

Já em relação aos trabalhos publicados sobre Afroempreendedorismo no Brasil, temos um cenário de destaque para o ano de 2018 que figura com nove publicações, dentre 14 encontrados. Entre as aplicações metodológicas observa-se principalmente vertentes qualitativas, como o memorial descritivo e a etnografia e entre áreas, a antropologia, comunicação, ciências humanas, ciências sociais e sociologia são as que mais desenvolveram pesquisas sobre o tema. Observa-se ainda, reflexões que partem do território local como premissa, a exemplo de estudos sobre Afroempreendedores no Rio de Janeiro, Brasília e Salvador. E por fim, grande parte dos estudos tratam de grupos ou associações com preocupações coletivas, como a Reafro, Afroem e Feira Cultural Preta.

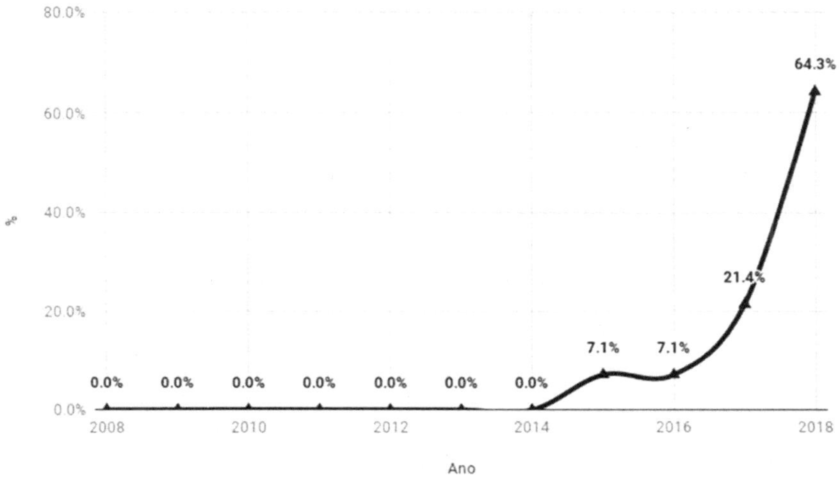

Publicações x Ano sobre o tema Afroempreendedorismo

O cenário atual do Afroempreendedorismo no Brasil ganha certo destaque com iniciativas coletivas como as citadas acima, além de outras como *Afrobusiness, BlackRocks Startup, Movimento Black Money, Projeto Brasil Afroempreendedor, Centro de Estudos e Assessoramento de Empresários e Empreendedores Afro-brasileiros, Coletivos de Empresários e Empreendedores Afro-brasileiros, Associação Nacional de Coletivos de Empresários e Empreendedores Afro-brasileiros* (Monteiro, 2013; Oliveira, 2018). Dessa maneira nos atentamos para o caráter de filiação da população negra enquanto herança de sua própria história ultrajante, bem como afirma Monteiro (2013):

> Não é razoável supor que os afro-brasileiros tenham como se libertar dela (história ultrajante) a não ser também coletivamente, juntos, um ajudando ao outro, formando associações capazes de torná-los fortes profissionalmente (p. 112).

O estudo de Oliveira (2019) tem início justamente na observação destes movimentos coletivos oriundos do ambiente digital, sobretudo partindo da premissa que a identidade negra é um elo para a criação de redes de relações que se constrói na intersecção de múltiplas variáveis sociais, históricas, culturais e políticas, sobretudo quando um determinado grupo reivindica visibilidade social em decorrência do apagamento histórico (Gomes, 2005).

Assim parte-se dos sites de redes sociais como um espaço para interação discursiva que ocorre, eventualmente, com pessoas que tenham certa proximidade de identificação. Deste modo, ao compartilhar conteúdos que dão ênfase às características que aproximam os iguais entre si promove-se um sentimento de pertencimento, sobretudo quando se trata de um grupo historicamente estigmatizado e oprimido pela sociedade dominante (Daniels, 2012).

Para Gallon (2016), as interações discursivas de pessoas negras nos sites de redes sociais são uma continuação do esforço de sobrevivência de forma coletiva empregado por populações negras escravizadas em todo o mundo. O uso das tecnologias se entrelaça com a obtenção de capital social, cultural e econômico. Enfaticamente, a articulação cultural de grupos minorizados promove participação e articulação desses grupos (Brock, Kvansny & Hales; 2010). Portanto, é na conversa observada nas diversas comunidades digitais sobre Afroempreendedorismo que a Economia Étnica e a tecnologia se encontram, principalmente quando consideramos o dado de que entre as entrevistadas no estudo de Oliveira (2018), 99% usam internet em suas atividades empreendedoras. Entre as atividades mencionadas estão o envio de mensagens aos clientes ou parceiros, uso de plataformas de mídias sociais, blog e site da empresa, participar de grupos, pesquisar tendências, consumir conteúdos úteis, utilizar softwares online e busca por oportunidades.

O lugar da Afroempreendedora: o domínio da técnica e da tecnologia

A pesquisa *Redes Sociais na Internet e a Economia Étnica: Um estudo sobre o Afroempreendedorismo no Brasil* (Oliveira, 2019) teve como ponto de partida a observação do fenômeno nas plataformas de mídias sociais e na apropriação das tecnologias como meio de sociabilidade. Dessa forma, observar a utilização destas ferramentas é a primeira etapa no estudo de objeto, os Afroempreendedores.
Todavia, nos focaremos em analisar os dados do formulário distribuído de modo online para Afroempreendedores que, via de regra, também estão conectados e integram a rede analisada.

O recorte de Afroempreendedoras aqui apresentado é composto por 69,5% dos entrevistados. Essas mulheres são solteiras (49%), casadas ou vivem com companheiro ou companheira (32,7%), separadas ou divorciadas (14,3%) e viúvas (4,1%). A maioria (58,6%) têm idade entre 26 e 41 anos, são de alguma religião de matriz africana (33,7%), enquanto outras 33,7% afirmam não ter religião alguma. Ou seja, são mulheres de uma geração recente, adultas e que praticam religiões matrizes, certamente também como maneira de resguardar a memória e identidade de seu povo.

Sobre a escolaridade, 32,6% têm Ensino Superior Completo, 20,4% têm Pós--graduação Completa, 23,5% têm Ensino Superior cursando ou incompleto, 11,2% Pós-graduação cursando ou incompleta e 2,0% Ensino Médio cursando e 11,2% Ensino Médio completo. Receberam algum tipo de incentivo educacional 41,8%, seja alguma política educacional, como ProUni, FIES ou sistema cotas, seja por bolsas de instituições de ensino particulares.

Embora com o nível escolar tão alto, o faturamento mensal não corresponde ao que seria um cenário comum para pessoas não-negras, ou seja, quanto maior a escolaridade também maior a remuneração. A contradição é que a maioria (79,6%) das respondentes afirma faturar até 5 mil reais por mês, enquanto 14,3% faturam de 5 a 10 mil reais por mês, 4,1% de 10 a 15 mil reais e por mês e 2,0% mais de 15 mil reais por mês.

Outro dado que preocupa diz respeito às 51% que mantêm outras formas de obter renda paralelamente à sua atividade empreendedora. Entre essas, as atividades mais citadas foram professora, emprego formal, consultorias, aposentadoria, benefício do FGTS, auxílio de algum familiar, estágio e benefício de bolsas acadêmicas. Ou seja, grande parte das Afroempreendedoras ainda não é capaz de se manter apenas com sua atividade empreendedora, mas precisam expandir o trabalho na busca pela emancipação.

Em relação à atividade como Afroempreendedora, observamos consultorias em áreas como marketing, educação, diversidade, inovação, contabilidade, recursos humanos, direito, relações públicas, design gráfico, psicologia, pesquisa, editoração, palestras, entre outras. Além de empreendimentos relacionados à estética, moda, beleza e arte. No contraponto da afirmação de Lélia sobre a trabalhadora do pós-abolição, a Afroempreendedora está em um lugar de visibilidade, liderando sua própria carreira e na linha de frente das decisões, ainda que não no cenário minimamente igualitário com empreendedores não-negros.

Como vimos no depoimento de Francisco Lucrécio sobre as *frentenegrinas*, as mulheres negras mantêm forte interesse ou participação em movimentos sociais, principalmente aqueles com demandas da população negra como pauta central. A maioria (93,9%) participa ou tem interesse em movimentos sociais, dentre os quais os mais citados trazem recorte racial como premissa, como o movimento negro de modo geral, feminismo negro, movimentos estudantis negros, movimento hip hop e o movimento Black Money, correlacionado ao Afroempreendedorismo, que é citado diversas vezes. Esse dado gera, inclusive, o desejo de mensurar qual a porcentagem de empreendedores não-negros que sequer menciona preocupações com questões que permeiam os assuntos de interesse público e coletivo.

Entre as respondentes 59,3% afirmam enfrentar problemas em ser uma empreendedora negra, dentre os mais citados estão pouca credibilidade por não as verem como empresárias, dificuldade nas relações com pessoas não-negras, desistência da contratação ao verem que se trata de uma pessoa negra, dificuldades para obter financiamento, racismo em locais não-negros, entre outras dificuldades. Observamos nessas situações levantadas mais um aspecto que fortalece a conexão entre o Afroempreendedorismo e a Economia Étnica, uma vez que essas vivências motivam os empreendedores negros a criarem seus próprios ambientes de fomento e integração, como as atividades desenvolvidas pelos coletivos, grupos e associações.

Quando solicitadas a citar referências no campo do Afroempreendedorismo, grande parte indicou uma mulher negra ou algum projeto coletivo liderado por uma mulher negra, a exemplos Adriana Barbosa, Fernanda Leoncio, Monique Evelle, Maitê Lourenço, Luana Teoffilo, Nina Silva - nomes citados diversas vezes. Como bem salientou Silvana Bahia a respeito do necessário domínio tecnológico de mulheres negras, as Afroempreendedoras usam seu meio de obter trabalho e renda com o auxílio das tecnologias para também propagar suas visões políticas, econômicas e culturais pensando o bem-estar social da comunidade.

Dessa forma, compreendemos um cenário relativamente melhor comparativamente, porém ainda com diversas problemáticas relacionadas ao trabalho e renda da Afroempreendedora. Como no dado sobra a compatibilidade da remuneração em relação ao grau de escolaridade; a necessidade de expandir políticas de acesso à educação que desencadeiam uma gama de outras oportunidades no campo do trabalho; a dupla rotina de trabalho ao manter duas ou mais formas de obter renda, sem somar a isso o trabalho doméstico não remunerado; e o racismo estrutural que interfere no desenvolvimento pleno das Afroempreendedoras.

Logo, o domínio da técnica e da tecnologia se entrelaçam no momento em que as Afroempreendedoras precisam dominar as mais variadas técnicas relacionadas às suas atividades e ao mesmo tempo as tecnologias que conectam à rede, propagam suas ideias (e ideais) e ampliam o alcance comercial de seus produtos e serviços. Ou seja, se uma Afroempreendedora precisa dominar a técnica de costurar para confeccionar roupas, ao mesmo tempo é necessário que ela entenda como funciona a internet, tecnologias e plataformas para se fazer vista.

Embora o contexto estrutural das tecnologias esteja imerso em disparidades que privilegiam determinados grupos sociais dominantes, é nesse espaço que mulheres negras encontram um cenário relativamente democrático para expandir discursos e criar redes sociais.

É preciso ser dez vezes melhor?

São inúmeras as variáveis de estudo sobre as relações de trabalho na era das tecnologias digitais. Infelizmente, persiste a insuficiência de dados que forneçam detalhes sobre os modos como a população negra acessa as tecnologias e os usos que faz dessas ferramentas seja em âmbito pessoal, profissional, acadêmico ou político. Mesmo que estudos acadêmicos tenham se multiplicado nos últimos anos, ainda são escassos e não alcançam a potencialidade de compreensão do cenário nacional.

O perfil das Afroempreendedoras e sua relação com as ferramentas vigentes, se observado com atenção, nos faz refletir sobre como aspectos históricos, sociopolíticos, de gênero e de raça perpassam uma ação que a *priori* seria mera troca comercial.

O senso de comunidade é um demarcador latente, principalmente com o papel dos grupos e associações que promovem o Afroempreendedorismo e que, em grande parte, nasce no ambiente digital. A possibilidade de formar "quilombos digitais" por intermédio das tecnologias promove uma potente rede de apoio, segurança, saberes e afetos. Aspectos que traduzem o desejo de coletividade e identidade que a Economia Étnica traz como enquadramento. Em outras palavras, esta rede relacional em torno do Afroempreendedorismo estabelece um verdadeiro esforço de sobrevivência.

Quando nos aprofundamos no perfil das Afroempreendedoras, observamos uma prática que se dá por diversas vias, seja por necessidade, oportunidade ou pela condição paradoxal da necessidade por oportunidade. Esta se revela quando a Afroempreendedora tem a formação técnica, acadêmica e habilidades para determinadas atividades, contexto desenvolvido sobretudo a partir das *oportunidades* surgidas e aproveitadas. Porém, em decorrência do racismo estrutural se vê diante da *necessidade* de trabalhar em outro contexto que não o do "trabalho formal".

As diferenças geracionais entre o trabalho de mulheres negras no pós-abolição e as atuais Afroempreendedoras se acentuam, principalmente, em relação às ocupações. De modo geral, as atividades das Afroempreendedoras entrevistadas não estão relacionadas a tarefas de menor prestígio. Como pontuado por Lima e Prates (2019), muito provavelmente pela manutenção das jovens negras nas escolas e o tardio acesso, em comparação às gerações anteriores, ao mercado de trabalho. Porém, a tendência a manter a mulher negra num lugar de invisibilidade social [o desejo do lugar invisível para a mulher negra], muito bem colocado na fala de Lélia, se repete quando observamos os relatos espontâneos das entrevistadas sobre a falta de credibilidade no campo por ser uma mulher negra.

As Afroempreendedoras compreendem a essência da afirmação *"filho, por você ser preto você* precisa ser dez vezes melhor..."[99] e estão se reapropriando das tecnologias com objetivos muito específicos. Tratam de aspectos individuais e ao mesmo tempo coletivos. De compartilhamento e aprendizagem. De escuta e propagação dos discursos. Além disso, é importante uma análise mais profunda e distanciada de possíveis vieses românticos das tecnologias como solução inovadora para questões históricas e estruturais que carecem de análise rigorosa e tratamento amplo que se atente às realidades múltiplas e complexas do país. Se é necessário imaginá-las como solução para algo é porque existe um problema que está presente desde muito antes das possibilidades contemporâneas. Portanto, estas tecnologias se tornam, em certa medida, tecnologias de sobrevivência.

---

99 Trecho da música *A vida é Desafio* do grupo de rap Racionais MC's.

Referências

ALMEIDA, Wilson Mesquita. Prouni e o acesso de estudantes negros ao ensino superior. **Revista Contemporâ**nea de Educação, v.12, n.23, jan-abr 2017. Disponível em: https://revistas.ufrj.br/index.php/rce/article/view/3224/7585. Acesso em 10 jan. 2020.

BARABÁSI, Albert-László. **Linked – a nova ciência dos networks**. São Paulo: Leopardo, 2009.

BARBOSA, Márcio. **Frente Negra Brasileira:** depoimentos. São Paulo: Quilombhoje, 1998.

BONACICH, Edna. A theory of middleman minorities. **American sociological review**, p. 583-594, 1973.

BONI, Valdete; QUARESMA, Sílvia Jurema. Aprendendo a entrevistar: como fazer entrevistas em ciências sociais. **Em Tese**, Florianópolis, v. 2, n. 1, p. 68-80, jan. 2005. ISSN 1806-5023. Disponível em: https://periodicos.ufsc.br/index.php/emtese/article/view/18027.

BOSCHI, Caio. Nem tudo que reluz vem do ouro. In: **História Econômica do Período Colonial.** 2ª ed. São Paulo: Hucitec / Edusp / Imprensa Oficial, 2002.

BOYD, Robert L. The organization of an ethnic economy: Urban black communities in the early twentieth century. The Journal of Socio-Economics, v. 41, n. 5, p. 633-641, 2012.

BOYD, Robert L. Urban locations and Black Metropolis resilience in the Great Depression. **Geoforum**, v. 84, p. 1-10, 2017.

BROCK, André; KVASNY, Lynette; HALES, Kayla. **Cultural Appropriations of Technical Capital.** Information, Communication & Society. 2010.

DANIELS, Jessie. Race and racism in Internet studies: A review and critique. **New Media & Society**, v. 15, n. 5, p. 695-719, 2013.

FERNANDES, Florestan. **A integração do negro na sociedade de classes**. 5a. ed. São Paulo: Globo, 2008.

FERREIRA, Norma Sandra de Almeida. As pesquisas denominadas "estado da arte". **Educ. Soc.**, Campinas , v. 23, n. 79, p. 257-272, Aug. 2002 . Disponível em: from http://www.scielo.br/scielo.php?script=sci_arttext&pid=S0101-73302002000300013&lng=en&nrm=iso. Acesso em 02 de Ago. 2017.

FLICK, Uwe. Entrevistas semi-estruturadas. **Introducción a la investigación cualitativa**, p. 89-110, 2004.

GALLON, Kim. Making a case for the Black digital humanities. **Debates in the Digital Humanities,** p. 42-49, 2016.

GOMES, Nilma Lino et al. Alguns termos e conceitos presentes no debate sobre relações raciais no Brasil: uma breve discussão. **Educação anti-racista: caminhos abertos pela Lei Federal**, v. 10639, n. 03, 2005.

GONZALEZ, Lélia. **Lélia Gonzalez: Primavera para as rosas negras**. 2018.

HADDAD, S. Juventude e escolarização: uma análise da produção de conhecimento. Brasília, DF: MEC/ Inep/ Comped, 2002.

IBGE - INSTITUTO BRASILEIRO DE GEOGRAFIA E ESTATÍSTICA. Síntese de indicadores Sociais: uma análise das condições de vida da população brasileira (2016). Disponível em: https://biblioteca.ibge.gov.br/visualizacao/livros/liv98965.pdf. Acesso em 05 jul.2018.

________. Síntese de indicadores Sociais: uma análise das condições de vida da população brasileira (2017). Disponível em: https://biblioteca.ibge.gov.br/visualizacao/livros/liv101459.pdf. Acesso em 05 jul. 2018.

JACINO, Ramatis. **Desigualdade Racial no Brasil - causa e consequências**. São Paulo: Imó, 2019.

LIGHT, Ivan. Global entrepreneurship and transnationalism. in Dana Leo-Paul (org.): **The Handbook of Research on Ethnic Minority Entrepreneurship: a co-evolutionary view on resource**. Cheltenham: Edward Elgar, 2007.

LIGHT, Ivan. The EthnicEconomy. in N. Smelser e R. Swedberg (org.): **The HandbookofEconomicSociology**. Princeton EP & Russel Sage, 2005.

LIMA, Márcia; PRATES, Ian. Trabalho doméstico e mudança social: Reprodução e heterogeneidade na base da estrutura ocupacional brasileira. **Tempo Social**, revista de sociologia da USP, v. 31, n. 2, p.149-172, mai-ago. 2019. Disponível em: http://www.revistas.usp.br/ts/article/view/149291. Acesso em 11 jan.2020.

MALTA, Renata Barreto; Oliveira, Laís Thaise Batista de. Enegrecendo as redes: o ativismo de mulheres negras no espaço virtual. **Gênero**, v.16, n.2, p.55-69, jan-jun. 2016. Disponível em: http://periodicos.uff.br/revistagenero/article/view/31234. Acesso em 15 jan. 2020.

MONTEIRO, José Aparecido. A formação e a ação coletiva do empresariado afro-brasileiro: processos e desafios. In: NOGUEIRA, João Carlos (Org.). **Desenvolvimento e empreendedorismo afro-brasileiro: Desafios históricos e perspectivas para o século 21**. Florianópolis: Atilende, 2013.

OLIVEIRA, Taís. Redes Sociais na Internet e a Economia Étnica: breve estudo sobre o Afroempreendedorismo no Brasil. **Anais do 41° Encontro do Intercom**. Joinville, 2018

OLIVEIRA, Taís. **Redes Sociais na Internet e a Economia Étnica: um estudo sobre o Afroempreendedorismo no Brasil.** Dissertação (Mestrado em Ciências Humanas e Sociais) – Programa de Ciências Humanas e Sociais, Universidade Federal do ABC, 2019

PINTO, Elisabete Aparecida. **Etnicidade, gênero e educação:** a trajetória de vida de Laudelina de Campos Mello (1904-1991). 1993. Mestrado (Dissertação em Educação) – Universidade Estadual de Campinas, Campinas, 1993.

PRETALAB REPORT. Disponível em: https://www.pretalab.com/. Acesso em 18 set. 2019.

RECUERO, Raquel. **Redes Sociais na Internet**. Porto Alegre: Sulina, 2009.

RECUERO, Raquel. **Introdução à análise de redes sociais**. Salvador: Edufba, v. 3, n.2, 2018.

_________, Raquel; BASTOS, Marco & ZAGO, Gabriela. **Análise de redes para mídia social**. Porto Alegre: Sulina, 2015.

SAMPAIO, RF; MANCINI, MC. Estudos de revisão sistemática: um guia para síntese criteriosa da evidência científica. **Rev. bras. fisioter.**, São Carlos , v. 11, n. 1, p. 83-89, Feb. 2007 . Available from . access on 13 Feb. 2018. http://dx.doi.org/10.1590/S1413-35552007000100013.

SANTOS, Céres Marisa Silva dos. La apropriación de las TIC por mujeres brasileñas. In FARRERA, Abrahan Mena; PABLOS, Esperanza Tuñón (cord.). **Género y TIC.** San Cristóbal de Las Casas, Chiapas, México, Ed. Ecosur, 2018

SEVERINO, Antônio Joaquim. **Metodologia do trabalho cient**ífico. Cortez Editora, 2017.

SILVA, Tarcízio; STABILE, Max. (Org.) **Monitoramento e pesquisa em mídias sociais: metodologias, aplicações e inovações.** São Paulo: Uva Limão, 2016.

SILVA, Tatiana Dias. Mulheres negras, pobreza e desigualdade de renda In: MARCONDES, Mariana Mazzini [et al.] (orgs). **Dossiê Mulheres Negras: retrato das condições de vida das mulheres negras do Brasil.** Brasília: IPEA, 2013. Disponível em: https://www.mdh.gov.br/biblioteca/igualdade-racial/dossie-mulheres-negras-retrato-das-condicoes-de-vida-das-mulheres-negras-no-brasil/view. Acesso em 20 dez. 2019.

SPYER, Juliano. **Social Media in Emergent Brazil How the Internet Affects Social Change.** UCL Press - University College London, 2017.

CAPÍTULO 13

Femi Ololade Alamu

Dr. Alamu, Femi Ololade é professor na Universidade de Lagos, Nigéria. Sua área de especialização é aprendizado de máquina, representação de conhecimento em Telemedicina, e-health e serviços digitais com foco em processamento de imagens e resgate de informações médicas. É pesquisador no International Center for telemedicine and e-health, LAUTECH, Ogbomoso em colaboração com o Hasso Plattner Institute Germany. Resultados de suas pesquisas sobre os temas citados, conhecimento replicável em doenças tropicais e estudos sobre tecnologias móveis foram publicados em revistas e conferências internacionais. Pode ser contatado em **falamu@unilag.edu.ng** ou +23 40 8034905719

Halleluyah O. Aworinde

Halleluyah Oluwatobi Aworinde é graduado em Tecnologia (B.Tech) e mestre em Ciência da Computação pela Ladoke Akintola University of Technology (LAUTECH) em Ogbomoso e Universidade de Idaban, respectivamente. Atualmente é estudante de doutorado em Ciência da Computação na LAUTECH e ensina na Bowen University, Iwo, Nigeria. Sua pesquisa foca em Aprendizado de Máquina e Sistemas Inteligentes e possui publicações em revistas avaliadas por pares e anais de conferências relevantes. Pode ser contatado através de **aworinde.halleluyah@bowen.edu.ng** ou +23 48 032050613

Walter Isharufe

Walter Isharufe é um profissional de segurança da informação em Alberta, Canada. Ele possui experiência abrangente em gestão de segurança, risco e compliance com um background em avaliação de arquitetura de sistemas de informação e gestão de vulnerabilidade. Isharufe é Mestre em Gestão de Segurança em Sistemas de Informação (MISSM) pela Concordia University of Edmonton, Canada, e graduado em Ciências pela Bowen University, estado de Osun, Nigeria. Ele pode ser contatado através do email **isharufewalter@gmail.com**

ESTUDO COMPARATIVO DO SISTEMA DE DIVINAÇÃO IFÁ E CIÊNCIA DA COMPUTAÇÃO[100]

Femi Ololade Alamu
Halleluyah O. Aworinde
Walter Isharufe

Introdução

A informação é uma parte vital da vida. É necessária para a sobrevivência. Povos e cultura evoluíram muito. Idiomas e habilidades de comunicação mudaram. Divinação é o ato de buscar o conhecimento de coisas futuras ou ocultas por meios heterodoxos, que geralmente são complementados por algum poder que é representado ao longo da história como proveniente de deuses. Utilizam-se signos, presságios e coincidências para contar coisas ocultas.

Os sistemas de divinação, alguns dos quais são quase como sinais e presságios de leitura, adotam uma abordagem mais deliberada (Vob, 2013). Eles são inventados para gerar coincidências que não dependem de eventos externos, que podem ser interpretados. Nos tempos antigos, as pessoas tinham o seu jeito e os idiomas costumavam se comunicar. Além disso, naquela época, as pessoas tinham maneiras de fazer cálculos simples e armazenar informações (Weeks, 2013a). O ábaco era uma ferramenta bem conhecida para contar então.

A origem da divinação Ifá

Os deuses iorubás do oeste da Nigéria ocidental já existiram como seres humanos e tiveram seu modo de se comunicar. Antes de seu desaparecimento, eles deixaram com as pessoas um meio de se comunicar com elas no reino externo (a divinação Ifá). Há mais de 12.000 anos, os africanos desenvolveram a divinação do Oráculo de Ifá com base no quadrado de 16=16x16=26 = 2^8 correspondente aos vértices de um hipercubo octodimensional e à álgebra binária de Clifford C1 (8) de duas opções binárias relacionadas e assim por diante, como

100 Tradução inédita de artigo originalmente publicado na revista *International Journal of Innovative Technology and Research* <ALAMU, F.O; AWORINDE, H.O.; ISHARUFE, W.I. A Comparative Study on IFA Divination and Computer Science. International Journal of Innovative Technology and Research, vol. 1, n. 6, pp.524-528, 2013.>

C1(8)xC1(8)=C1(16) (Fashina, 2009). Como o número de sub-hipercubos em um hipercubo 8-dimensional é 6.561=81x81=3^8, o Oráculo de Ifá possui N=8, estrutura ternária 3 e estrutura binária 2 (Smith Jr, 2009).

Os processos usados na divinação Ifá e no sistema de divinação apresentam algumas semelhanças com a Ciência da Computação. Além disso, a Ciência da Computação se origina da divinação Ifá e, portanto, este artigo pretende se envolver em um estudo comparativo entre a divinação Ifá e a Ciência da Computação.

Ifá é a divindade da sabedoria e do desenvolvimento intelectual. Ele é chamado a julgar os casos e fornecer respostas para os problemas. Ele é um elo entre o povo e Deus (Eledumare) (Weeks, 2013b).

O ato de realizar a divinação de Ifá é chamado de 'idafa' (ou didaowo e ounte ale). Idafa é realizada por um Babalawo ou IyanIfá (um sacerdote ou sacerdotisa iniciada). Babalawo pode ser traduzido como "pai dos segredos", enquanto "IyanIfá" significa "mãe que tem Ifá" (ou seja, sua bênção). Da mesma forma, a Ciência da Computação é um campo reservado para alguns profissionais de informática e mantém formas de sigilo usando alguns algoritmos de segurança.

De acordo com o professor Odeyemi em sua palestra intitulada "O que é Ifá", Ifá é a Mensagem Divina de Olodumare para a humanidade e para todos aqueles que procuram recebê-la. A relevância universal de Ifá reside no fato de que, quando um indivíduo de qualquer raça, cor ou credo se aproxima de um Sacerdote de Ifá para uma mensagem pessoal, Ifá pode revelar uma mensagem de importância nacional, continental ou mesmo global. O que pode ser semelhante a redes neurais artificiais. Por exemplo, a mensagem pode ser um aviso de guerra, fome ou pestilência que se aproxima, embora o buscador da mensagem possa estar preocupado apenas com o casamento. Como resultado da propagação de Ifá ao longo dos milênios, ele assumiu nomes diferentes em diferentes países e entre diferentes raças (Odeyemi, 2013).

Orunmila, para facilitar o acesso à recuperação da Mensagem Divina (Ifá), criou o sistema de codificação binária compatível com computadores, milhares de anos antes do surgimento da consciência computacional do chamado homem moderno! Portanto, o Ifá é preservado no formato codificado binário e gera uma saída em formato de parábola.

Ifá é codificado em 256 Odus ou Corpus, cada Odu representando um escaninho esotérico, divisível em 256 sub-casas. Dentro de cada um dos 256 Odus, existem 1.680 Versos Sagrados, todos apresentados em formato de parábola. Assim, o corpo de Ifá consiste em 430.080 mensagens para a humanidade (Ajayi, 2013).

O professor Olu Longe, em sua palestra inaugural de 22 de dezembro de 1983, intitulada divinação e Ciência da Computação de Ifá, afirmou que Orunmila é uma das divindades dos Iorubás, enquanto a divinação de Ifá é um dispositivo para prever o futuro. O que esses dois têm a ver com o mundo da alta tecnologia da ciência da computação?

Ifá é na verdade um antigo sistema binário de computador que, de alguma maneira inexplicável, vinculou com êxito a probabilidade dos números às complexidades da condição humana e ao fluxo sempre complexo de eventos. Ifá, disse Longe, é baseado no padrão de 8 bits com sua cadeia de divinação de oito peças, 16 Odus principais (capítulos) e 256 Odus ao todo.

Bade Ajayi, em seu artigo intitulado *A New Model of Ifá Binary System* [Um Novo Modelo de Sistema Binário de Ifá], afirmou que Orunmila, o deus iorubá da sabedoria e divinação, usa um sistema geomântico de divinação para chegar a sinais apropriados e emprega versos Ifá para interpretar os sinais (Ajayi, 2013).

O corpo literário de Ifá consiste em 256 possibilidades chamadas Odus e cada Odu também contém histórias chamadas Ese. Dezesseis dos Odus são os principais, enquanto os 240 restantes são os Odus mistos ou menores. Como o nome indica, cada Odu misto é formado pela combinação de dois Odus principais. Cada um dos Odu (principal e menor) é representado por um sinal específico, de natureza binária (Ogunsola, 2012). Todo sinal de Odu tem dois braços ilustrados pelos dois primeiros Odus principais, Eji-Ogbe e Oyeku Meji abaixo:

EJI-OGBE		***OYEKU***	***MEJI***			
1	1	11	11		2	2
1	1	11	11	OU	2	2
1	1	11	11		2	2
1	1	11	11		2	2

Tabela 1: Dois Braços dos Sinais Odu

Bade Ajayi enfatizou em seu artigo que a comunicação com o Odu é alcançada por meio de uma estrutura matemática calculada com base no curso de conduta prescrito exigido de cada Odu (Ajayi, 2013).

De fato, o computador digital usa o sistema binário. Como o computador, o sistema de oralidade e divinação iorubá é baseada em sistema binário e, portanto, é uma ciência orientada por computação que pode ser usada no ensino de matemática.

Em uma sessão de divinação, muitos Ibo (instrumentos para lançar a sorte) podem ser usados para encontrar informações detalhadas sobre o problema de um cliente. A forma mais comum e mais simples de Ibo de búzios amarradas representando os tipos (1) e um pedaço de osso de animal representando "Iho" (10).

Hoje, isso se relaciona com a linguagem de computador: precisamos de predição (científica e confiável) mais do que divinação (religiosa e incerta). Considerando o local nos braços do opelê, os abertos devem ser perfurados (d) e os fechados não perfurados (0) usando este modelo de papel de código do modelo de computador Ifá -6-A-Bits modelo N foi desenvolvido. Aqui está o modelo elaborado por um opelê.

SEQUÊNCIAS BINÁRIAS	***NOMES DE ODU***
000000	Ogbe (1)
000001	Osa (10)
000010	Otua (13)
000100	Irete (14)
001000	Ogunda (9)
000011	Irosun (5)
000101	Ose (15)
001001	Iwori (3)
000110	Odi (4)
001010	Ofun (16)
001100	Owonrin (6)
000111	Obara (7)
001011	Ika (11)
001110	Oturupon (12)
001110	Okanran (8)
001111	Oyeku (2)

Tabela 2: Sequências binárias (*punches*) e seus respectivos nomes de Odu (*Odu Name*).

Este modelo baseado em um sistema binário não leva em consideração o sistema tradicional no qual o corpus Ifá repousa. De fato, a importância da hierarquia dos 256 Odus para a interpretação da mensagem de Ifá não pode suficientemente enfatizada.

O processo de divinação de Ifá

Os itens utilizados são o grupo de dezesseis nozes (ikin), opelê (corrente sagrada), poeira da árvore irosun (iyerosun), bandeja de divinação (opon Ifá), ajere Ifá (vaso de sementes).

Os passos básicos são:

- Ifá Didá (divinação de Ifá)
- Revelação do Odu
- Prescrição do aconselhamento

Odu Ifá é um corpo literário de Ifá.

Consiste em 256 partes, uma coleção de dezesseis, cada uma com dezesseis alternativas e subdividida em versos chamados Ese.

Cada um dos 256 Odus tem seu comando de divinação específico.

A Ciência da Computação é o estudo sistemático da viabilidade, estrutura, expressão e mecanização dos processos metódicos (ou algoritmos). Está subjacente à aquisição, representação, processamento, armazenamento, comunicação e acesso à informação, seja essa informação codificada em bits e bytes na memória do computador ou transcrita em estruturas de genes e proteínas em uma célula humana. Os bits são usados para representar, codificar e armazenar informações (Smith Jr, 2009).

Fluxograma

O fluxograma abaixo mostra as atividades durante a divinação de Ifá. Ele exibe as etapas básicas durante a divinação, do ponto de ouvir os problemas do cliente e, em seguida, até a prescrição do oogun.

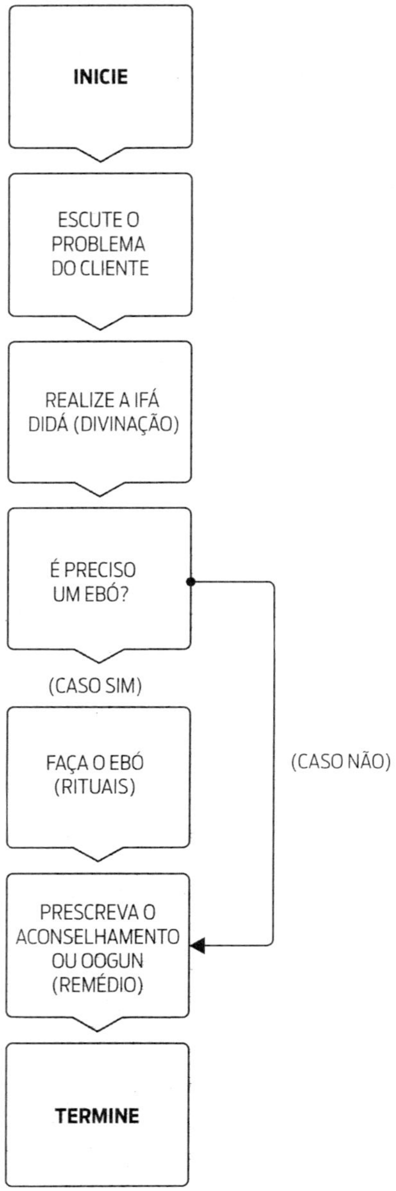

Figura 1: Fluxograma com os passos básicos da divinação de Ifá.

Diagrama de casos de uso

O diagrama de casos usados mostra as etapas das ações executadas pelo Babalawo e pelo cliente durante uma divinação.

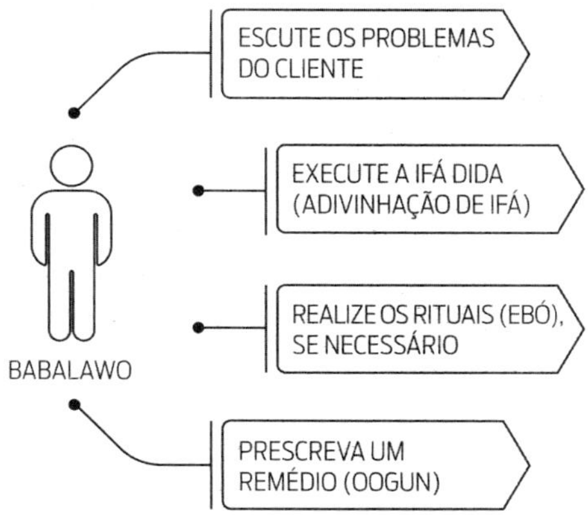

Figura 2: Um diagrama ilustrando as etapas básicas seguidas com um babalawo na divinação de Ifá.

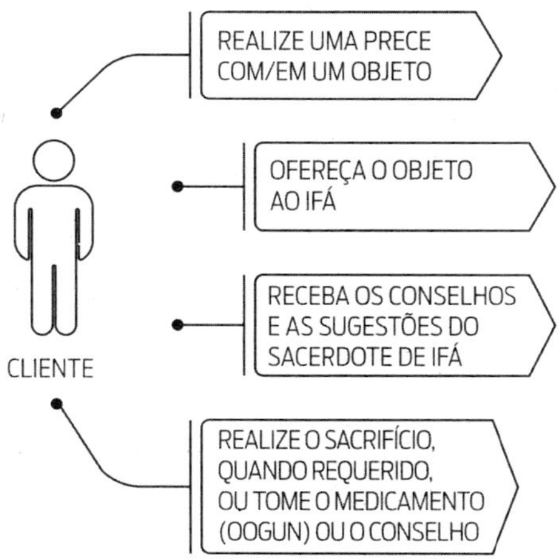

Figura 3: Um diagrama ilustrando as etapas básicas seguidas com um cliente na divinação de Ifá.

O opelê e os sistemas digitais

O opelê é uma corrente divisória composta por dois braços feitos de 8 contas no lado esquerdo e no lado direito. O lado direito é chamado de macho e a esquerda é chamada de fêmea (Adepoju, 2009).

Em Ciência da Computação, um byte consiste em oito bits e uma *nibble* representa quatro bits. Assim, as quatro contas de um lado de um opelê podem ser comparadas a uma nibble e todas as oito nozes são um byte na Ciência da Computação.

Agora, assim como os bits são organizados em diferentes padrões de zeros e uns para formar um número ou dígito binário específico. O número binário formado a partir do arranjo ou combinação de zeros e uns na Ciência da Computação pode ser comparado a um Odu Ifá na divinação de Ifá.

O diagrama abaixo mostra a combinação dos caroços do opelê. O lado côncavo ou liso de um caroço é representado como *b* e o lado convexo é representado como *f*. O lado côncavo é dois toques, 1 em binário e o lado convexo é um toque, 0 em binário (Ifá Quest Matrices, 2007).

COMBINAÇÃO	*REPRESENTAÇÃO*	*NOME*
Ffff	0000	Ejiogbe
Bbbb	1111	Oyeku
Bffb	1001	Iwori
Fbbf	0110	Odi
Bbbf	1110	Okanran
Bfbb	1011	Ika
Bbbf	1101	Oturuupon
Bbfb	1100	Owonrin

Tabela 2: Combinação dos caroços do opelê.

A divinação de Ifá como uma operação básica de E-P-S (ENTRADA-PROCESSO-SAÍDA) na Ciência da Computação

O padrão de resultados derivados do opelê é analisado em relação a todos os 256 Odus e Ese (poema) para derivar uma solução para o problema do cliente (Processamento). Então, o Sacerdote de Ifá prescreve um oogun (remédio) para o cliente (Saída). O ikin (coquinhos sagrados), o opelê e outros instrumentos são como as interfaces usadas para enviar entradas para processamento. Os Odus e o

Ese são como as outras informações básicas ou regulares que a CPU usa para processar entradas em um computador.

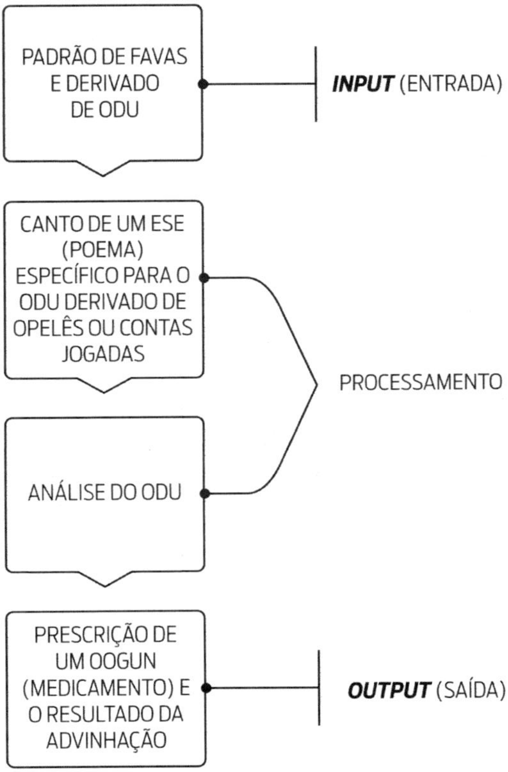

Figura 4: Processos do sistema de divinação de Ifá e sua representação na Ciência da Computação.

O sistema de divinação de Ifá como um sistema inteligente

Em Ifá, todo o sistema de divinação é como um sistema inteligente usado para resolver problemas complexos do cliente. Assim como um computador ou programa de computador precisa de um operador para funcionar, o sistema de divinação Ifá também precisa de um operador (o Sacerdote de Ifá). O Sacerdote de Ifá, nesse caso, ajuda a orientar um cliente no uso do sistema de divinação de Ifá para resolver seus problemas.

O Odu Ifá representa o mecanismo de inferência, enquanto os Eses (poemas) representam a base de conhecimento.

A divinação de Ifá e uso do reconhecimento de padrões

Cada um dos duzentos e cinquenta e seis Odus tem seu próprio comando ou padrão de divinação específico. Tanto os coquinhos sagrados como a corrente adivinhadora são usadas alternativamente pelos Sacerdotes de Ifá para chegar ao comando de cada Odu.

O padrão formado a partir da combinação dos resultados do lançamento do opelê é combinado para formar um Odu particular que tem um significado particular. Cada Odu é único.

Conclusão

Neste artigo, uma relação entre a Ciência da Computação e a divinação Ifá foi estabelecida ainda mostrando suas semelhanças. Apesar do fato de a divinação Ifá ter sido tratada como uma prática obsoleta, sua relevância para o avanço tecnológico é realmente imensa. Espera-se que a Ciência da Computação seja um fator importante para o desenvolvimento, à medida que novas áreas e aspectos estão sendo descobertos.

Referências

ADEPOJU, Toyin Adepoju. **Ifa Divination and van Gogh**, 2009. Disponível em: http://www.reconfigurations.blogspot.com/2009/11/toyin-adepoju-Ifá-divination-van-gogh.html

AJAYI, Bade. **A New Model of Ifa Binary System.** Disponível em: https://studylib.net/doc/7443994/a-new-model-of-ifa-binary-system

FASHINA, Nelson. **Re(-)Placing Theory in Africa Studies**: Ifa Literary Corpus, Origins, Universality and the integration of Epistemology, 2009. Disponível em: www.unileipzig.de/~ecas2009/index.php?option=com

IFA QUESTS MATRICES. **Ifa Hermeneutics and the interpretation of landscape in the artistic work of Susan Wenger and Katherine Maltwood**, 2007. Disponível em: www.Ifáquestmatrices.blogspot.com

RESEARCH into Classical African Knowledge Systems. Disponível em: www.africanhermeneuticsystems.blogspot.com

SMITH, JR, Frank Dodd (Tony). **From Ancient Africa**, 2009. Disponível em: vixra.org/pdf/0907.0040v3.pdf

TRADITIONAL African Religion. **Wikipedia, the free encyclopedia**. Disponível em: http://en.wikipedia.org/wiki/Traditional_African _religion

OGBHEMHE, Theophilus Otselu.; OBASEKI, Theophilus Imafidon. **Ifá Divination and Computer Science**: A Case study of African Tradition, 2004. Disponível em: http://soraker.com/IACAP/programs/ecap04.pdf

OGUNSOLA, Yemi. **Simplifying Yoruba Number System**, 2012. Disponível em: http://www.ngrguardiannews.com/art/arts/79456-simplifying-yoruba-number-system

ODEYEMI, Prof. **What is Ifa**, 2013. Disponível em: www.unileipzig.de/~ecas2009/index.php?option=com

VOB, Jakob. **Describing Data Patterns**: A General Construction of Metadata Standards, 2013. Disponível em: dnb.info/1041284497/34

WEEKS, James. **Driven by Numbers, Patterns and The Divine**, 2013a. Disponível em: www.acrossthekingsriver.com/tag/malidomasome/

______. **Ifa Sees The Big Picture**, 2013b. Disponível em: www.acrossthekingsriver.com/tag/Ifádivination-readings/

CAPÍTULO 14

Seyram Avle

Seyram Avle é Professora Assistente de Mídia Digital Global no Departamento de Comunicação na Universidade de Massachusetts, Amherst (EUA). Sua pesquisa trata da criação, produção e usos de tecnologias digitais em contextos transnacionais. Até o momento, seu trabalho abarcou partes da África, China e Estados Unidos. Website: **https://www.seyramavle.com/**

ARTICULANDO E PERFORMANDO DESENVOLVIMENTO: RETORNANTES QUALIFICADOS NO NEGÓCIO DE TICS DO GANA[101]

Seyram Avle

Introdução

Em 2012, em um artigo presente na edição especial "Africa" do jornal britânico *The Observer*, a jornalista Afua Hirsch (2012) chama sua recente mudança para Gana de "longe de ser original." Filha de mãe ganense e pai britânico, ela foi criada e estudou na Grã-Bretanha com apenas algumas visitas à África até sua mudança em 2012 para trabalhar como correspondente estrangeira no país de nascimento de sua mãe. Ela se viu "parte de uma narrativa contada com crescente fluência, à medida que um fluxo constante de outros portadores de passaportes europeus e estadunidenses americanos de ascendência africana chega ao Aeroporto Internacional de Kotoka em Gana" (Hirsch, 2012). De fato, a migração de sua mãe para o Reino Unido na década de 1960 não era incomum. Centenas de ganenses, assim como outros Africanos, deixaram as costas do país para outras partes da África e depois para a Europa e a América do Norte nas décadas seguintes à independência do domínio colonial (Adepoju, 2005; Awumbila, Manuh, Quartey, Addoquaye Tagoe e Antwi Bosiakoh, 2008). Seus filhos, como Hirsch, fazem parte de um grupo de retornantes que inclui ganenses que deixaram jovens no final dos anos 80 e início dos anos 90, geralmente para fins educacionais e/ou para adquirir experiência de trabalho (Ammassari, 2004).

O Censo Nacional de 2010 mostrou que a maioria dos emigrantes ganenses (cerca de 1% dos 24,6 milhões de cidadãos do país) dirige-se para o Norte, com cerca de 38% deles indo para a Europa, 24% para os Estados Unidos e Canadá, 36% na África e o restante espalhado pela Ásia e Oceania (GSS, 2012). O Censo não perguntou sobre retornantes, mas as evidências anedóticas e os estudos mencionados neste artigo sugerem que desde os anos 90, e talvez mais nos anos 2000, os ganenses voltam a viver e trabalhar em Gana depois de morar em outros

101 Tradução inédita de artigo originalmente publicado na revista *Information Technologies & International Development* <AVLE, Seyram. Articulating and enacting development: Skilled returnees in Ghana's ICT industry. Information Technologies & International Development, v. 10, n. 4, p. pp. 1-13, 2014.>

países. Muitos ganenses que partiram para o norte no período que se seguiu à independência até a década de 1990 o fizeram devido a turbulências econômicas e políticas, e aqueles que retornaram em grande parte o fizeram porque essas circunstâncias mudaram (Ammassari, 2004). Além disso, as razões ligadas ao ciclo de vida (como família e estilo de vida no país de origem) também desempenham um papel fundamental e são consistentes com pesquisas sobre outros retornos de migração do Sul para o Norte (Chacko, 2007; Yang, 2006; Zhou, 2008). Como outras pesquisas demonstraram, os migrantes mais ricos tendem a retornar, e a educação e a experiência são fundamentais para os mais qualificados entre eles (Gibson e McKenzie, 2011). Na economia global em mudança, os migrantes qualificados parecem estar melhor posicionados para aproveitar as mudanças do mercado para se mudar para seus países de origem do que outros migrantes (Ammassari, 2004; Gibson & McKenzie, 2011).

O impacto dos retornantes no desenvolvimento, amplamente definido, refere-se ao capital financeiro acumulado, habilidades aprimoradas no exterior e capacidade de reintegração no país de origem (Black, King, Litchfield, Ammassari e Tiemoko, 2003). Como parte do *continuum* da emigração das pessoas qualificadas, os retornantes qualificados compensam ostensivamente os enormes fluxos de habilidades que os países do Sul, especialmente da África, sofreram nas últimas cinco décadas (Wickramasekara, 2002). Nos chamados "3 Rs" (recrutamento, transferências e retorno) do elo de migração-desenvolvimento, o Estado é frequentemente colocado no centro da ação e encarregado de decretar políticas públicas específicas para recuperar o capital financeiro e humano de cidadãos no exterior, ou pelo menos retardam sua fuga (van der Wiel, 2005). Por exemplo, em diferentes momentos, os governos de Taiwan, China e Índia instituíram programas para atrair os migrantes de volta através de uma série de programas, como alterar as regras de cidadania não residentes, instalar títulos de retorno e financiar ou subsidiar a criação de negócios em cidades específicas (Chacko , 2007; Saxenian, 2006a; Zhou, 2008). Em Gana, embora tenha havido várias tentativas de se engajar com ganenses na diáspora, não há um programa contínuo para recrutar e avaliar o impacto dos retornantes, apesar de várias iniciativas, muitas vezes promovidas por organizações como a Organização Internacional do Trabalho [*International Labor Organization*] ou o Grupo de Migração Global [*The Global Migration Group*], mantenham o Estado central nessas tentativas. Esforços recentes, como o Projeto de Engajamento da Diáspora [*Diaspora Engagement Project*], sugerem um interesse renovado em aproveitar o potencial de desenvolvimento de ganenses no exterior; no entanto, os retornos, na maioria das vezes, parecem ocorrer por escolha ou circunstância individual e não em resposta direta a uma tentativa específica de recrutamento do governo. Na ausência de um recrutamento direcionado e sustentado de talentos qualificados no exterior ou de políticas voltadas para os retornantes, é importante ver por que e como os ganenses altamente qualificados (ou outros em países semelhantes) estão retornando e o que exatamente estão fazendo.

Em vários estudos sobre retornantes, incluindo alguns sobre Gana, os retornantes qualificados tendem a mencionar não apenas considerações sobre o ciclo de vida, mas também desejam contribuir com suas habilidades e experiências para algum objetivo de desenvolvimento (especialmente em perguntas abertas ou por meio de entrevistas) (ver, por exemplo, Ammassari, 2004; Black et al., 2003; Chacko, 2007; Gibson e McKenzie, 2011). Os retornantes qualificados mais velhos tendem a mencionar a construção da nação como uma motivação para o retorno, com a possibilidade de desempenhar um papel mais saliente para eles do que para a geração mais jovem (Ammassari, 2004). Embora grande parte da pesquisa mencione essa motivação em termos de compreensão do motivo pelo qual as pessoas retornam ao Sul, deixa de ver se essa e outras motivações estão associadas a atividades específicas no retorno. Isso pode estar relacionado ao fato de que o impacto do repatriado geralmente é explicado em termos estritamente econômicos. No entanto, os retornantes às vezes citam mudanças sociais e culturais como parte de suas contribuições. Em Gana, onde os retornantes tendem a ir para setor privado, indivíduos qualificados veem as mudanças no local de trabalho e na cultura pública como áreas-chave onde podem contribuir para o desenvolvimento socioeconômico geral do país (Ammassari, 2004; Black *et al.*, 2003; Bowditch, 1999).

São necessárias mais pesquisas sobre esses aspectos do nexo de migração-desenvolvimento, especificamente, porque e como os retornantes qualificados retornam, como suas motivações estão ligadas às suas práticas e que efeito têm. Como foi discutido para a ampliação do que constitui remessas para incluir transferências sociais (Levitt & LambaNieves, 2011), e para o desenvolvimento incluir mudanças institucionais que representam capital social e cidadãos empreendedores (Ostrom, 2000), também deve haver esforços para entender que o impacto da migração inclui as contribuições dos retornantes (ou não) de práticas socioculturais. Isso pode incluir uma compreensão das maneiras pelas quais essas pessoas articulam e "performam" o desenvolvimento de sua perspectiva como agentes ativos com experiências vividas em países em desenvolvimento, não apenas como objetos de estudo ou intervenções impostas. Isso enfatiza as maneiras pelas quais crenças, comportamentos, práticas e normas se relacionam com a atividade econômica e a produtividade, em vez de apenas resultados quantificáveis como o número de empregos criados que, por mais úteis que sejam, não são a soma de experiências associadas ao bem-estar.

Neste artigo, enfocarei em como os retornantes qualificados no setor das TICs de Gana articulam a noção de desenvolvimento por meio de suas razões declaradas de retorno, escolha da atividade empreendedora e práticas dentro do ambiente relativamente restrito em recursos aos quais retornam. Isso é significativo à luz do fato de que as TICs são sistematicamente construídas como componentes-chave nos objetivos de desenvolvimento dos países do Sul e o fato de os países Africanos não terem tido muito sucesso ao recrutar diretamente ou reter migrantes qualificados (Patterson, 2007; Wickramasekara, 2002). Examinar qualitativamente o modo pelo qual os retornantes dessa atividade em particular se situam como agentes de desenvolvimento, baseados em parte nas possibilidades das TICs emergentes e em parte em suas aspirações empresariais, não apenas reconhece sua agência, mas também tem o potencial de fornecer informações sobre o que pratica mão de obra qualificada de retorno em um país Africano que se envolve na indústria das TICs, em contraste com lugares como Taiwan, China e Índia, onde já existe uma literatura crescente sobre várias metodologias e abordagens teóricas (Chacko, 2007; Saxenian, 2006a; Zhou, 2008). Além disso, a compreensão das atitudes dos retornantes ganenses no negócio de TIC de Gana, uma indústria em seus estágios iniciais, fornece evidências não apenas de como os países (ou mesmo regiões) diferem em termos de migração de retorno e mão de obra qualificada, mas também por etapa da indústria. Este artigo se inicia com uma discussão sobre migração de retorno e mão de obra qualificada no setor das TICs em todo o mundo, seguida de uma discussão de temas importantes de um estudo de caso de Gana. Conclui-se com uma revisão das implicações e importância dos argumentos apresentados.

A migração de retorno de trabalhadores qualificados nas Indústrias de TIC

Em um modelo binacional no qual "o fluxo migratório é definido a partir das competências negativas, os migrantes retornantes são os 'melhores dos piores' e, se for a partir das competências positivas, os migrantes retornantes são os 'piores dos melhores'" (Rooth & Saarela, 2007, p. 91). Além disso, se as habilidades são suficientemente portáteis entre os dois países e os custos de migração são "equivalentes no tempo", aqueles com habilidades mais altas acharão mais gratificante migrar, e o mesmo princípio gera retorno (Rooth & Saarela, 2007). Habilidades como a experiência em gerenciamento são razoavelmente portáteis além-fronteiras e, devido à natureza cada vez mais fragmentada da produção em TICs, o mesmo ocorre com habilidades técnicas, como programação de computadores. Além de habilidades específicas que se movem facilmente através das fronteiras, ter experiência internacional também é uma característica altamente privilegiada, especialmente nos países em desenvolvimento.

Um estudo anterior sobre os retornantes de Gana mostrou que mesmo aqueles que deixaram o Gana desempregados conseguiram encontrar emprego em seu retorno e outros usaram sua experiência recém-adquirida (e novas habilidades, quando aplicável) para iniciar seus próprios empreendimentos (Anarfi, Kwankye & Ahiadeke, 2005; Black *et al.*, 2003; Bowditch, 1999). Dado seu entendimento da cultura e das redes locais, os retornantes são mais capazes de se estabelecer rapidamente do que, digamos, profissionais ou empreendedores estrangeiros que possam ter se mudado para trabalhar lá. Além disso, como os retornantes não cortam laços com os lugares em que adquiriram experiência, eles se tornam parte de uma "diáspora digital" e reúnem "países em seu itinerário residencial" (Zhou, 2008, p. 245). Isso significa poder alavancar recursos de uma gama mais ampla de atores e participar de colaborações de longa distância. Esses tipos de conexões, especialmente por comunidades de migrantes tecnicamente qualificadas e vinculadas ao Vale do Silício e outros centros de tecnologia, foram identificadas como atores-chave no desenvolvimento de indústrias de alta tecnologia em mercados emergentes (Saxenian, 2006b). Dito isto, também foi argumentado que os retornantes não são grandes transformadores da atividade; em vez disso, apenas voltam a aproveitar o trabalho fundamental já realizado por empreendedores locais e empresas multinacionais (EMNs) que desempenham um papel maior na transferência de habilidades (Kenney, Breznitz & Murphree, 2013). Nesse sentido, os retornantes podem não ser pioneiros, mas ainda podem ser considerados catalisadores do crescimento, pois tendem a trazer capital e informações técnicas atualizadas.

A situação do setor ao qual os retornantes retornam, então, é importante para entender suas funções, principalmente se alguma forma de "desenvolvimento", por mais definida que seja, é uma razão declarada para o retorno. Enquanto vários retornantes voltam ao trabalho para empresas estabelecidas, uma grande porcentagem tem ambições empreendedoras. Retornar, então, trata-se de assumir riscos e também oportunidades em um espaço que poderia usar sua especialização ou capital (Kisfalvi, 2002; Parker & NetLibrary, 2005; Schumpeter, 1949). Por um lado, um negócio estabelecido atrairá a confiança de que as coisas funcionam, mas os ganhos podem não ser grandes se o mercado for muito pequeno. Por outro lado, o setor nascente pode atrair aqueles com maior tolerância ao risco e com potencial de maior retorno. Embora os perfis de risco dos retornantes estejam além do escopo deste artigo, vale ressaltar que os retornantes geralmente demonstram ambições empreendedoras e, às vezes, assumem papéis que vão além do treinamento ou de trabalhos anteriores (Saxenian, 2002, 2006b; Wadhwa, Saxenian, Freeman, Gereffi, & Salkever, 2009; Wadhwa, Saxenian, Rissing, & Gereffi, 2008).

O setor de TIC do Gana ainda está em um estágio inicial, com amplo espaço para crescimento e desenvolvimento. É considerado um dos setores mais liberalizados, com o setor de telefonia móvel sozinho tendo seis empresas concorrentes para atender a população relativamente pequena de 24 milhões de pessoas (Essegbey & Frempong, 2011). As assinaturas móveis já estão em 100 a cada 100 habitantes (UIT, 2013). As empresas de TIC do país produzem software, hardware e serviços habilitados para tecnologia. Da amostra de participantes entrevistados para este estudo, essas empresas são na maioria pequenas (5 a 19 funcionários) ou médias (20 a 99 funcionários), entidades de capital fechado. As empresas maiores tendem a ser multinacionais que são provedoras de telecomunicações, como a *Vodafone*, ou empresas de serviços de terceirização de processos de negócios (BPO), como *Affiliated Computer Services* (agora Xerox).[102] A velocidade da Internet e a disponibilidade de cabos de fibra ótica tornaram os dados um segmento crescente do setor, e a natureza competitiva do setor móvel abriu possibilidades para aplicativos e serviços, tanto para as grandes empresas de telecomunicações quanto para as menores. Empresas como *Google* e *IBM* operam no mercado e, em geral, a estabilidade política e o crescimento econômico do país nas últimas décadas atraíram a atenção não apenas dessas entidades corporativas, mas de ganenses qualificados espalhados pelo mundo.[103]

O governo do Gana prevê uma transformação fundamental de Gana em um país de alta renda, e de uma economia baseada em *commodities* para outra baseada em informações através das TICs. Em uma entrevista comigo, o então ministro das comunicações disse que "o compromisso do governo é transformar Gana em uma sociedade do conhecimento e da informação onde as pessoas possam acessar, compartilhar informações e usar as TICs como uma alavanca... pelo desenvolvimento social e econômico" (H. Iddrisu, comunicação pessoal, 20 de abril de 2012). Ele indicou várias políticas que visam expandir o acesso a várias tecnologias de comunicação, aumentar a participação local no mercado e criar um ambiente propício para levar o país a padrões internacionais na sociedade global em rede. Um diretor de uma instituição nacional de TICs observou que os problemas do setor eram um dos poucos em que o governo trabalhava de maneira bipartidária. De fato, minhas entrevistas com um ex-vice-ministro de comunicações do governo anterior (e do partido político oposto) e o ministro confirmaram que os dois têm uma relação profissional cordial (até amigável), mesmo que o entendimento público seja de desacordo geral entre os dois principais partidos políticos de Gana. Vale ressaltar que o ex-vice-ministro é um repatriado. De fato, o

102 Existem algumas exceções, por exemplo, o RLG Gana, que emprega cerca de 500 pessoas. Em geral, porém, as empresas tendem a ter um tamanho pequeno, como observado por Fafchamps (2004).

103 O produto interno bruto (PIB) do país cresceu a uma taxa média anual de 6,3% entre 2000 e 2011, um dos mais altos do mundo (World Bank, 2013), e tem sido uma democracia estável por mais de duas décadas, com eleições e transições de poder entre partidos políticos opostos. Dito isto, o país de baixa renda média ainda tem uma alta taxa de pobreza, cerca de 28%, de acordo com o World Bank [Banco Mundial] em 2013.

diretor da importante instituição nacional de TIC mencionada acima também é um repatriado. Eles enfatizam a natureza sinérgica da política e do setor na busca pelo crescimento econômico, mesmo quando no nível micro, e demonstram como os retornantes são incorporados em posições de alto nível dentro e ao redor do setor de TIC. À luz do potencial de abertura e desenvolvimento percebido frequentemente associado às TICs e das maneiras pelas quais os retornantes qualificados também são vistos como agentes de desenvolvimento, é útil entender como os retornantes se adequam, pelo menos de sua perspectiva, dentro de expectativas mais amplas de alavancar o retorno do setor de TICs e mão de obra qualificada para o bem socioeconômico.

Metodologia

Realizei entrevistas em profundidade e presenciais com 14 retornantes entre 27 empreendedores e formuladores de políticas no Gana selecionados para discutir mão de obra qualificada no Gana. Quatro dessas entrevistas ocorreram em 2010, e o restante em 2012, durante breves visitas a Accra nos locais de negócios dos participantes. Destes 14 retornantes, nove trabalhavam no setor de TIC e o restante em finanças, consultoria em políticas públicas e gestão, energia solar, relações públicas e moda. Suas experiências internacionais vieram principalmente dos Estados Unidos e do Reino Unido, com alguns tendo vivido em outros países Africanos na infância ou em outras partes da Europa, como a Holanda. As opiniões daqueles que não trabalham no setor de TIC foram perspectivas comparáveis úteis.

Os participantes foram selecionados principalmente por seu envolvimento em empresas de destaque em seu setor, conforme determinado pela coleta de dados em imprensa e eventos. Por exemplo, pedi a minhas fontes intermediárias que apresentassem palestrantes em eventos e marquei entrevistas depois de explicar as perguntas em que eu estava interessada. Apliquei a amostragem bola de neve onde pude, pedindo aos participantes acesso a outros retornantes qualificados, pois eram mais propensos a conhecer outros como eles. A seguir, entrei em contato através de e-mails e telefonemas, certificando-me de incluir uma visão geral da pesquisa e do formulário de consentimento nos e-mails. Os participantes só assinaram os formulários pessoalmente depois que eu expliquei mais e deixei claro o significado da participação deles em termos de conteúdo e publicação. As entrevistas semiestruturadas duraram em média 45 minutos, com perguntas de acompanhamento enviadas por e-mail. Além disso, alguns participantes falaram comigo fora do registro, fornecendo suas opiniões sobre os assuntos discutidos nas entrevistas, permitindo-me buscar mais informações nos registros do setor e na imprensa *online* e *offline*.

O fio das conversas seguiu questões no guia de perguntas e temas adicionais levantados pelos participantes. Adotei uma abordagem teórica fundamentada (Strauss & Corbin, 1990) para analisar meus dados, codificar e procurar padrões e temas emergentes nas transcrições das entrevistas (Denzin e Lincoln, 2000). Também baseei-me em minhas observações do setor (incluindo participação em seus eventos) durante uma estadia de oito meses em Gana como parte de um projeto maior, bem como uma coleção de evidências textuais que variam de material do setor, cobertura da imprensa a documentos de políticas.

No geral, os retornantes entrevistados eram altamente qualificados em relação à maioria da população ganense, da qual cerca de 12% se matriculam em instituições de ensino superior (World Bank, 2013). Todos, exceto um, possuíam um diploma de bacharel em Ciência da Computação ou Finanças de uma universidade fora de Gana; todos tinham alguns anos de experiência corporativa em empresas internacionais, muitas no nível gerencial. Todos eles receberam treinamento adicional em seu campo. Trabalharam em setores especializados, obtiveram renda e recursos significativos no exterior e tiveram acesso a fontes financeiras adicionais no Gana, o suficiente para não apenas se mudar internacionalmente, mas também para criar empresas que empregavam outras pessoas na economia local. Certamente, seu status de elite os coloca em uma posição única no setor e na sociedade em geral.

O caso de Gana

Motivações para o retorno

Em resposta às perguntas que fiz sobre suas decisões de retornar ao Gana, alguns dos retornantes comentaram que sabiam que voltariam antes de partirem ou logo após chegarem ao novo destino. Por exemplo, Chinery-Hesse, fundador da empresa *SoftTribe* e um empreendedor de tecnologia em série, disse: "Eu estava arrumando minha mala três dias depois de ir para a América... Nunca houve um momento em que eu nunca estivesse voltando" (H. Chinery-Hesse, comunicação pessoal, 16 de junho de 2010). Embora tenha nascido em Dublin, ele cresceu em Gana e se mudou com sua família pela África, primeiro para a Gâmbia e depois para a Tanzânia, Uganda e Zâmbia quando adolescente, devido aos trabalhos de seus pais como especialistas jurídicos internacionais. Ele partiu para a universidade no Texas, nos Estados Unidos, em 1983. Após a formatura, foi para a Inglaterra para trabalhar, retornando à Gana em 1990. Ele observou que, embora o racismo nos estados do Sul fosse parte de seu desejo imediato de deixar os EUA, havia também uma forte aversão ao trabalho "tradicional", ou seja, como funcionário de uma empresa. Isso o levou a se mudar para Gana para abrir sua própria empresa de software. Da mesma forma, Dadzie, CEO da *Rancard*, disse que "sempre planejara voltar para casa" (K. Dadzie, comunicação pessoal, 15 de junho de 2010). Ele frequentou a Universidade Vanderbilt no final dos anos 90, adquiriu algumas habilidades técnicas trabalhando para a *Dell Computers* e depois retornou ao Gana em 2001 para estabelecer sua própria empresa. Seu plano original era trabalhar por alguns anos nos Estados Unidos e transferir para casa depois de adquirir mais capital e experiência. Isso se tornou uma estadia relativamente curta de oito meses na Dell, seguida de um ano entre o Reino Unido e a Alemanha, antes de ele retornar à Gana para iniciar um plano de negócios com um amigo de infância. Como Chinery-Hesse, um dos pais de Dadzie trabalhava para uma organização internacional e ele cresceu em um ambiente transnacional.

Para outros, era uma questão de tempo; ou porque pensavam que seu tempo no Ocidente havia terminado ou porque viam novas oportunidades se abrindo em Gana. Gadzekpo, CEO do *Databank*, uma das primeiras empresas privadas de investimento e finanças do país, voltou para Gana em cinco anos. Depois de se formar na Universidade Brigham Young com um diploma em contabilidade, mudou-se para Washington, DC para trabalhar por um ano e decidiu que não queria ser contador. Na encruzilhada de sua carreira, ele aceitou uma oferta de parceria em um novo empreendimento em Gana com um amigo que se formou na Universidade de Columbia. Ele viu que as marés estavam virando em Gana, tanto política quanto economicamente. Nas suas palavras:

> Quando eu estava [deixando o país], [Gana] estava uma bagunça... muito mal... Mas [eu] voltei quatro anos depois, e [Gana] parecia [um lugar] esperançoso. E eu me lembro muito bem, eu disse a mim mesmo: "Hmm, isso é uma janela de oportunidade, que pode fechar, ou ficará aberta por muito tempo. De qualquer forma, é uma janela. Notei que um bom vento estava começando a soprar (K. Gadzekpo, comunicação pessoal, 22 de março de 2012).

Bartels-Sam, CEO da *InCharge Global*, estava nos EUA há cinco anos quando seu marido ficou "de saco cheio" e, em 2001, sugeriu que eles voltassem para Gana. Chamando-se de aventureira e disposta a correr riscos, ela concordou. O casal entregou seus negócios de viagens a seu irmão e começou em Gana, desta vez - sem nenhuma experiência prévia no setor - construindo uma empresa de tecnologia focada em cartões de fidelidade e pagamentos. Tawiah, CEO da empresa de serviços de infraestrutura de TI *Ostec*, mudou-se para Gana depois de trabalhar por anos no setor de serviços financeiros e gerenciamento de portfólio em Londres. Até então, ele havia fundado uma família e acumulado capital suficiente para agir por conta própria. Para ele, era a hora certa, e "o desafio de provar ser capaz de fazer algo seria enfrentado aqui em Accra, então eu estava pronto para me mudar" (J. Tawiah, comunicação pessoal, 17 de abril de 2012).

Esse interesse em "fazer algo" por si mesmo foi enquadrado em oposição ao que a geração anterior fez ou como um interesse expresso em empreendedorismo. Embora nem todos os retornantes sejam filhos de diplomatas ou de profissionais com carreira internacional, seus pais tinham a capacidade de viajar internacionalmente (um marcador não insignificante de riqueza em Gana) ou de propriedades fundiárias, tendo trabalhado em profissões de elite como direito ou medicina, moravam uma área urbana e poderia dar ao luxo de enviar seus filhos para a universidade em Gana ou em outro lugar. Eles cresceram em ambientes que privilegiaram a educação e promoveram a criatividade. No entanto, diferentemente de seus pais que favoreceram carreiras mais tradicionais, essa geração escolheu seguir o empreendedorismo em áreas novas e envolventes. Chinery-Hesse declarou: "Tínhamos bisavós camponeses e, na próxima geração, um deles se torna professor. A próxima geração você alcança a classe profissional; a próxima geração deve ser de classe empresarial" (comunicação pessoal, 16 de junho de 2010). Segundo ele, a insistência de seus pais de que ele permanecesse no exterior para trabalhar na mesma área (ou "nível", como ele chamava) estava desatualizada e irrelevante. Ele se via como parte de uma geração que precisava ser orientada a negócios e empreendedora. Ele voltou ao Gana contra a vontade de seus pais. Sem "nenhum dinheiro", ele começou a programar software em seu laptop e conseguiu um amigo para ajudá-lo a encontrar clientes. Rodolf,[104] que deixou uma posição nos EUA como estrategista de uma das maiores empresas financeiras do mundo e se mudou para Gana para iniciar sua empresa de aplicativos móveis em 2011, acha que sempre teve uma veia independente. Segundo ele: "Meu pai sempre disse que eu sou o tipo de pessoa que gostaria de ter o seu próprio negócio. Então, talvez desde o início, foi isso" (S. Rodolf, comunicação pessoal, 20 de maio de 2012). No entanto, ele também credita seu treinamento em uma das principais universidades de ciência e tecnologia dos EUA por sua virada empreendedora: "Eles instigaram esse senso de empreendedorismo e esse senso, você sabe, de possibilidades; e essa crença em si mesmo de que você pode criar coisas, pode resolver coisas." Dez anos, dois graus e duas posições nas EMNs depois, ele sentiu que era hora de voltar a "fazer algo empreendedor".

Nem todos os retornantes imediatamente se tornaram empreendedores ao se mudarem. Brown[105] trabalhou por anos como economista em uma organização internacional em vários países antes de retornar para assumir um papel de liderança em uma instituição nacional focada no desenvolvimento das TICs. Embora ela não desse indicação de querer se tornar uma empreendedora, Gyewu, por outro lado, voltou inicialmente para abrir uma empresa de tecnologia. As coisas não

104 Pseudônimo.

105 Pseudônimo.

deram certo imediatamente, e ele passou os primeiros anos após seu retorno nos empregos no setor público, primeiro no escritório da presidência e depois como vice-ministro de comunicações. Ele retornou a Gana após 13 anos viajando pelo mundo em um cargo de gerência sênior em uma empresa multinacional de eletrônicos, além daqueles que havia passado na escola na Grã-Bretanha antes de iniciar sua carreira.

A maioria dos empreendedores de tecnologia entrevistados veio de origens sociais e educacionais de elite. As escolas que frequentaram (mesmo antes de deixar Gana) e sua exposição internacional demonstraram antecedentes privilegiados em relação à maioria da população do país. O fato de eles serem empreendedores de tecnologia hoje, no entanto, vai além de ter uma experiência mais privilegiada do que o ganês médio. Especificamente, eles surgiram durante o *boom* e o estouro das empresas pontocom no final dos anos 90 e início dos anos 2000. Alguns estavam nos EUA ou na Europa na época, outros estavam no Gana na época e todos fazem parte de uma geração que viu novas tecnologias de comunicação surgirem e se difundirem rapidamente. As mudanças tecnológicas globais abriram um espaço que tornou uma escolha de carreira técnica mais lógica para esse grupo de pessoas do que simplesmente seguir os passos de seus pais em profissões estabelecidas, como direito ou ensino. Em muitos casos, eles viam o caminho da geração mais antiga como insustentável ou impraticável. As oportunidades que esses retornantes viram não existiam a uma década antes. O custo decrescente do transporte, as oportunidades educacionais, o valor agregado aos produtos de conhecimento e o aumento da competitividade das empresas multinacionais por talentos globais tornaram mais fácil para os migrantes de países em desenvolvimento, como Gana, garantir emprego e obter treinamento internacionalmente. À medida em que as práticas e tecnologias de negócios convergem, as pessoas com conhecimentos pertinentes descobrem que as fronteiras nacionais não representam mais desafios significativos, desde que outras condições (geralmente pessoais) estejam corretas.

A indústria das TIC como porta de entrada para o empreendedorismo e o desenvolvimento

Enquanto os participantes descreviam suas motivações para retornar, suas ambições empreendedoras foram expressas em termos das oportunidades que o setor de tecnologia relativamente novo em Gana oferece. Bartels-Sam disse que é incapaz de "programar uma linha de html", mas vê o setor de TIC como o lugar para "criar coisas" e "apresentar soluções". Na sua opinião, "há muitas oportunidades em TI" (S Bartels-Sam, comunicação pessoal, 24 de abril de 2012). Tawiah, por sua vez, decidiu criar uma empresa de TI porque "viu uma lacuna no mercado para vir e fazer serviços de TI de uma maneira um pouco diferente" (J. Tawiah, comunicação pessoal, 17 de abril de 2012). Outros mencionaram problemas infraestruturais ou institucionais específicos que eles viram na economia ganense que eles pensavam que as tecnologias de comunicação eram particularmente adequadas para resolver, e sua escolha de produtos e serviços refletia o mesmo. Por exemplo, o mais recente empreendimento de Chinery-Hesse, *Hei Julo*, é uma plataforma móvel para alertar estações de rádio e vizinhos sobre atividades criminosas, uma ferramenta que usa o setor de mídia muito enfático do país e as características comunitárias para fornecer um serviço que uma força policial desfalcada carece de recursos para atender bem. A empresa de Bartels-Sam emite cartões de combustível para as empresas acompanharem as viagens dos funcionários como uma maneira de melhorar a manutenção de registros na economia amplamente baseada em dinheiro. O aplicativo de processamento de pagamentos de Rodolf utiliza a cultura de recarga móvel como uma solução alternativa para o sistema de pagamentos manual e ineficiente do país.

Cada empresário discutiu os desafios de obter grandes lucros com seus empreendimentos e ressaltou o fato de que eles perseguiam esta linha de atuação porque as necessidades que estavam atendendo não são apenas baseadas no mercado, mas eram necessárias para o desenvolvimento. A necessidade de seu produto "resolver um problema real" era, portanto, parte integrante da decisão de trabalhar no setor de TIC e na escolha de serviço ou produto. Eles consideraram os desafios ou riscos na criação de empresas com pouca base comparativa no país um aspecto inerente à atividade empreendedora que, se gerenciada adequadamente, poderia eventualmente ser monetizada, mas apenas a longo prazo. Vários entrevistados em estágios mais estabelecidos de suas empresas opinaram ainda mais sobre o estado do setor e qual o papel que o governo ganense deve desempenhar para apoiá-lo.

De certa forma, esses retornantes se assemelham aos muitos taiwaneses, chineses e israelenses que se mudaram de volta para seu país de origem depois de trabalhar no Vale do Silício por anos (Saxenian, 2006b). Esses retornos podem estar ligados a tendências mais amplas de migração e à natureza bastante fluída da indústria global de TIC. Como computadores e telefones celulares funcionam essencialmente com os mesmos princípios básicos em todo o mundo, saber programar ou codificar em linguagens específicas como Java ou C++ significa que, na maioria das vezes, é possível começar a criar coisas com um dispositivo conectado. No entanto, os sistemas que suportam o desenvolvimento de serviços e artefatos de comunicação além de um único protótipo ou em microescala diferem por país e são necessárias mais do que ações do governo para construir um setor. Saxenian argumenta que em todos os países que examinou, os retornantes

> [...] transformaram o ambiente local para o empreendedorismo, enfrentando obstáculos imediatos ao sucesso, desde mercados de capitais e regulamentações de telecomunicações até sistemas educacionais e instituições de pesquisa. Em cada caso, eles contribuíram para a rápida criação e aprimoramento das capacidades locais (2006b, p. 9).

As evidências desses retornantes ganenses sugerem que eles também estão tentando enfrentar os desafios percebidos, não apenas relacionados a suas próprias empresas, mas também o mercado e ao país em geral. Eles geralmente falaram do setor de TICs como um lugar que lhes permitiu não apenas ser empreendedores, mas também usar suas habilidades e conhecimentos internacionais para preencher lacunas críticas na infraestrutura socioeconômica geral de Gana. Isso constitui o espírito de desenvolvimento associado ao retorno e ao trabalho em TIC, conforme articulado por esses empreendedores de tecnologia.

O desafio das habilidades

A experiência internacional é valorizada não apenas pelos retornantes, mas também pelos não-retornantes, bem como pelas multinacionais e pelas numerosas organizações não-governamentais (ONGs) do país. Segundo a pesquisa de Anarfi e colaboradores (2005) sobre retornantes, até mesmo aqueles que deixaram o país desempregados foram empregados com uma remuneração melhor de uma maneira ou de outra, após o retorno. Isso pode não significar que é somente as viagens internacionais que oferecem vantagem, mas, como alguns entrevistados declararam claramente, a experiência de trabalho e a educação externa oferecem uma perspectiva diferente de como fazer as coisas e tornam os retornantes mais competitivos como funcionários. Reivindicar a experiência internacional de trabalho e o conhecimento local favorece os negócios, conforme demonstrado pelos retornantes mais estabelecidos no grupo, dado seu sucesso e reconhecimento de nome relativo no setor. Os entrevistados, no entanto, demonstraram, em sua maioria, consciência desse privilégio de um tipo específico de perfil, enquanto alguns viam como uma responsabilidade enfrentar o que consideravam os principais desafios no país.

Um desses desafios é a qualidade da educação e do treinamento em ciência da computação, engenharia e áreas técnicas relacionadas. Para alguns, o sistema educacional geral foi o principal motivo pelo qual eles deixaram Gana. Isso é consistente com o trabalho anterior, mostrando que a migração e a educação estão frequentemente interligadas para mão de obra qualificada (Gibson & McKenzie, 2011). O objetivo, tanto para os retornantes quanto para os não retornantes, é criar empresas que possam competir em nível internacional e, para isso, precisam de habilidades de qualidade internacional. Isso significa adquirir habilidades técnicas e gerenciais adaptáveis às novas tendências. Para a primeira, a principal reclamação era que os cursos de ciência da computação (os mais relevantes para o setor) tendem a ser altamente teóricos nas escolas ganenses e, mesmo que os estudantes façam um trabalho independente, a infraestrutura limitada significa que eles têm exposição limitada a ferramentas sofisticadas com as quais aprimorar habilidades além das poucas horas da sala de aula. Por exemplo, enquanto um estudante do Instituto de Tecnologia de Massachusetts (MIT) nos EUA pode ter acesso a servidores grandes e rápidos para testar uma ideia a partir de seu dormitório, um estudante da Universidade de Ciência e Tecnologia Kwame Nkrumah (*Kwame Nkrumah University of Science and Technology*, KNUST) no Gana, ele deve compartilhar um servidor menor, provavelmente também mais lento, com um número maior de pessoas e, portanto, é limitado na escala de projetos nos quais ele pode embarcar, seja como um requisito de curso ou como um projeto "de estimação" para gerenciar.

No que diz respeito às habilidades estratégicas e de gestão, a percepção é de que a exposição internacional é essencial para se tornar competitivo em escala global. Essa visão, expressa de maneira mais vívida por Rodolf, o mais recente retornante no grupo de entrevistados, é que "há uma clara distinção entre o tipo de experiência que você obtém fora e o tipo de experiência que obtém em Gana". Enquanto admite que "existem algumas empresas excelentes em Gana", ele insiste que

> eles ainda carecem de um certo nível de disciplina, nível de experiência, nível de exposição que você obtém no exterior e isso é incomparável a apenas viver fora. Sua mentalidade é diferente, sua exposição é diferente e você vê as coisas de maneira diferente. Você aprecia uma cultura diferente, uma maneira diferente de fazer as coisas; portanto, quando você volta para Gana, vê tudo o que é feito sob uma luz diferente ou começa a pensar em soluções, e é assim que as coisas têm sido feitas (S. Rodolf, comunicação pessoal, 20 de maio de 2012).

Para resolver esse problema de habilidade e experiência, os empreendedores de tecnologia empregam duas estratégias.

Primeiro, eles dão treinamento adicional aos tecnólogos com formação local. A empresa de Tawiah, *Ostec*, fez isso em estágios iniciais da existência da empresa, assim como vários outros retornantes mais estabelecidos, como Dadzie de Rancard. Tawia, da *Leti Arts*, treinada localmente no KNUST e atualmente cursando uma pós-graduação à distância na *Open University*, também usa o treinamento como resposta à escassez de habilidades específicas de que ele precisa no grupo de formandos disponíveis para sua empresa de jogos. Ele e seu parceiro queniano (que trabalha em Nairóbi) devem contratar consultores para fazer grande parte do trabalho, mas instituíram um programa de estágio em que Tawia dedica um tempo considerável, treinando os alunos para se familiarizarem com o ambiente de jogo, aplicar suas habilidades na prática, e adquira novas ensinadas por ele. Advogado apaixonado por jogos africanos (histórias, personagens, etc.) em dispositivos móveis e em espaços *online*, ele enfatizou que nem todas as habilidades precisam ser técnicas, pois o ambiente de jogo exige diversas habilidades, como contar histórias, editar, etc. Seus estagiários incluem estudantes não técnicos a quem ele ensina a aplicar suas habilidades criativas em um ambiente muito diferente do que eles são expostos na escola.

Assim, treinar pessoas é um movimento pragmático que preenche uma necessidade imediata (empregar as pessoas certas) e geralmente eleva o conjunto de habilidades do setor à qualidade que esses empreendedores desejam. Às vezes, era enquadrado como "fazer alguma coisa" ou agir para preencher um tipo diferente de lacuna na infraestrutura do país. Para aqueles que recebem o treinamento, além de conseguirem emprego em seu setor de escolha, ostensivamente recebem o que deve se tornar uma oportunidade de avanço na carreira em um ambiente corporativo e um aprimoramento de habilidades não comuns no país como um todo. A questão, no entanto, permanece: se essas possibilidades de avanço são realmente realizadas, dado que a alta gerência é preenchida por retornantes e que a fundação de uma empresa de tecnologia, embora na maioria das vezes exija pouco arranque, requer recursos significativos para crescer.

A segunda estratégia é contratar do mercado de trabalho internacional, ou seja, empresas pertencentes e geridas por retornantes recrutam ativamente ganenses qualificados com base internacional para voltar para casa para trabalhar com e para eles. A empresa de Dadzie, *Rancard*, tem na sua maioria retornantes em administração, principalmente graduados em Yale, Harvard e em outras importantes escolas dos EUA. Aqueles no nível mais alto da administração da empresa de Tawiah foram recrutados principalmente no Reino Unido, que é o outro mercado que ele conhece. Esses gerentes treinados internacionalmente são considerados da mais alta qualidade e, portanto, o ponto de inflexão é quando a empresa pode se dar ao luxo de contratá-los.

> Você está competindo com todos os outros por eles... a principal diferença para nós agora é que temos os recursos para sair e competir fora do Gana pelo melhor... Os padrões que exigimos são muito altos para todos os nossos gerentes. Competimos com as maiores indústrias pelos melhores candidatos e pagaremos bem. Absolutamente. Competimos em dinheiro e, como eu vejo, vamos obter qualidade aqui e nossos clientes pagarão por isso (J. Tawiah, comunicação pessoal, 17 de abril de 2012).

Contratar quase que exclusivamente a gerência sênior do exterior poderia ser interpretado como privilegiar viagens internacionais e uma educação de classe alta. O sentimento de que existe algo único em trabalhar no exterior que torna um funcionário melhor em nível profissional ou de gerência pode, inadvertidamente, promover a ideia de que é preciso viajar para fora do Gana para ter sucesso. Essa é uma visão cosmopolita que reforça a posição de elite dos retornantes na sociedade ganense em geral e complica sua visão de desenvolvimento, pois pode limitar o engajamento local e as oportunidades disponíveis para as mesmas pessoas recrutadas e treinadas localmente, que também podem estar buscando participar da indústria de conhecimento mundo global de casa.

Uma leitura positiva, no entanto, é que ela sinaliza a maneira transnacional pela qual a classe empresarial ganense se vê e como se esforça para empreender o desenvolvimento do setor, aproveitando a experiência internacional e localizada. Pode-se argumentar que eles poderiam simplesmente contratar ex-retornantes ou mais retornantes em níveis não gerenciais, por mais caro que isso possa ser para os resultados finais. No entanto, todos pareciam ter opiniões firmes sobre o uso do talento ganense, incentivando seus colegas a retornarem também, em parte porque pensavam que eram os mais adequados para combinar conhecimento de classe mundial com um entendimento local da cultura ganense e em parte porque fortalece o nível de habilidade dentro do país entre o povo ganense não expatriado. O treinamento promove a transferência de conhecimento e, sem dúvida, transforma a cultura corporativa, tanto gerencial quanto tecnicamente.

Discussão

Os retornos à Gana demonstram que, à medida que as economias menores do Sul se juntam à sociedade da informação global, as carreiras e as oportunidades ocupacionais que a acompanham tornam possível que os emigrantes retornem para casa. Em geral, as motivações para os emigrantes qualificados que retornam do Norte foram enquadradas principalmente em termos de ciclo de vida, ou seja, como uma questão de tempo ou oportunidade para si e/ou sua família em vez de renda. A sobreposição de educação e status de elite na escolha de ir para o Norte e retornar são semelhantes aos padrões da região do Pacífico e do sudeste asiático.

A escolha ocupacional dos entrevistados, em comparação com a geração de seus pais, sugere uma mudança na sociedade ganense em direção a uma nova elite empresarial baseada principalmente em áreas urbanas. Durante a Era Industrial no Ocidente, era norma trabalhar em uma fábrica se você não fosse dono de terras. Como economias e sociedades inteiras mudaram, o mesmo aconteceu com a força de trabalho. Antes do domínio colonial em Gana, a maioria das pessoas seguia suas famílias para a agricultura. Com o domínio britânico, surgiram novas instituições, como cortes de justiça (um sistema totalmente diferente do modo como as disputas eram tradicionalmente resolvidas por chefes e tribunais) e educação formal (em que onde se sai de casa para estudar em salas de aula em novas línguas e temáticas). Isso significava que novas ocupações foram criadas, como professores de um novo idioma (inglês), médicos familiarizados com a medicina ocidental, advogados especialistas no novo sistema jurídico britânico imposto e assim por diante. As classes profissionais cresceram e o serviço público, como opção de carreira, tornou-se cada vez mais popular à medida que o sistema de governança mudava.

Hoje o setor público ainda absorve alguns graduados das universidades do país; no entanto, evidências anedóticas sugerem que há alguma insatisfação entre as gerações mais jovens em termos de remuneração e mobilidade profissional a longo prazo. Embora o emprego governamental possa ser seguro (sua característica mais marcante em um país com alto desemprego no setor formal), parece ser cada vez menos desejável para a nova classe, mais empreendedora, surgindo no país. Muitos jovens ganenses trabalham em indústrias totalmente novas que não existiam quando seus pais eram jovens, especialmente nas TIC. Isso não é exclusivo do Gana, pois à medida que a tecnologia muda por geração, nossa capacidade como humanos de criar e inovar melhora com ela, e muitas pessoas agora fazem coisas que seus pais ou avós não imaginavam serem possíveis.

A rapidez com que o setor de TIC evolui é notável em comparação com outros setores. É um dos que permitem a entrada rápida em um local com desafios significativos de infraestrutura, como Gana. Às vezes, basta um laptop e/ou telefone celular e o conjunto de habilidades necessárias para criar um novo programa ou aplicativo. Essas ferramentas são bastante onipresentes nas populações urbanas e instruídas de Gana e, cada vez mais, várias instituições no país se concentram no treinamento de programadores e desenvolvedores, em conjunto com o impulso explícito do governo em desenvolver o setor de TIC como uma maneira de ingressar na sociedade da informação global. As características da indústria global de TIC, em termos de quão fácil é transferir certas habilidades para além das fronteiras (como a capacidade de programar ou manipular código de computador) e o relativamente pouco capital necessário para iniciar alguns tipos de empresas (como desenvolvimento de aplicativos) tornam o caso de retornantes nesse setor específico em Gana relevante para o nosso entendimento da migração qualificada de retorno na África contemporânea até certo ponto. Certamente, algumas empresas de TIC (como a fabricação de hardware) exigem investimentos de capital extensos e requerem mais do que um laptop. No entanto, o ponto aqui é que os recursos de novas tecnologias de comunicação - tanto suas propriedades técnicas quanto a portabilidade relativa das habilidades necessárias para fazê-las funcionar em vários níveis - aumentaram o potencial de usos e modificações e facilitaram um fluxo transnacional relativamente mais fácil de conhecimento e informação. Esse potencial é parte do que atraiu muitos dos migrantes qualificados entrevistados de volta à Gana; isso e a percepção de que o setor é adequado para o empreendedorismo. O estágio comparativamente inicial de crescimento do setor de TICs também o torna um campo aberto para entrada, especialmente à luz dos requisitos de capital.

Ao contrário dos jovens retornantes no estudo de Ammassari (2004), que eram menos propensos a apontar a construção ou o desenvolvimento da nação como uma razão para regressar, estes (também jovens) retornantes argumentaram que eram motivados pela promessa das TIC como vias para o empreendedorismo e para preencher lacunas infra-estruturais, e a possibilidade de que os seus conhecimentos e experiência pudessem ser transferidos através de formação e práticas industriais. Eles não foram questionados sobre motivações relacionadas ao desenvolvimento, mas o incluíram consistentemente em suas respostas a perguntas sobre por que eles voltaram e o que fazem. Portanto, parece-lhes pertinente que promovam sua visão de desenvolvimento de uma maneira que influencie transferências sociais, culturais e econômicas em apoio à capacitação e à prestação de serviços no país. É provável que eles estariam dispostos a gastar mais energia, caso o estado ou outro ator institucional decida coordenar esforços adicionais de desenvolvimento.

O desenvolvimento, em um sentido geral, trata de melhores condições sociais e econômicas para indivíduos e sociedades; no entanto, é uma noção muito contestada, com múltiplos significados para diferentes grupos sociais. Esses múltiplos significados são articulados, ou são expressos, de maneiras não uniformes, pois derivam do estoque de experiências pessoais e vividas que orientam a ação individual. Além disso, sua tradução em ação (ou promulgação) também reflete as várias circunstâncias, experiências, objetivos e capacidades que diferentes pessoas trazem para o termo. Assim, qualquer engajamento significativo, seja por meio de ajuda, capacitação, política estatal ou outros meios, deve incluir as subjetividades daqueles para quem é mais urgente ou relevante e reconhecer os papéis que eles atribuem. De certa forma, isso é semelhante ao que os defensores do desenvolvimento participativo enfatizam, particularmente a ponto de dar voz e ação àqueles para quem as decisões estão sendo tomadas, bem como uma compreensão mais profunda dos contextos socioculturais (Jennings, 2000; Mansuri & Rao, 2012). No entanto, a questão central aqui são as atividades independentes, descoordenadas e localmente focadas daqueles que vivem dentro do "contexto de desenvolvimento", em vez de um processo imposto ou dirigido externamente por agências de ajuda ou doadoras ou mesmo pelo Estado. Esse tipo de desenvolvimento interno provavelmente é mais sustentável, dados os arranjos institucionais corretos e o engajamento ativo daqueles afetados por ações nesse sentido.

Conclusão

Os ganenses que partiram para campos mais verdes retornam ao país desde os anos 90. Dados os recursos necessários para realocar com êxito e permanecer na classe profissional e de negócios, os retornantes parecem (em relação ao restante da população) ter uma estatura de elite na sociedade ganense. No entanto, seu retorno reflete a circulação global Sul-Norte de mão de obra qualificada (técnica). Como outros migrantes relativamente ricos em outros lugares, a renda não era um fator primário para o retorno, mas considerações e oportunidades do ciclo de vida para o empreendedorismo e a contribuição para o desenvolvimento social e econômico de diferentes maneiras pareciam mais relevantes (Gibson & McKenzie, 2011). Outras pesquisas mencionam a construção ou o desenvolvimento de uma nação como importante para alguns retornantes qualificados e, de fato, os retornantes entrevistados para este artigo também enfatizaram o desejo de "fazer parte" de mudar o país para o "próximo nível", ao mesmo tempo em que criam empresas competitivas globalmente.

Eu mostrei que essas motivações se manifestam através da escolha real das práticas empresariais e organizacionais. Nomeadamente, a entrada relativamente fácil no setor de TIC serviu de impulso, não apenas para o fornecimento de produtos e serviços que atendam às necessidades mais amplas, como serviços financeiros e segurança, mas também atividades organizacionais que, potencialmente, poderiam preencher algumas lacunas na cultura corporativa, educação e aquisição de habilidades no setor de TIC. Em geral, esses esforços caracterizam a importância das contribuições sociais para o desenvolvimento, conforme articuladas pelas próprias pessoas que trabalham no negócio, não pelo estado, pesquisadores, agências de apoio, etc. Esses esforços sugerem um espaço empreendedor cada vez mais formalizado em Gana e mostram os esforços orgânicos na construção do setor. Por fim, esses esforços devem estar associados aos esforços do Estado no desenvolvimento de capacidades industriais específicas em busca de um crescimento econômico mais amplo, tanto pela indústria de TIC quanto pela mão de obra qualificada que migrou. O principal desafio político permanece coordenar esses esforços de maneira a alavancar o capital humano que esses tipos de retornantes representam, especialmente a transferência eficiente de conhecimentos e habilidades para outras pessoas.

Referências

ADEPOJU, A. **Patterns of migration in West Africa**. In: MANUH, T. (org.) At home in the world? International migration and development in contemporary Ghana and West Africa (pp. 24–54). Accra, Ghana: Sub-Saharan Publishers, 2005.

AMMASSARI, S. From nation building to entrepreneurship: the impact of élite return migrants in Côte d'Ivoire and Ghana. **Population, Space and Place**, v. 10, n. 2, p. 133-154, 2004.

ANARFI, J.; KWANKYE, S.; AHIADEKE, C. **Migration, return and impact in Ghana**: A comparative study of skilled and unskilled transnational migrants. In: MANUH, T. (org.) At home in the world? International migration and development in contemporary Ghana and West Africa (pp. 204–226). Accra, Ghana: SubSaharan Publishers, 2005.

AWUMBILA, M.; MANUH, T.; QUARTEY, P.; ADDOQUAYE TAGOE, C., & ANTWI BOSIAKOH, T. Migration **country paper (Ghana)**. Accra, Ghana: Center for Migration Studies, University of Ghana, 2008.

BLACK, R.; KING, R., & LITCHFIELD, J.; AMMASSARI, S., & TIEMOKO, R. **Transnational migration, return and development in West Africa** (Final Research Report). Sussex, UK: Sussex Center for Migration Research, University of Sussex, 2003.

BOWDITCH, N. H. **The last emerging market**: From Asian tigers to African lions? The Ghana FIle. Westport, CT: Praeger, 1999.

CHACKO, E. From brain drain to brain gain: reverse migration to Bangalore and Hyderabad, India's globalizing high tech cities. **GeoJournal**, v. 68, n. 2-3, p. 131-140, 2007.

DENZIN, N., & LINCOLN, Y. Handbook of qualitative research (2nd ed.). Thousand Oaks, CA: SAGE Publications, 2000.

ESSEGBEY, G. O.; FREMPONG, G. K. Creating space for innovation—The case of mobile telephony in MSEs in Ghana. **Technovation**, v. 31, n. 12, p. 679-688, 2011.

FAFCHAMPS, M. **Market institutions in sub-Saharian Africa**: Theory and evidence (vol. 3). Cambridge, MA: MIT Press, 2004.

GHANA Statistical Services (GSS). **2010 Population and housing census**: Summary report of ªnal results. Accra, Ghana, 2012

GIBSON, J., & MCKENZIE, D. **The microeconomic determinants of emigration and return migration of the best and brightest**: Evidence from the Paciªc. Journal of Development Economics, 95(1), 18–29, 2011.

HIRSCH, A. **Our parents left Africa**—Now we are coming home. The Observer, pp. 14–17, 26 de agosto de 2012.

INTERNATIONAL Telecommunication Union (ITU). Mobile-cellular subscriptions per 100 inhabitants, 2013. Disponível em www.itu.net

JENNINGS, R. **Participatory development as new paradigm**: The transition of development professionalism. Paper presented at the Community-Based Reintegration and Rehabilitation in PostConflict Settings Conference, Washington, DC, Outubro de 2000.

KENNEY, M.; BREZNITZ, D.; MURPHREE, M. Coming back home after the sun rises: Returnee entrepreneurs and growth of high tech industries. **Research Policy**, 42(2), 391–407, 2013. Disponível em www.sciencedirect.com/science/article/pii/S0048733312001710

KISFALVI, V. The entrepreneur's character, life issues, and strategy making: A field study. **Journal of Business Venturing**, v. 17, n. 5, p. 489-518, 2002.

LEVITT, P.; LAMBA-NIEVES, D. Social remittances revisited. **Journal of Ethnic and Migration Studies**, v. 37, n. 1, p. 1-22, 2011.

MANSURI, G.; RAO, V. **Localizing development: Does participation work?** Washington, DC: World Bank Publications, 2012.

OSTROM, E. **Social capital: A fad or a fundamental concept?** In P. Dasgupta & I. Seraeldin (Eds.), Social capital: A multifaceted perspective (pp. 172–214). Washington, DC: World Bank, 1999.

PARKER, S. C. **The economics of entrepreneurship**: What we know and what we don't. Boston, MA: Now Publishers, 2005.

PATTERSON, R. **Introduction**: Going around the drain-gain debate with brain circulation. In: PATTERSON, R. (org.). African brain circulation: Beyond the drain-gain debate. Leiden, The Netherlands: Brill, 2007.

ROOTH, D.-O.; SAARELA, J. Selection in migration and return migration: Evidence from micro data. **Economics letters**, v. 94, n. 1, p. 90-95, 2007.

SAXENIAN, A. Brain Circulation: How high-skill immigration makes everyone better off. **Brookings Review**, v. 20, n. 1, p. 28-31, 2002.

SAXENIAN, A. **The new Argonauts**. Words into action. Washington, DC: The World Bank, 2006a.

SAXENIAN, A. **The new Argonauts**: Regional advantage in a global economy. Cambridge, MA: Harvard University Press, 2006b.

SCHUMPETER, J. A. **Economic theory and entrepreneurial history**. In: Research Center in Entrepreneurial History (ed.), Change and the entrepreneur: Postulates and patterns for entrepreneurial history. Cambridge, MA: Harvard University Press, 1949.

STRAUSS, A. L.; CORBIN, J. M. **Basics of qualitative research**: Grounded theory procedures and techniques. Newbury Park, CA: SAGE Publications, 1990.

van der WIEL, A. **Forward**. In: MANUH, T. Manuh (org.) **At home in the world?** International migration and development in contemporary Ghana and West Africa (pp. 7–10). Accra, Ghana: Sub-Saharan Publishers, 2005.

WADHWA, V.; SAXENIAN, A.; FREEMAN, R. B.; GEREFFI, G., & SALVEKER, A. **America's loss is the world's gain**: America's new immigrant entrepreneurs, part 4, março de 2009. Disponível em http://ssrn.com/ abstract1348616

WADHWA, V.; SAXENIAN, A.; RISSING, B.; GEREFFI, G. Skilled immigration and economic growth. **Applied Research in Economic Growth**, 5(1), 6-14, 2008.

WICKRAMASEKARA, P. **Policy responses to skilled migration**: Retention, return and circulation (Perspectives on Labour Migration No. 5). Geneva, Switzerland: International Labor Ofªce, International Migration Program, 2002. Disponível em http://www.ilo.org/global/topics/labour-migration/lang--en/index.htm

WORLD Bank. **World development indicators 2013**. Washington, DC: World Bank, IBRD, 2013.

YANG, D. Why do migrants return to poor countries? Evidence from Philippine migrants' responses to exchange rate shocks. **The Review of Economics and Statistics**, v. 88, n. 4, p. 715-735, 2006.

ZHOU, Y. **The inside story of China's high-tech industry**: Making Silicon Valley in Beijing. Lanham, MD: Rowman & Littlefield Pub, 2008.

SOBRE AS/OS AUTORAS/ES

SOBRE AS/OS AUTORAS/ES

Abeba Birhane

Abeba Birhane é atualmente doutoranda em Ciência Cognitiva na Escola de Ciência da Computação na University College Dublin, Irlanda. Ela estuda os relacionamentos dinâmicos e recíprocos entre tecnologias, humanidade e sociedade através das lentes da ciência cognitiva corporificada, ciência da complexidade e estudos críticos raciais. Ela explora especificamente como tecnologias ubíquas que são entrelaçadas em nossas esferas pessoais, sociais, políticas e econômicas moldam o que significa ser uma pessoa. Website: https://abebabirhane.wordpress.com/

André Brock

André Brock é professor associado de estudos de mídia na Georgia Tech. Sua produção acadêmica abarca representações raciais em videogames, mulheres negras e weblogs, branquitude, negritude e tecnocultura digital, assim como pesquisa inovadora e inédita sobre o Black Twitter. Seu recém-lançado livro "Distributed Blackness: African American Cybercultures" (NYU Press) oferece uma abordagem inovadora para entender as vidas negras cotidianas mediadas por tecnologias digitais. Mais em https://andrebrock.academia.edu/

Dulcilei C. Lima

Dulcilei C. Lima é bacharel em História pela FFLCH-USP, mestra em Educação, Arte e História da Cultura pelo Mackenzie e doutoranda em Ciências Humanas e Sociais pela UFABC. Atualmente é Pesquisadora em Ciências Sociais e Humanas no Centro de Pesquisa e Formação do SESC SP. Membra do NEAB-UFABC (Núcleo de Estudos Africanos e Afro-brasileiros). Pesquisa relações raciais, de gênero e feminismo negro. Perfil no lattes: http://lattes.cnpq.br/9211366923645368

Femi Ololade Alamu

Dr. Alamu, Femi Ololade é professor na Universidade de Lagos, Nigéria. Sua área de especialização é aprendizado de máquina, representação de conhecimento em Telemedicina, e-health e serviços digitais com foco em processamento de imagens e resgate de informações médicas. É pesquisador no International Center for telemedicine and e-health, LAUTECH, Ogbomoso em colaboração com o Hasso Plattner Institute Germany. Resultados de suas pesquisas sobre os temas citados, conhecimento replicável em doenças tropicais e estudos sobre tecnologias móveis foram publicados em revistas e conferências internacionais. Pode ser contatado em falamu@unilag.edu.ng ou +23408034905719.

Fernanda Carrera

Professora da Escola de Comunicação da Universidade Federal do Rio de Janeiro (UFRJ). Professora do Programa de Pós-graduação em Comunicação da Universidade Federal Fluminense (PPGCOM/UFF) e do Programa de Pós-graduação em Estudos da Mídia da Universidade Federal do Rio Grande do Norte (PPgEM/UFRN). Líder do LIDD - Laboratório de Identidades Digitais e Diversidade (UFRJ). Pesquisa raça, gênero e cultura digital.

Halleluyah O. Aworinde

Halleluyah Oluwatobi Aworinde é graduado em Tecnologia (B.Tech) e mestre em Ciência da Computação pela Ladoke Akintola University of Technology (LAUTECH) em Ogbomoso e Universidade de Idaban, respectivamente. Atualmente é estudante de doutorado em Ciência da Computação na LAUTECH e ensina na Bowen University, Iwo, Nigeria. Sua pesquisa foca em Aprendizado de Máquina e Sistemas Inteligentes e possui publicações em revistas avaliadas por pares e anais de conferências relevantes. Pode ser contatado através de aworinde.***halleluyah@ bowen.edu.ng*** ou +2348032050613.

Jobson Francisco da Silva Júnior

Doutor em Ciência da Informação pelo Instituto Brasileiro de Informação em Ciência e Tecnologia em convênio com a Universidade Federal do Rio de Janeiro (IBICT/UFRJ). Mestre em Ciência da Informação pela Universidade Federal da Paraíba (UFPB). Membro do Núcleo de Estudos e Pesquisas em Informação, Educação e Relações Étnico-raciais (NEPIERE/UFPB). Graduado em Biblioteconomia pelo Centro de Ciências Sociais Aplicadas da Universidade Federal da Paraíba (UFPB). jobsonminduim@gmail.com

Larisse Louise Pontes Gomes

Iniciou sua trajetória no Nordeste do país, em Maceió/Alagoas, onde nasceu. Tornou-se Cientista Social e especialista em Antropologia pela Universidade Federal de Alagoas. Mestra em Antropologia Social pela Universidade Federal de Santa Catarina, atualmente é doutoranda pela mesma instituição e desenvolve pesquisa sobre marcadores sociais da diferença a partir das mídias sociais digitais. Atuou na educação básica e no ensino superior. Seus temas de interesse são: Relações étnico-raciais; Cultura Digital; Dinâmicas urbanas; e Políticas Afirmativas. E-mail: larisse.louise@gmail.com

Luiz Valério P. Trindade

Luiz Valério P. Trindade é Doutor em Sociologia pela Universidade de Southampton na Inglaterra e Mestre em Administração de Empresas pela Universidade Nove de Julho em São Paulo. Possui também diversos artigos acadêmicos e não-acadêmicos publicados no Brasil e no exterior e é autor do livro '*No laughing matter: race joking and anti-racism discourses on social media in Brazil*' a ser lançado em 2020 nos EUA pela editora Vernon Press. Para saber mais consulte: https://soton.academia.edu/LuizValerioTrindade

Niousha Roshani

Niousha Roshani produz sobre a interseção entre juventude, empoderamento econômico, raça e etnicidade, violência, desigualdades e tecnologias digitais. Realizou seu pós-doutorado na Universidade de Harvard, doutorado em Educação pela University College London (UCL) e mestrado em Desenvolvimento Internacional na Cornell University. Ela é co-fundadora do Global Black Youth, que cobre os jovens líderes negros mais inovadores, disruptivos e empreendedores e os oferece suporte na geração de conhecimento e soluções para transformar seus potenciais de impactar o mundo.

Ronaldo Ferreira de Araújo

Doutor e Mestre em Ciência da Informação pela Universidade Federal de Minas Gerais (UFMG). Bacharel em Ciência da Informação pelo Instituto de Informática da Pontifícia Universidade Católica de Minas Gerais (PUCMG). Professor do Programa de Pós-Graduação em Ciência da Informação (PPGCI/UFAL) e do Programa de Pós-Graduação em Gestão e Organização do Conhecimento (PPGGOC/UFMG). Líder do Laboratório de Estudos Métricos da Informação na Web (Lab-iMetrics) e do Grupo de Pesquisa em Política e Tecnologia da Informação e Comunicação (GPoliTICs). ronaldfa@gmail.com

Serge Katembera

Serge Katembera possui graduação em Ciências Sociais e mestrado em sociologia pela Universidade Federal da Paraíba. Doutorando em Sociologia pelo PPGS (UFPB). Pesquisa a influência das Novas Tecnologias da Informação na democratização da África francófona. É coautor de *"Outsourced Information: identity and unpaid work in the age of digital journalism"*. Email: skatembera@gmail.com

Ruha Benjamin

Ruha Benjamin é Professora Associada de *African American Studies* na Universidade de Princeton, EUA, autora de *People's Science: Bodies and Rights on the Stem Cell Frontier* (2013), *Race After Technology: Abolitionist Tools for the New Jim Code (2019)* e organizadora de *Captivating Technology: Race, Carceral Technoscience, and Liberatory Imagination in Everyday Life* (2019). Seu trabalho investiga as dimensões sociais de raça, medicina e tecnologia com foco nas relações entre inovação e desigualdade. Para mais informações, visite www.ruhabenjamin.com

Seyram Avle

Seyram Avle é Professora Assistente de Mídia Digital Global no Departamento de Comunicação na Universidade de Massachusetts, Amherst (EUA). Sua pesquisa trata da criação, produção e usos de tecnologias digitais em contextos transnacionais. Até o momento, seu trabalho abarcou partes da África, China e Estados Unidos. Website: https://www.seyramavle.com/

Taís Oliveira

Taís Oliveira é relações-públicas, Mestre e doutoranda em Ciências Humanas e Sociais pela UFABC. Em sua dissertação estudou as Redes Sociais na Internet e Economia Étnica a partir do Afroempreendedorismo no Brasil. É professora universitária, pesquisadora membra do NEAB-UFABC (Núcleo de Estudos Africanos e Afro-brasileiros), do grupo de pesquisa Desigualdades Sociais no Brasil e do Grupo PARES (Pesquisa em Análise de Redes Sociais), também da UFABC. Referências e materiais de aulas podem ser encontrados em: http://taisoliveira.me/

Tarcízio Silva

Tarcízio Silva é criador da *Desvelar*, Mestre em Comunicação e Cultura Contemporâneas pela UFBA e realiza doutorado em Ciências Humanas e Sociais pela UFABC, estudando as relações entre tecnologia e raça, racismo, branquitude e negritude. Desenvolve e ensina métodos digitais de pesquisa aplicadas a campos mercadológicos, político-eleitorais e terceiro setor, cofundador do IBPAD. Co-editou publicações como *Monitoramento e Pesquisa em Mídias Sociais: metodologias, aplicações e inovações* (Uva Limão, 2016), *Para Entender o Monitoramento de Mídias Sociais* (2012) e *Estudando Cultura e Comunicação com Mídias Sociais* (IBPAD, 2018). Website: https://tarciziosilva.com.br/blog/

Thiane Neves Barros

Intelectual negra visível das escrevivências afro-latinas. Amazônida da fronteira Belém-Marabá-Maranhão que vive em Salvador. Publicitária, mestra em comunicação, cultura e Amazônia pela Universidade Federal do Pará, professora e estudante, pesquisadora, cientista das humanidades transfeministas, crê na perspectiva racial como fundamento e não como recorte. Junto às demais companheiras, construiu a Marcha das Mulheres Negras a partir do Pará, integra a Coletiva Periféricas e o Grupo De Pesquisa em Gênero, Tecnologias Digitais e Cultura da Universidade Federal da Bahia.

Walter Isharufe

Walter Isharufe é um profissional de segurança da informação em Alberta, Canada. Ele possui experiência abrangente em gestão de segurança, risco e *compliance* com um background em avaliação de arquitetura de sistemas de informação e gestão de vulnerabilidade. Isharufe é Mestre em Gestão de Segurança em Sistemas de Informação (MISSM) pela Concordia University of Edmonton, Canada, e graduado em Ciências pela Bowen University, estado de Osun, Nigeria. Ele pode ser contatado através do email isharufewalter@gmail.com

TRADUTOR

Vinícius da Silva

Vinícius da Silva é tradutor, estudante e pesquisador. Pesquisa gênero, teoria política contemporânea e o pensamento de bell hooks. Enquanto tradutor, tem trabalhado especialmente com autores negros, dentre eles bell hooks e Théophile Obenga. Ademais, Vinícius ministra cursos de introdução ao pensamento de bell hooks (viniciuxdasilva.com.br/cursos).

Desvelar

O projeto Desvelar tem como objetivo visibilizar, resgatar, gerar e conectar conhecimento afrodiaspórico e decolonial sobre a contemporaneidade em diversos campos, sobretudo na tríade tecnologia-ciência-sociedade.

Métodos de pesquisa, curadoria, tradução e circulação de conteúdo gerado por produtores de conhecimento - acadêmicos ou vernaculares - contra-hegemônicos são aplicados aos fluxos comunicacionais a partir da compreensão de que a influência das ideias exerce impactos intelectuais e materiais diferenciais nos grupos humanos. A Desvelar, então, busca tirar o véu e abolir muros físicos ou mentais que impedem a emergência e resgate de conhecimentos múltiplos.

O livro "Comunidades, Algoritmos e Ativismos: olhares afrodiaspóricos" inaugura uma série de publicações que conectará pesquisadoras e pesquisadores afrodiaspóricos empenhados em consertar o impacto nocivo que ideias errôneas sobre "democracia" ou "cegueira" racial impuseram à compreensão dos fenômenos sociais nas sociedades digitalizadas na contemporaneidade.

IBPAD

O Instituto Brasileiro de Pesquisa e Análise de Dados (IBPAD) é um centro de inovação em *Ciência de Dados* e tem como vocação a aplicação e ensino de técnicas e métodos inovadores de coleta e análise de dados com sólida formação científica. Percebemos que, com a ampliação tecnológica e sua associação ao processo de *data science*, surge um movimento de profissionais e pesquisadores fascinados pela quantidade de dados e pela rapidez em seu processamento. No entanto, mais do que nunca, primas de análise não hegemônicos e imensamente significativos vêm ganhando relevância e contrapondo uma visão automatizada.

O IBPAD surge como um novo modelo de Instituto de Pesquisa que acredita na complementaridade como a força da análise de dados e busca através de outras visões a real resposta para as perguntas sociais. Boas pesquisas de mercado ou sociais em tempos de rápidas transformações precisam de um olhar multifacetado e a pluralidade de técnicas são fundamentais para observarmos de forma atenta todas essas transformações. Apoiamos este livro por acreditar na importância de resgatarmos e aplicarmos diariamente esses novos olhares.

LiteraRUA

A LiteraRUA nasceu em 2011 e se consolidou como um coletivo de autores com foco na produção, publicação e distribuição de conteúdo editorial, dando voz para uma bibliodiversidade que estimula o pensar e a ação.

Surgimos para enfrentar o desafio de autores, artistas e pensadores periféricos em publicar suas obras. Criamos os instrumentos essenciais para que essa nossa produção cultural ganhasse voz dentro e fora de suas comunidades e mantemos nossa missão pela busca da excelência profissional em cada elo da nossa atuação.

Com uma década, a LiteraRUA consolida seu compromisso com a cidadania e a educação, apoiando a pluralidade de ideias e ideais que buscam a construção de uma sociedade melhor e mais justa, como no arsenal acadêmico, antirracial e emancipador contidos nesse livro, afinal não temos a pretensão de narrar o mundo, queremos transformá-lo, assim como afirmava Malcolm X: "por todos os meios necessários", incluindo os digitais.